PIETRO POMPONAZZI

LES CAUSES DES MERVEILLES DE LA NATURE OU LES ENCHANTEMENTS

Première traduction française avec une introduction
et des notes par

HENRI BUSSON

Professeur à la Faculté des Lettres de Nancy.

LES ÉDITIONS RIEDER

LES TEXTES DU CHRISTIANISME
VIII

1

LES CAUSES DES MERVEILLES
DE LA NATURE
ou
LES ENCHANTEMENTS

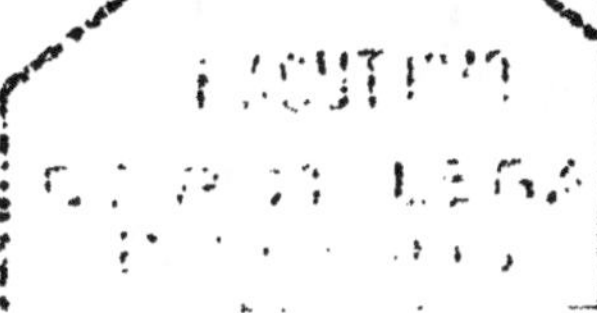

PIETRO POMPONAZZI

LES CAUSES DES MERVEILLES DE LA NATURE
ou
LES ENCHANTEMENTS

PREMIÈRE TRADUCTION FRANÇAISE
AVEC UNE INTRODUCTION ET DES NOTES
PAR
HENRI BUSSON
MAÎTRE DE CONFÉRENCES A LA FACULTÉ DES LETTRES DE NANCY

M.CM.XXX

LES ÉDITIONS RIEDER
7, place Saint-Sulpice
PARIS

INTRODUCTION

PIETRO Pomponazzi, né à Mantoue le 16 septembre 1462, d'une famille connue, amie des Gonzague, étudia la philosophie à Padoue. Docteur en médecine en 1487 et professeur à Padoue en 1488, il s'adonna à l'étude de la physique d'Aristote et devint, en 1495, professeur ordinaire de philosophie naturelle. Les opérations militaires de la Ligue de Cembrai fermèrent cette université (1509). L'année suivante on le trouve à Ferrare, puis en 1511 ou 1512 à Bologne. C'est là qu'il a écrit et publié ses livres les plus connus[1]. Il y mourut en 1524, et ses cendres furent ramenées dans son pays natal où par les soins de son élève le cardinal Hercule de Gonzague lui fut élevé un monument qui subsiste encore. Il avait été marié trois fois et avait eu trois filles. Il était si petit qu'on l'appelait familièrement Peretto.

----

1. Liste de ses ouvrages :
Dubitationes XXI in Aristotelem [perdu];
Tractatus in quo disputatur quid intentio et remissio formarum attendatur, nec minus parvitas et magnitudo, Bologne, 1514;
Tractatus de reactione, cum quaestione de actione reali, Bologne, 1515;
De immortalitate animae, Bologne, 1516;
Apologia contra Contarenum, Bologne, 1517;
Defensorium adversus Aug. Niphum, Bologne, 1519;
Tractatus de nutritione et augmentatione, Bologne, 1521.
[Ces six derniers ouvrages réimprimés ensemble en 1525].
De naturalium effectuum [admirandorum] *causis, sive de incantationibus*, Bâle, 1556;
De fato et de libero arbitrio (avec une réédition du *De incantationibus*) Bâle, 1567;
Dubitationes in IV Meteorologicorum Aristotelis, Venise, 1563.

Le traité de *Naturalium effectuum causis* ou, comme porte le titre de l'édition de 1567, *De naturalium effectuum admirandorum causis* est pour nous le plus important ouvrage de Pietro Pomponazzi et l'un des plus hardis parmi ceux qui ouvrent la philosophie moderne. Il se trouve en même temps qu'il est l'un des plus rares.

Le *De anima* du même auteur fit tant de bruit et suscita une telle polémique qu'il a fini par faire oublier les autres ouvrages de Pomponazzi. Il a été réimprimé plusieurs fois et pour la dernière en 1925 [1]. Mais si le problème qu'il traite est éternel, on avait renoncé au temps même de Pomponazzi, à le résoudre. Le *De incantationibus* traitait au contraire de théories que l'on soupçonnait à peine, que le xvie siècle a peu comprises, et qui ne passionnèrent l'opinion qu'avec le développement des sciences au xviie siècle et de l'étude des origines religieuses au xixe. Et la solution qu'en donna notre auteur est si hardie qu'on en trouverait l'écho jusque chez Renan.

Cela explique que le livre n'ait pas eu en son temps tout le succès qu'il méritait. On fut effrayé et l'auteur lui-même n'osa l'imprimer de son vivant, ni lui donner place dans ses œuvres complètes, encore qu'il fût achevé depuis cinq ans. Lorsqu'il vit la lumière, trente ans après la mort de Pomponazzi, des esprits plus turbulents et plus accessibles, qui lui devaient beaucoup sans trop le dire, vulgarisaient son système. Et au début du xviie siècle Vanini en fit dans son *De arcanis* un plagiat si effronté qu'il conquit à la fois la gloire et le martyre que méritait son modèle.

------

1. Par G. Gentile, chez Principato, à Messine.

Pomponazzi l'avait composé entre 1515 et 1520. Le traité *De actione reali* qui fut imprimé en 1515 contient déjà la thèse essentielle du *De incantationibus*. Il est dédié à ce même médecin mantouan Lodovico Panizza à qui sera dédié le *De incantationibus*. C'est lui qui par ses conversations avec Pomponazzi a fait réfléchir ce dernier sur les problèmes du surnaturel. Un soir qu'ils avaient soupé ensemble à Mantoue, le médecin questionna le philosophe sur l'intervention des Intelligences dans le monde. Pour lui répondre, son hôte compose le *De actione*.

Or le *De actione* contient en ses trois questions les principes directeurs et déjà quelques citations du *De incantationibus*. Dieu est acte pur et n'agit que par l'intermédiaire des Intelligences. Ces Intelligences ne peuvent produire de corruption ou d'altération comme l'ont cru Algazel et Avicenne, mais seulement le mouvement local, selon Aristote. Cette réserve doit s'entendre aussi des bons et mauvais anges de la religion chrétienne, qui ne peuvent agir immédiatement en notre monde, mais seulement « appliquer l'actif au passif », c'est-à-dire les remèdes au patient. La théorie de la puissance de l'imagination y est aussi annoncée en partant de Gilles de Rome qui fonde sa thèse sur l'observation des faits de contagion, de marques des enfants, de guérisons par la confiance. Pomponazzi cite même des textes d'Aristote et d'Avicenne qu'on retrouve au troisième chapitre du *De incantationibus*.

Pomponazzi était maître de son système. Il est impossible de dire si le *De incantationibus* était déjà écrit en partie à cette date, ou si nous tenons là (ce qui est plus probable) le point de départ de notre livre.

Il fût achevé « à Bologne, sur la paroisse Saint-Barbatien, le 16 août 1520 ».

Nous savons par Grataroli qu'il en circula vite des copies. Celle que conserve la Bibliothèque d'Arezzo est de 1520. L'ouvrage fut imprimé sur une de ces copies à Bâle par les soins du médecin Gulielmo Grataroli (1516-1568) alors exilé d'Italie et soupçonné d'hérésie.

On verra dans la suite de cet article les courants et les remous qu'il a provoqués dans la fin du xvi° siècle et la première moitié du xvii°. Il fut mis à l'index à la fin du xvi° siècle (1596).

I. — SOURCES

Pomponazzi est disciple d'Aristote, du pur Aristote tel que la Renaissance l'a ressuscité. Le stagirite lui était familier. C'était un ami d'enfance, nous dit-il ailleurs. Il l'avait commenté, dans ses cours et dans ses autres ouvrages. Il est la règle de sa pensée et l'autorité sur laquelle il s'appuie sans cesse. C'est pourquoi il écarte avec dédain ceux qui ont prétendu le tirer à eux : saint Thomas, Avicenne, Averroès même.

Pomponazzi accepte tout l'aristotélisme, et c'est là précisément le trait important de sa physionomie, puisque sa fidélité au Portique l'acculait à être infidèle à l'Eglise. En sa conscience, plus nettement encore que dans celle de ses prédécesseurs, de Siger de Brabant aux maîtres de l'Université de Padoue du xvi⁰ siècle, se posa le dilemme qu'il a vingt fois retourné : suivre Aristote ou suivre le Christ, renoncer au Christ ou traiter Aristote de menteur. C'est à ce dernier parti qu'il s'est arrêté, avec tant d'éloges par ailleurs et tant de réserves que l'on s'est demandé dans quelle mesure chez lui le philosophe cédait au théologien.

Les ouvrages les plus souvent cités sont : la *Métaphysique*, la *Physique*, le traité de *l'Ame*, les *Problèmes*, le traité *des Animaux*, le traité *du Ciel*. Platon vient corroborer Aristote par toutes les pages où il a traité de l'extase, de la fureur poétique (*Phèdre, Ménon, Ion*), des miracles (le mythe d'Er de la *République*), où il recommande aux philosophes la prudence et le dédain du vulgaire (lettre apocryphe à Denys). Peu de livres de Platon sont cités en dehors de ceux-là, tandis que d'Aristote je ne compte pas moins de vingt et un traités, cités plus de soixante fois. Il a donc beaucoup moins pratiqué Platon et n'a guère retenu que des pages caractéristiques déjà recueillies et classées par saint Augustin ou Marsile Ficin qui sont le plus souvent la vraie source de Pomponazzi.

Parmi les anciens philosophes citons encore : Galien, Cicéron et Boèce. Le premier lui était sans doute connu comme médecin. Il cite de lui *l'Ars parva* et les *Pronostiques*.

Le *De natura deorum* et le *De divinatione* étaient des sources tout indiquées de l'incrédulité. Chose curieuse : Pomponazzi qui attaque violemment ces deux traités, ne fait guère que reproduire les anathèmes de saint Augustin. Je crois pourtant qu'il les a lus, mais il tient Cicéron pour un mauvais philosophe. Boèce lui est plus familier. Il fait grand cas de lui, comme tout le moyen âge : *vir doctissimus* l'appelle-t-il. Il cite son livre *De interpretatione* et naturellement sa *Consolation* dont il relève le bel hymne *Tu cuncta superno* où le platonisme s'est exprimé avec tant de grandeur et de précision.

Pomponazzi est encore un homme du moyen âge. Les philosophes arabes lui sont familiers. Il défend Avicenne contre saint Thomas et s'appuie sur lui à l'occasion. Saint Thomas lui-même n'est pas malmené comme dans le *De immortalitate animae*. L'étude qu'il a consacrée aux miracles (*Contra Gentiles*, III, cap. 98-110) contient un bel exposé de la thèse d'Avicenne et sa réfutation. Pomponazzi me paraît s'en être inspiré à plusieurs reprises. Pour Averroès, Pomponazzi s'est souvent défendu d'être son disciple; même il condamne très nettement sa doctrine, notamment dans son *De immortalitate animae* [1]; pourtant il s'en autorise très souvent dans notre traité. Si nous en croyons Renan, c'est à l'averroïsme que Pomponazzi a pris ses idées les plus hardies sur les miracles, l'influence des astres sur la naissance des religions, les dons extraordinaires de leurs fondateurs. On remarquera en lisant ce traité qu'Averroès n'y est presque jamais pris à partie, comme il l'est dans le *De immortalitate* à propos de l'âme humaine. En revanche, ses commentaires sur les différents ouvrages d'Aristote sont très souvent cités.

On trouve plusieurs fois invoqué aussi Pierre d'Abano dont le *Conciliator* a vulgarisé l'averroïsme à Padoue [2]; Jacques de Forli, Pietro Trapolino, autres professeurs de Padoue. Mais parmi les modernes il

---

1. Renan, *Averroès*, p. 183, 285-286.
2. Renan, *op. cit.*, p. 258.

faut faire une place particulière à notre Le Fèvre d'Etaples. A trois reprises il cite le scholion de la lettre apocryphe de Denys à Polycarpe, publié par Le Fèvre en 1499. L'admiration marquée par Pomponazzi à l'égard de notre compatriote est d'autant plus significative que leurs esprits ne se ressemblent point. Il le proclame très savant : *virum doctissimum*; l'un des premiers de son temps : *nostrae tempestatis nulli posponendus*. Pomponazzi ménage trop ses éloges pour que cette insistance ne soit pas significative. Je serais assez d'avis que Le Fèvre d'Etaples a vu notre philosophe lors de l'un de ses voyages en Italie, en 1492 ou au début de 1500 lors de son séjour à Venise [1].

Pomponazzi s'excuse vers la fin de son traité d'avoir trop utilisé les livres d'histoire. Il y était obligé par son système. Son procédé consiste à assimiler les miracles de l'histoire religieuse à ceux de l'histoire civile. Si les premiers sont d'origine divine, il faudra donc aussi croire divins ceux qui ont été faits en faveur du paganisme; si ceux-ci ont une explication naturelle, pourquoi pas les premiers aussi? Tel est, sans qu'il l'exprime nulle part, le dilemme de Pomponazzi. Il a donc parcouru avec soin les livres d'histoire—ceux des historiens sérieux, comme il le fait remarquer, — afin d'avoir à opposer aux textes saints, des textes d'une égale autorité historique. En un temps où la critique n'existait pas, quelle mine pouvait lui offrir un Tite Live ou mieux encore un Julius Obsequens. Et pourtant, je crois bien qu'il n'a pas lu Tite Live. Des deux seuls prodiges qu'il emprunte aux vingt et

---

1. Rènaudet, *Préréforme et Humanisme à Paris pendant les premières guerres d'Italie*, p. 390-393.

unième et vingt-deuxième livres sans en citer la
source, l'un est pris à Ficin, l'autre doit venir aussi
de quelque recueil. Il emprunte plus souvent à Justin
et à Valère Maxime qu'il paraît avoir lus, pour y
chercher des présages. Suétone lui offrait en ce genre
une mine très riche et il en a tiré bon parti sans trop
en abuser.

On a l'impression que ces auteurs latins ne lui ins-
piraient confiance qu'à demi. Il a soin de noter qu'au
lieu de se servir des historiens modernes, il a eu recours
aux anciens. Mais sans doute que les merveilles des
historiens latins étaient déjà par trop exploitées. Il a
voulu trouver mieux et donner à son traité quelque
chose de l'autorité — *author præstantissimus* — et de
la nouveauté d'un auteur inconnu. Plutarque venait
d'être édité; encore ne l'était-il pas en entier. Pomponazzi regrette de ne pouvoir nous donner l'avis de
Plutarque sur la question qui fait l'objet de l'un de ses
traités : *Pourquoi les oracles ont cessé.* Un ami digne
de foi lui a dit que la question était résolue dans ce
traité, mais il n'a pu en avoir une traduction et comme
il ignore le grec il doit se contenter d'y donner lui-
même une réponse provisoire qui se trouve être celle
même de Plutarque.

En revanche, les *Vies parallèles* étaient très accessibles puisqu'il en avait paru plusieurs éditions latines
depuis 1470. Au fond, Plutarque n'offrait à la thèse
de Pomponazzi rien de plus que ce qu'il avait trouvé
chez Suétone ou Tite Live; et en ne cherchant dans
les *Vies* que les faits de magie ou les prodiges, il n'en
tirait que ce qui nous y intéresse le moins. Mais Plutarque était nouveau. Aussi Pomponazzi qui avait
dédaigné les latins l'a pillé. Pour une dizaine de cita-

tions de Suétone et une demi-douzaine de Valère
Maxime, je ne relève pas moins de vingt-cinq emprunts aux *Vies* de Plutarque. Les prodiges dont l'historien a auréolé la naissance de ses grands hommes, les
songes, aruspices ou oracles qui précédaient leurs
actes importants, les philtres amoureux qui terrassè-
rent les plus vaillants, les pouvoirs merveilleux et
quelque peu divins dont jouirent certains d'entre eux :
l'horoscope d'Auguste, le génie de Brutus à Philippes,
la folie amoureuse de Marc Antoine, les Psyles cités
dans la *Vie de Caton*, l'orteil incombustible de Pyrrhus,
tels sont les faits que recueille avec soin notre philosophe pour en faire une armature irrésistible à ses
théories les plus hardies ou les plus saugrenues.

On peut assimiler aux historiens d'autres auteurs
qui ne leur ressemblent pas, mais où Pomponazzi a
recueilli des faits extraordinaires déjà commentés.
Pline par exemple lui présentait dans son *Histoire
Naturelle* des merveilles assez nombreuses et des théories très hardies contre les miracles de Moïse ou de la
légende antique. Il a usé des uns et des autres, avec
choix, mais moins abondamment que ne le fera la
Renaissance. Saint Augustin lui est beaucoup plus
familier, notamment la *Cité de Dieu* alléguée une ving-
taine de fois soit pour des faits miraculeux dont saint
Augustin était aussi assez friand, soit pour des affir-
mations doctrinales qui corroborent habilement celles
du philosophe padouan. Enfin, il faut dans cette catégorie faire une part spéciale à Albert le Grand. Ses
traités des *Animaux*, des *Minéraux* formaient une
sorte d'encyclopédie où la crédulité la plus simple
avait amassé un arsenal inépuisable pour l'incrédule
qui voudrait l'exploiter. Si les animaux ont des vertus

occultes et naturelles, si les minéraux font des prodiges comme le dit ce philosophe et comme le répètent
les bestiaires et les lapidaires du moyen âge, il était
facile à Pomponazzi de retourner la proposition : il y
a des merveilles dans la nature, il n'y a pas de miracles. Il n'y manqua pas. Le *De incantationibus* contient plus de vingt citations d'Albert le Grand, presque
toutes des deux traités que je viens de citer.

On peut joindre encore à ces sources de prodiges les
Nuits attiques d'Aulu-Gelle qu'il cite deux fois, Apulée
qu'il cite peut-être d'après saint Augustin.

Les poètes enfin fournissaient à la fois des arguments et des ornements à sa thèse : *ad firmandum et
animos demulcendum*. Virgile et Ovide lui offraient
de nombreuse légendes : apparitions de morts, prophéties des sybilles, transformations magiques, et des
plaintes classiques sur les charmes d'amour : l'*Enéide*
et les *Bucoliques*, sont très souvent citées par les
démonographes du xvie siècle. Pomponazzi a été plus
original en citant les *Héroïdes*, les *Métamorphoses* et
le *Remède d'Amour*, ainsi que cinq vers de Pétrarque.

II. — ORIGINALITÉ

La seule énumération des sources de Pomponazzi
montre que la matière de notre traité n'est pas aussi
originale qu'on pourrait le croire. Quelques-unes des
idées qui nous paraissent les plus neuves remontent
en réalité jusqu'à l'antiquité grecque : le pouvoir
thaumaturgique de certains animaux, le rôle de la

confiance dans la guérison, la puissance de l'imagination sur les femmes enceintes, la vertu poétique et prophétique de l'enthousiasme. D'autres ont leur origine dans le néo-platonisme ou dans la philosophie chrétienne ou arabe du moyen-âge : les vertus mystérieuses des pierres remplissent les lapidaires, elles font partie du monde tel que le peint Albert le Grand. Les plus hardies même : la théorie de l'influence astrale par exemple, celle du retour éternel des religions se trouvent déjà chez les maîtres de l'école padouane antérieurs à Pomponazzi, sans parler d'Averroès. Avant Pomponazzi des théologiens orthodoxes : Trithème, saint Thomas, Augustin, avaient noté et résolu à leur façon l'objection que posent contre les miracles chrétiens les miracles des gentils. Les plus scandaleuses pour le xvi⁰ siècle (ce ne sont pas les plus hardies), celle qui dénie aux reliques tout pouvoir de guérir, celle qui attaqueles légendes les plus accréditées des vies des saints, on en trouverait trace, comme l'a bien montré M. Gilson [1], jusque chez des religieux.

Et pourtant, sur ces points précisément, Pomponazzi a, pour sa large part, changé la pensée européenne.

Les médecins grecs avaient, les premiers, noté l'importance de la foi pour la guérison. Mais les arabes eux-mêmes qui avaient amplifié cette théorie n'avaient pas osé en tirer les conséquences qu'en tira Pomponazzi. Tous les miracles du moyen âge et les plus fameux mêmes de l'Evangile se trouvent ainsi attribués à la confiance et à l'imagination lorsque la ruse des opérateurs ne suffit à pas les expliquer.

---

1. *Revue franciscaine*, 1924, p. 257-287.

Avant Pomponazzi aussi, je l'ai noté plus haut, on avait opposé aux miracles de Jésus et de l'histoire chrétienne ceux d'Apollonius de Tyane, de Simon le magicien, ou de Vespasien quand ce n'était pas ceux que l'on relevait chez Tite Live ou même chez Virgile ou Ovide. Saint Augustin s'en était tiré en disant qu'on n'était pas obligé de croire les païens. [1] Au temps de Pomponazzi, Trithème qui me paraît avoir senti vivement la difficulté, distingue toujours les miracles chrétiens faits par l'intervention divine et les miracles des infidèles, dus à l'aide des démons ou à la ruse [2]. C'est justement tourner la difficulté. Saint Thomas n'avait pas agi autrement quand il réservait le nom de miracles à ceux qui viennent de Dieu et le nom de merveilles à ceux du démon. Combien je préfère la bonne naïveté de Césaire d'Heisterbach et la candeur ravissante de ses merveilleuses légendes! [3] Le premier, ce me semble, Pomponazzi a posé nettement le redoutable dilemme : ou tous les miracles sont surnaturels (ce qu'aucun chrétien ne saurait admettre) ou tous, même ceux de l'Evangile, ont une explication naturelle : forces inconnues, ruse des opérateurs, crédulité populaire.

Du même coup le livre atteignait l'un des fléaux du XVIe siècle, la démonomanie. Au moment où Pomponazzi écrivait son livre, l'Italie était désolée par de

---

1. *Civit. Dei*, XXI, 6. Quod propterea poterunt dicere ut respondendi nobis angustias ingerant; quia si dixerimus non esse credendum scripta illa miraculorum infirmabimus; si autem credendum esse concesserimus, firmabimus numina paganorum. Sed nos... non habemus necesse omnia credere quae continet historia gentium.

2. *De miraculis infidelium.* Quaestio IIIa (éd. 1605, p. 455-474).

3. Thomas, *Contra Gentiles*, III, c. 98-110 : De miraculis et mirabilibus; Caesarius Heisterbacensis, *Dialogus miraculorum*, Cologne, 1475.

véritables épidémies de sorcellerie et à ce titre décimée par les inquisiteurs. Les esprits les plus éclairés : un Guichardin, un Machiavel, un Ficin, un Pic de la Mirandole, n'arrivaient pas à se soustraire à ce cauchemar[1]. Dans le reste de l'Europe, le mal s'aggravait aussi. Il atteindra son extrême point de virulence à la fin du xvi⁰ siècle et au début du xvii⁰. C'est le moment que choisit Pomponazzi pour attaquer la sorcellerie, abrité derrière Aristote. Certes, son livre n'empêchera pas le mal de se développer. C'est beaucoup cependant que l'on puisse dire que les très rares hommes qui ont attaqué la démonomanie et ceux plus rares encore qui ont voulu la défendre au nom de principes philosophiques et non avec des racontars ridicules aient dû s'appuyer ou s'attaquer au *De incantationibus* : Wier, Montaigne, Lavater, Le Loyer, Benoît Perrier, Feyens, Yves de Paris, Naudé, Guy Patin.

Sur ces deux questions, miracles et magie, ce livre était le livre de l'avenir. Par un autre point pourtant, il tenait au moyen âge : Pomponazzi croyait à l'astrologie. Mais on se fait à ce sujet des idées très fausses. L'astrologue au moyen âge et au xvi⁰ siècle est comme son nom l'indique (mathematicus) un homme de science et non de rêveries. Nul plus que lui ne cherche à enfermer le monde dans un réseau serré de lois inévitables et à réduire la part du mystère. Sur ce terrain encore le rôle de Pomponazzi fut original et conforme à la tendance que nous venons de signaler.

Le moyen âge avait mis l'homme au centre de la création. C'est à lui que tout se ramène dans le monde. Les miracles mêmes ne sont pas miracles : ce sont

---

1. Cf. Français, *L'Église et la sorcellerie*, ch. IV, p. 51 68-69.

propriétés merveilleuses pour l'usage de l'homme. Ceux à qui l'on ne pourrait prêter une utilité humaine sont des symboles pour son instruction : l'univers entier nourrit l'homme, l'instruit et le récrée; il en est le centre et le but. Lisez les lapidaires ou les bestiaires, lisez les traités des *Animaux* ou des *Minéraux* d'Albert le Grand. Les pierres précieuses, les animaux rares servent à orner le séjour de l'homme ou mieux lui offrent des remèdes et des ressources imprévues. Non seulement il trouve dans l'agathe, le béril, le corail ou toute autre pierre précieuse un remède contre les maux les plus rebelles du corps ou de l'âme, mais la magnète prouve la fidélité des femmes et la licorne la virginité des filles, tandis que le hérisson, le goupil et le singe, représentent le diable; l'aspic qui se touche les oreilles à l'arrivée des enchanteurs est un avertissement aux riches qui n'écoutent pas Dieu; le phénix, la calandre, le pélican signifient à des titres divers Jésus; la tourterelle, l'Église.

On pourrait continuer à l'infini cette énumération. Le monde du moyen âge est plein de mystères et de symboles. La renaissance du platonisme renouvela cette théorie, dont l'origine est dans le *Timée* [1]. « La nature de l'homme, dit Pic de la Mirandole, comme le lien et nœud du monde, est placée au centre de l'Univers, et comme tout milieu participe des extrêmes, ainsi l'homme par ses parties contraires a communion et similitude avec le monde : c'est pourquoi on l'appelle microcosme ou petit monde » [2]. Paracelse trou-

---

1. *Timée*, trad. Rivaud, notice, p. 10.
2. *Commento sopra una canzona di Amore* composta da G. Benivieni, cap. 11 (*opera*, éd., Bâle, 1557, p. 901).

vera même, pour exprimer cette idée une image splendide : l'homme est comme le noyau du monde (nucleus). De même que tout dans l'arbre et dans le fruit travaille pour nourrir l'amande, le pépin, le noyau du fruit, ainsi l'homme comme par un double aimant tire sa nourriture de la terre et sa sagesse des astres. Le soleil lui verse sa chaleur, la lune sa fraîcheur, les astres la science, la prudence et l'industrie [1].

Mais Pomponazzi avait retourné cette théorie. Si l'homme a en lui les puissances du monde, il n'y a plus de miracle qui lui soit impossible. Il est bien toujours au centre de l'Univers, non pas tant pour en jouir que pour concentrer en lui toutes les forces et les énergies cosmiques. On l'a fait si grand que Pomponazzi en fait un demi dieu par sa seule nature. Avant lui Avicenne et Andrea Cattaneo [2] étaient par un autre chemin arrivés à la même conclusion. Après lui Paracelse ira plus loin encore et il tirera de la philosophie de Pomponazzi une sorte d'occultisme thaumaturgique. « De ce limon le créateur du monde tira le petit monde, le microcosme, l'homme. Ainsi l'homme est une espèce de petit monde qui contient toutes les puissances du monde... Le grand monde est le père du petit. C'est pourquoi encore on trouve dans le petit monde la puissance des dragons, des serpents, des vipères, des loups, des brebis, etc. et de tous les éléments, et pour la santé comme pour la maladie [3].

Il y a mieux. Le monde sidéral lui-même qui enve-

---

1. *Philosoph. sagacis* lib. 1, cap. 2 (t. X, p. 111).
2. *De causis mirabilium effectuum* (1489).
3. *Philos. sagacis*, I, cap. 7 (t. X, p. 190). Sur les propriétés des animaux cités ici, voir Fernel, *De abditis rerum causis*, II, éd. 1581, p. 222.

loppe le monde sublunaire est penché sur l'humanité.
Le cri d'effroi que poussera Pascal en face de l'Univers
muet, le moyen âge ne l'a pas connu, ni même la
Renaissance. Au contraire, l'ordre de l'Univers qui
domine le désordre apparent des phénomènes tient à
ce que le monde est soumis aux lois constantes des
étoiles. Selon une formule heureuse de M. A. H. Douglas : « l'ordre sidéral était l'autre côté de la nature »[1].
Au-dessus des lois vérifiables du monde sublunaire
l'astrologue superpose un système de lois moins faciles
à vérifier mais pour lui aussi inévitables qui relient
au monde sidéral le monde sublunaire, l'enserrent
d'un système compliqué mais mathématique de
relations et de concordances qui expliquent l'inexplicable et font arriver l'inévitable.

L'influence astrale sur la marche de l'Univers avait
été professée à Padoue même, avant Pomponazzi,
par Pierre d'Abano, Cecco d'Ascoli et Guido Bonati
(1506)[2]. On lira plus loin les brillants développements
que cette idée inspire à Pomponazzi. Si la marche du
monde est soumise au destin, c'est à lui qu'il faut rapporter tous les miracles historiques, les fondations
des royaumes, et leur destinée. Non seulement les
hommes, mais les villes et les royaumes avaient leur
« généthliaque ». Tarutius pouvait faire l'horoscope

---

1. *P. Pomponazzi*, p. 273. M. Douglas a bien développé ce point
de vue ainsi que Blanchet dans son *Campanella* : l'idée du miracle et
la science occulte, p. 208-213; et Baudouin, *Vanini*, p. 23-24.

2. Voir P. Duhem, *Système du monde*, IV, 234, 241 et passim.
Pontus de Tyard qui combat ce système dans *Mantice* (1558) ne
connaît pas Pomponazzi et pourtant ce sont bien les mêmes propositions qu'il relève chez Guido Bonati [H. Busson, *Sources et développement du Rationalisme*, p. 412]. Je pense que son ami M. Scève a puisé
à la même source sa croyance à l'influence astrale sur les royaumes et
les religions (*Microcosme*, III, éd. Guégan, p. 258).

(rétrospectif il est vrai) de Romulus et de Rome. Un déterminisme mathématique était ainsi proclamé là où depuis nous avons mis un déterminisme physique [1].

Les transformations religieuses mêmes se trouvaient réglées par cet ordre sidéral, la naissance, l'accroissement et la mort des religions, et l'apparition des « fils de Dieu » qui comme des météores annoncent ou réalisent les grandes créations religieuses. Le Christianisme n'échappait pas à la loi : il était sous le signe de la Balance, Jésus sous l'heureuse conjonction de Saturne et des Gémeaux [2]. Ainsi se trouvait anéantie la croyance à la Providence de Dieu et tout spécialement son action dans la naissance et l'histoire de l'Eglise.

Ce système devait mourir. C'est la partie faible du livre. La place immense que Pomponazzi faisait à l'homme devait se réduire à mesure que l'infinité ou l'immensité du monde éclaterait au regard des savants ; les lois mathématiques, les correspondances et les sympathies où il croyait avec le moyen âge enserrer la terre paraîtront illusoires lorsque la terre sera isolée comme « un canton détourné de l'Univers ».

---

1. Noter pourtant que ce déterminisme qui attribue tant au climat, à la race, au milieu était aussi très connu. Il remonte à Aristote; on le trouve chez Alessandro Alessandri, Pomponazzi, Huarte, Tyard, Peucer, Bodin, Charron. C'est surtout Cardan qui l'a exploité.

2 Cf. J. F. Pic de la Mirandole, *De rerum praenotione*, V, 12 et passim. Je crois qu'on a varié sur les détails. — Cf. Bayle, *Pensées sur la comète*, 20, et Burkhardt, *La civilisation en Italie*, VI⁰ partie, ch. IV, t. II, p. 289 et suiv. (éd. 1885).

III. — INFLUENCE OCCULTE DU LIVRE
AVANT SA PUBLICATION

Malgré cette faiblesse ce livre est donc grand. Morhoff[1] fait de Pomponazzi « le maître de tous les athées », le précurseur de Vanini, de Spinoza, de Hobbes; et Buddeus me paraît avoir exactement apprécié la portée du *De incantationibus* lorsqu'il a dit dans son *Traité de l'athéisme*[2] : « Le livre que Pomponazzi a composé sur les prestiges et sur les enchantements n'a pas peu contribué à rendre sa religion suspecte, n'y ayant seulement réfuté les opinions vulgaires, touchant les opérations de la magie, mais y ayant de plus révoqué en doute les miracles, en attribuant à quelques personnes une je ne sais quelle vertu naturelle de faire des actions miraculeuses dans l'esprit du peuple. »

Suivons donc son influence en France principalement sur la disparition de la croyance à la magie et aux miracles.

Ce n'est pas chose facile, les théories de Pomponazzi ayant pu être divulguées avant la publication du livre par ses élèves et après sa publication par ses plagiaires[3]. Il est bien certain par exemple que le *Daemonum investigatio* de Cesalpini (1580) (notamment la préface du livre et la réfutation de la sorcellerie qui commence au chapitre X) n'est qu'un résumé

---

1. Cité par Brucker, *Hist. crit. phil.*, IV, p. 186.
2. *Traité de l'athéisme et de la superstition*, trad. Philon, p. 57. Voir encore sur le rôle de Pomponazzi le livre de Fiorentino et Gentile, *Studi sul Rinascimento* (Florenze, 1925), p. 150-154.
3. Sur ce sujet voir Brucker, *Hist. crit. phil.*, IV, 182 et suiv.

du *De incantationibus*. Le *De abditis naturæ arcanis*
de Vanini n'en est comme on le verra plus loin qu'une
réédition. Cardan enfin lui doit le peu d'esprit critique
qu'il a apporté çà et là dans l'examen des faits miraculeux; mais sa crédulité et sa versalité l'ont empêché
de profiter des leçons de Pomponazzi. Mais des philosophes comme Cremonini, Campanella [1] sont en
même temps que les maîtres des Français du xvii° siècle les vulgarisateurs des théories de Pomponazzi,
en sorte qu'il est fort difficile à une certaine distance
d'assurer si ce dernier est la source directe ou seulement éloignée de thèses qui ressemblent aux siennes.

On peut se demander d'abord si le *livre* ou tout au
moins les théories qu'il propage n'ont pas été connues
en France avant sa publication. Il serait bien étonnant qu'elles n'y aient pas été apportées d'abord par
les très nombreux étudiants qui allèrent au xvie siècle
faire leurs études à Padoue et en Italie et même par
des copies du livre. Car nous savons par l'éditeur
qu'il en courait des copies. Je doute qu'aucun livre,
si hardi et secret qu'il fût, ait circulé en Italie sans
qu'il en soit venu des exemplaires au moins à Lyon.

Au début du xvie siècle on trouve parfois nié le
miracle. En 1501 se produisit à Lyon un allemand
prétendu magicien, nommé Jean, qui, habillé tout
de blanc comme Apollonius de Tyane, prétendait
réitérer ses prodiges. Il trouva des partisans, le roi
lui-même et ses docteurs qui le jugèrent après examen

---

1. Voir le *Cremonini* de Mabilleau et surtout le *Campanella* de
L. Blanchet où l'influence de Pomponazzi est très longuement analy-
sée, III° partie, ch. II-III, p. 193 et suiv.

d'une science surhumaine [1]. Haymon de la Fosse qui fut exécuté en 1503 explique par la magie les miracles de Jésus. Même théorie chez Sabellicus (1507) [2].

Ce sont pourtant là des cas exceptionnels et des négations où il entre plus d'obstination que de philosophie. Il faut arriver à Dolet pour trouver, épars et pour ainsi dire dilué dans des travaux de philologie un déterminisme raisonné. Dolet est un ancien élève de Padoue. C'est peut-être à l'école de Pomponazzi qu'il a appris à tout soumettre au destin comme les stoïciens et à chercher dans l'étude des causes la tranquillité de l'âme et le dédain des phénomènes qui terrifient les simples [3]. Je n'ai pas de preuve pourtant que le *De incantationibus* ait été lu en France avant 1540. Mais nous pouvons affirmer qu'en 1542 au moins un Français, et de ceux qui furent à ce moment les plus en vue, en connaissait les théories [4]. C'est Postel qui attaque ce livre dans le *De Orbis concordia* (1542). Le chapitre VII du premier livre est tout entier consacré à établir l'existence des démons. La démonstration ne révèlerait pas tout d'abord que l'auteur vise spécialement le livre de Pomponazzi; mais lorsqu'il arrive à parler des faits démoniaques et à rappeler les prodiges qui annoncèrent le consulat de L. Scipion et de C. Norbanus, les proscriptions de Sylla et de Marius, il s'adresse tout à coup aux Romains : « O Romains,

---

1. Du Boulay, *Hist. univ. Paris,*. VI, 4-5; Guion, *Div. leçons;* Naudé, *Rose-Croix,* p. 70.

2. H. Busson, *Sources et développement du Rationalisme,* p. 320 et note 4.

3. H. Busson, *ibid.,* p. 127-128.

4. Il n'y a pas le moindre doute que l'attaque de Postel vise le *De incantationibus.* Mais on n'a pas l'impression en lisant Postel qu'il réfute le livre en détail. Je croirais volontiers qu'il en connaissait seulement en gros les thèses essentielles.

je m'adresse à vous encore (en exceptant toutefois les
bons), car il est certain qu'il y en a et qu'il y en a
toujours eu beaucoup qui ressemblent à Pomponazzi,
cet athée qui a professé qu'il n'y a pas de substances
séparées... O Rome, tu n'as jamais manqué de monstres » [1]. Si Pomponazzi et ses élèves récusent les historiens anciens ou les retournent contre la magie, il y
substitue les historiens modernes, les voyageurs surtout qui commençaient à rapporter des terres païennes
nouvellement découvertes des faits aussi merveilleux
que ceux des anciens peuples païens.

C'est encore pour répondre au *De incantationibus*
qu'au chapitre VIII du même traité, il rapporte les
miracles apocryphes dont les historiens païens ont
orné la naissance et la mort de Jésus; l'arc-en-ciel
qui annonça à Auguste la naissance d'un enfant qui
commanderait au monde, la fontaine d'huile qui coula
tout un jour à sa naissance, l'éclipse miraculeuse
notée par les archivistes romains et perses, observée
par Denys et Apollophane et racontée par Phlégon.
Je ne sais si c'est Le Fèvre d'Etaples ou Pomponazzi
qui lui a fourni ce dernier miracle. Mais il se doute que
certains ne le croiront pas : « Ces miracles, dit-il, ne
persuaderont pas nos apostats. Ils ont plus de confiance dans Lucrèce que dans l'Évangile [2]. » Aussi il
a soin d'établir (et c'est la vraie réponse à faire à
Pomponazzi) la supériorité des miracles de l'Évangile
sur ceux de la légende, et celle de Jésus sur les thaumaturges païens et les faux Messies [3].

---

1. *De orbis concordia*, I, VII, p. 55. Pour d'autres textes de Postel
visant Pomponazzi, voir H. Busson, *op. cit.*, p. 290.
2. *Ib.*, VIII, p. 344.
3. *Ib.*, I, VIII, p. 62-64.

Pomponazzi avait alors des disciples à Paris. C'est
Postel qui nous l'apprend. Il est donc possible que
Postel ait trouvé à Paris même une copie de *De incantationibus* ou qu'il en ait appris le contenu par les
Italiens qu'il fréquentait. Peut-être aussi avait-il
connu le livre en Italie, car il avait séjourné quelque
peu à Venise dans la deuxième moitié de l'année 1537[1].

Il est notable qu'à la même époque Oronce Finé
professeur de mathématiques au Collège Royal ait
jugé à propos de publier les livres vieux de plus
de cent ans de Frère Claude, religieux célestin et
de Roger Bacon [2]. C'est l'indice que lui-même parta-
geait à l'égard du merveilleux la défiance de frère
Claude. Les écrivains qui au xviii° siècle ont composé
la *Bibliothèque générale des Ecrivains de l'ordre de
saint Benoît* (III, 528-529) le jugent digne d'éclairer
leur siècle et d'être placé à côté de Bacon, de Locke, de
Descartes et de Leibnitz. Il est bien certain qu'on est
tout étonné de trouver tant de liberté d'esprit chez un
contemporain et disciple de Nicolas Oresme. Mais il
ne faut pas oublier que tous les historiens placent au
début du xvi° siècle la recrudescence de superstition
démoniaque et à la fin son apogée.

Frère Claude enseigna donc que le merveilleux ne
vient pas toujours de Dieu ni du démon, mais des
erreurs de nos sens ou de notre ignorance. La moitié
du livre étudie les erreurs des sens et annonce ainsi

----

1. Picot, *Français italianisants*, I, 315 et suiv.
2. *De his quae mundo mirabiliter eveniunt...* Fr. Claudii Cœlestini
opusculum. *De mirabili potestate artis et naturae...* Fr. R. Bachonis
anglici libellus. Haec duo gratissima... opuscula Oruntius Finæus
Regius mathematicus diligenter recognoscebat et in suam redigebat
harmoniam, Lutetiae Parisiorum, Apud Sim. Colinæum, 1542.

le *Quod nihil scitur* de Fr. Sanchez. Les derniers chapitres contiennent des idées et des formules chères à Pomponazzi. Comment en serait-il autrement puisque les sources de frère Claude sont aussi des sources arabes? Il y soutient que les hommes extraordinaires peuvent arriver à prévoir l'avenir et à connaître les secrets. Il faut bien distinguer cette prévision scientifique des prétendues révélations des « vieilles folles ». Il refuse de croire à l'astrologie, par où il est plus sage que Pomponazzi lui-même, et réduit l'influence du ciel à la lumière et aux phénomènes atmosphériques.

L'existence des démons est indémontrable; les enchantements n'existent pas : jamais on n'a pu en réussir devant lui. « Il ne faut croire personne en choses qui contrarient la raison, conclut-il hardiment. Il ne faut pas non plus se laisser émouvoir par l'opinion, car il y a beaucoup de gens qui croient facilement sans avoir rien vu, et même des gens cultivés mais qui ne recherchent point les causes des choses. » Les aveux mêmes ne sont pas une preuve : « Si des jeteurs de sorts et de maléfices, de pauvres vieilles, sous la violence des tourments avouent avoir fait des choses extraordinaires, il ne faut pas les croire, car en réalité ils n'ont rien fait, même s'ils le croient et l'assurent [1]. »

Le livre publié en 1542 fut traduit en français en 1557 [2]. Il fait partie d'une tradition française qui a pu aboutir à Rabelais. Mais, outre que le livre n'était pas imprimé quand Rabelais commença d'écrire, il y a dans l'œuvre de ce dernier tout un système philoso-

---

1. Ch VIII, p. 22-23.
2. *Des choses merveilleuses en la nature,...* trad. Jacques Girard de Tornus. Lyon, Bonhomme. 1557, in-8° de 191 p.

phique qui est d'origine italienne et dénote l'influence
de l'école padouane sinon celle de Pomponazzi.

On peut assurer d'abord que les explications par
lesquelles Pomponazzi enlève aux faits merveilleux
tout caractère surnaturel lui sont familières. La plus
populaire au xvi° siècle, c'est la puissance de l'imagination. Pour Pomponazzi, comme pour Montaigne
(I, 21) l'imagination provoque dans l'individu des
réactions physiologiques; elle peut, sous l'influence de
la crainte ou du désir, surtout s'il est violent, réaliser
l'objet imaginé, fût-ce la maladie ou la guérison; et
même cette action peut s'extérioriser et affecter
autrui. Ainsi s'expliquent les « marques » des enfants,
la nausée ou le vertige non justifiés, les « sorts » jetés
par les sorcières, certaines guérisons dites miraculeuses. Or cette curieuse théorie fait l'objet de la
première page qui nous reste de Rabelais [1] : l'*Épître
de maistre François Rabellays... à Jehan Bouchet, traic-
tant des ymaginations qu'on peut avoir attendant la
chose désirée*. Rabelais et Geoffroy d'Estissac attendent le poète Jean Bouchet :

> Dont nos espriz, taincts de merencolie,
> Par la longue attente et *vehement desir*
> Sont de leurs lieux esquelz souloient gesir
> Tant deslochés et haultement *raviz*
> Que nous cuidons et si nous est advis
> Qu'heures sont jours, et jours plaines années.

---

1. Plattard, *Adolescence de Rabelais*, p. 62. Pour un exposé plus
complet de cette question, voir ma conférence sur *Rabelais et le
miracle* dans la *Revue des cours et conférences* du 15 février 1929
p. 365-400.

Très certainement en écrivant ces vers Rabelais avait dans l'esprit la page de M. Ficin (*Theol. plat.*, XIII, 1) reproduite par Pomponazzi au chapitre III du *De incantationibus*. On ne saurait dire si Rabelais l'a prise à l'un de ces deux auteurs ou encore à Rhodiginus ou à Crinito qui l'ont reproduite.

A cette théorie se lie celle de l'influence du médecin sur le malade. Son extérieur, sa maison, son accueil doivent lui donner la confiance, élément très important de la guérison. Rabelais expose à deux reprises ce principe. Il avait trouvé cela dans Galien et Hippocrate, comme il le dit. Mais les philosophes modernes avaient compliqué la question. Était-ce simplement la vue du médecin qui rassurait le malade, ou n'y avait-il point une sorte de transmission des esprits vitaux du médecin au malade. C'est cette seconde hypothèse que soutient Pomponazzi et elle va devenir très populaire au XVIe siècle. Rabelais la connaît et la reporte à ses origines averroïstes [1].

Les miracles qui ne peuvent s'expliquer par ces causes physiologiques peuvent relever de propriétés occultes des herbes, pierres ou objets. L'homme luimême considéré comme un microcosme est doué de propriétés thaumaturgiques; en sorte que les opérations merveilleuses sont souvent des effets naturels de puissances peu connues. La magie naturelle n'est que la science de ces propriétés. Ainsi lorsque Rabelais ou son continuateur recopie dans le *Poliphile* la description de la porte du temple (V, 37) il complique les ressorts secrets qui l'ouvraient ou la fermaient dans le roman de Colonna. L'aimant qui attirait les

---

1. *Quart livre*, ancien prologue et *Lettre à Odet de Chastillon.*

portes est amorti par de l'ail et du diamant. Rabelais connaît aussi le microcosme et le décrit longuement, mais sans prétentions philosophiques [1]. Quant aux vertus occultes des plantes et animaux il connaît celles du laurier, du dictame, de l'éthiopis, de l'échineis, du figuier, du coq et du veau marin. Que ces propriétés puissent même s'incorporer à certains objets soit par un heureux choix des matériaux qui entrent dans leur composition, soit par l'influence astrale, c'est ce que soutient Pomponazzi. Ainsi, dit-il (*De Incant.*, XII, ad IV[em]) les cloches, qui ont la propriété d'écarter les orages, peuvent avoir été fondues sous telle constellation qui leur ait donné ce pouvoir. Janotus de Bragmardo (qui s'en fût douté?) parle comme Pomponazzi (I, 19) des cloches de Notre-Dame qui avaient une « complexion elementaire... intronificquée en la terresterité de leur nature quidditative, pour extraneizer les halotz et les turbines » de sur les vignes.

En fin les miracles qui ne paraissent relever d'aucune de ces explications naturelles, il faut les attribuer à l'influence astrale : oracles, prodiges qui annoncent la naissance ou la mort des grands hommes, le début ou la fin des grandes périodes historiques. Rabelais connaît cette loi et paraît bien, tant il y a insisté, l'avoir prise au sérieux. Ainsi Galet et Gargantua proclament que toutes choses ont leur fin et périodes (I, 31; II, 8) et l'*Almanach pour 1533* applique cette loi aux religions mêmes qui se trouvent soumises aux influences astrales. La *Pantagrueline prognostication* proteste bien que c'est une folie de croire que les astres s'intéressent davantage aux grands qu'aux petits; mais le

---

1. II, 3-4.

Quart livre consacre deux chapitres entiers (26, 27) à soutenir que les troubles atmosphériques, sismiques et océaniques, même les comètes, marquent « mutations des religions, transports des royaumes, versions de républiques », mort des héros. Lui-même a été témoin de ces prodiges à la mort de son maître Jean du Bellay de Langey. Personne, ce me semble, n'a mieux exprimé au XVI⁰ siècle la pensée de Pomponazzi.

Appuyé des mêmes principes, Rabelais comme Pomponazzi nie le miracle. J'ai montré ailleurs [1] comment il parodie les processions et prières pour le beau temps, en quoi il se rencontre avec Pomponazzi et Dolet. Il raille de même les prières pour le temps de guerre (I, 27) ou pour se garantir du danger des batailles (I, 47); il se moque des apparitions des défunts et des saints (II, 17; III, 23), de la puissance attribuée aux reliques (I, 45, II, 47). Tout cela est dans Pomponazzi; mais tout cela est aussi dans Erasme et ne dépasse pas en audace la position de l'évangélisme fabricien.

Pomponazzi allait beaucoup plus loin. C'est le principe même du miracle qu'il attaquait et les prodiges racontés dans la Bible et l'Evangile. Rabelais est-il allé jusque-là?

Il n'est pas douteux que le *V⁰ livre* contienne la négation du miracle dans l'épisode dont l'authenticité paraît la plus admissible, la visite au royaume de quintessence (ch. XX-XXII). On y voit la reine guérir les maladies incurables; mais on y apprend que ces guérisons sont dues non à un pouvoir miraculeux, mais à l'application de bons remèdes : la casse, le gaïac, la

---

1. *Sources et dévelop. du rationalisme*, p. 179-192, 274-276.

rubarbe, le turbith, la « scammonie » [1]. On y apprend
surtout à ne s'étonner de rien et que l'admiration que
nous causent les miracles ne vient que de notre ignorance de leurs causes. C'est la doctrine de Pomponazzi, c'était celle déjà de Cicéron. Et c'est Cicéron
que cite Rabelais : « Ce que fait les humains pensemens
esgarer par les abysmes d'admiration n'est la souve-
raineté des effects, lesquels ils esprouvent naistre de
causes naturelles (comparer avec le titre de notre
traité), moyennant l'industrie des sages artisans :
c'est la nouveauté de l'expérience entrant en leurs
sens [2]. »

Rabelais s'est-il attaqué directement aux miracles
de l'Evangile, comme Pomponazzi? Il est bien difficile
de scruter la conscience d'un homme aussi fin que
Rabelais, et de deviner ses intentions. Mais il n'est pas
niable que, selon la démonstration que j'en ai faite
ailleurs, le récit de la résurrection d'Epistémon (II, 30)
est fait sur le modèle et avec les termes mêmes des
résurrections de l'Evangile. On y retrouve les paroles
et les gestes de Jésus dans la résurrection de la fille de
Jaïre, du jeune homme de Naïm et de Lazare [3]. Personne ne l'a contesté. Est-ce seulement une plaisanterie (le récit n'en a pas le ton) ou la parodie a-t-elle une
portée plus grave? Je n'ai pas osé me prononcer.

Mais j'ai trouvé depuis un fait qui pourrait peut-
être éclaircir ce problème. Tout le monde admet que
plusieurs épisodes du roman de Rabelais sont pris aux

---

1. On remarquera que Rabelais y raille les « chansons », c'est-à-dire
les formules magiques (carmina), les enchantements contre lesquels
Pomponazzi a écrit notre traité.
2. V, 22.
3. H. Busson, *op. cit.*, p. 187 et suiv.

Macaronées de Folengo. Mais précisément il y a aussi une résurrection au neuvième livre du poème italien et elle est racontée avec de tels détails que l'intention de l'auteur est aussi évidente que celle de Rabelais est obscure. Il s'agit bien là d'une attaque, et aussi directe qu'on le peut souhaiter, contre les résurrections. Le récit de Rabelais est-il un souvenir de Folengo?

Mais voici mieux. Il est bien certain en tout cas que Rabelais a lu Folengo et que ce dernier s'attaque aux miracles. Or Folengo est un compatriote et un élève de Pomponazzi [1]. C'est de lui qu'il a appris, à Bologne même, « les premières origines des choses, les vertus des herbes, les influences des étoiles, les divers effets des pierres », en un mot les causes occultes des miracles telles que les expose le *De incantationibus*. Voilà ce que lui a enseigné « la fée de Mantoue » comme il l'appelle.

Dès lors même si Rabelais n'a pas lu notre traité, il en a trouvé l'esprit dans les *Macaronées*. Voici enfin un rapprochement, trop court pour que j'en fasse état, mais qui s'ajoutant à tout ce que nous venons d'exposer, ne paraîtra peut-être pas négligeable. On connaît l'axiome de Gargantua (II, 8) : « Science sans conscience n'est que ruine de l'âme ». Le jeu de mots qui lui donne tant de relief est dans le *De incantationibus : neque scientiam neque conscientiam aliquam habentes* (XII, supp. VIIa). Est-ce simple rencontre, est-ce une réminiscence, ou commune utilisation d'une source jusqu'ici inconnue?

---

1. Nicéron, *Mem.*, VIII, 1 et suiv.; Brucker, *Hist. crit. philos.*, IV, 183.

Si l'on ajoute à cela que Rabelais non plus que Pomponazzi ne croit pas à la sorcellerie (III, 16-17) ni à la divination (III, 10 et suiv.), on conviendra sans doute qu'il n'est pas téméraire de dire que Rabelais a pris l'esprit de Pomponazzi. D'où lui viennent ces idées si hardies et originales pour l'époque[1]? Plusieurs (nous l'avons dit plus haut) se trouvent dans la philosophie du moyen âge ; mais non toutes ; et le *De incantationibus* seul les présente en un faisceau. Si Rabelais ne l'a pas lu, il a connu des élèves de Pomponazzi, ne serait-ce que Dolet qui en représente si bien l'esprit. Ne peut-on aller plus loin? Puisque nous savons qu'il circulait des copies du *De incantationibus*, Rabelais n'a-t-il pu le lire soit à Lyon, soit en Italie? Pure hypothèse, et que je n'insinue qu'à ce titre. Mais directement ou par des intermédiaires qui nous échappent ou par un esprit critique nourri aux mêmes sources averroïstes et s'exerçant sur les mêmes problèmes que celui de son devancier, Rabelais a retrouvé les principes du *De incantationibus*.

On peut encore citer comme une exception en France le naturaliste P. Belon qui dans son *Histoire des oyseaux* (1555) refuse de croire à la puissance des sorciers. Ce sont des empoisonneurs, s'ils agissent par poisons, ou des enchanteurs, si par formules magiques. Mais de ces derniers « l'on n'a aucune experience » et seuls les villageois y croient. Ceux qui voudront y regarder de près trouveront « que c'est pure fable et mensonge et où il n'y a rien de vrai. Une pauvre personne troublée, et hors de ses sens, se peut

---

1. Comparer par ex. avec son ami Tiraqueau (*De nobil.*, ch. XXXI, n° 285-291).

bien imaginer quelque chose surnaturelle, et estant
atteinte et convaincuë par tesmoings, advoüer chose
incredible à nostre esprit : mais à la verité nous pen-
sons attribuer ce vice à sa maladie. Ce sont des melan-
coliques ». Les Français les envoient à Saint-Mathurin
où l'on montre des « paniers plains de plume, des
lozanges de voirre, des carreaux de fer, des tuilles, des
pierres, des faucilles, des rasoirs..., du drap, des cra-
paux... et telles autres barbouilleries, qu'on dit estre
sorties des corps de certaines personnes malades ».
Cela est bien difficile à croire, mais « il n'est libre de
le declarer plainement ». Peut-être serait-il à propos
pour expliquer cette incrédulité exceptionnelle, de
rappeler que Pierre Belon avait après ses études faites
en France séjourné et étudié assez longtemps à Padoue. Toutefois nous n'avons pas la preuve que ce soit
en Italie qu'il a pris ces idées [1].

IV. — APRÈS LA PUBLICATION DU LIVRE. DÉMONOLOGIE

Le livre publié, il fut tout de suite utilisé par Wier
(1515-1568). Né à Grave-sur-Meuse, Wier avait été
élève de Cornelius Agrippa, puis avait étudié à Paris
et à Orléans. Il avait même été témoin dans cette
dernière ville de l'apparition simulée par les Cordeliers
en 1533 [2] et dont se sont gaussés les railleurs jusqu'à

---

1. *Vie des oiseaux*, p. 72-73 (éd. 1555). Sur P. Belon voir l'étude de
Delaunay (*Rev. du XVI° siècle*, 1924 et suiv.). N. du Fail repousse
aussi la sorcellerie sans discussion (*Eutrapel.* XXX).
2. *Hist. des diables*, V, 26.

Voltaire. C'est à Paris qu'il prit son grade de docteur. Son *De praestigiis daemonum* publié antérieurement à 1564, traduit en français par Jacques Grévin en 1567, eut un succès considérable : 7 éditions latines et 3 françaises avant 1583 [1].

Les idées directrices du traité de Wier sont celles du *De incantationibus*. Pour lui aussi « plusieurs choses se présentent parfois à nos yeux lesquelles, pour sembler estre plus que naturelles sont estimées illusions et ouvrages diaboliques : combien que pour certaines causes et raisons assez evidentes, nature, mere de toutes choses, les ait produites. » Ce sont les simples qui voient des miracles jusque dans les effets « de l'adresse et souplesse des mains des basteleurs et joueurs de passe-passe » [2].

Il y a dans le livre de Wier plus de faits de magie que dans celui de Pomponazzi, Wier étant aussi friand de ces histoires que Pomponazzi en est dédaigneux. Mais Wier malgré l'abondance et la variété de sa documentation ne dédaigne pas la moisson de Pomponazzi. On la reconnaît dans la masse du livre. Ainsi sur les transformations magiques il reproduit, sans y rien ajouter, les histoires des compagnons d'Ulysse, de l'*Ane d'or* d'Apulée, des compagnons de Diomède que Pomponazzi avait déjà commentées.

---

1. L'édition de 1564 est dite augmentée et corrigée. Je n'en ai pas trouvé d'antérieure. M. L. Battifol (*Au temps de Louis XIII*, p. 140) indique 1556. Cette date m'étonne car c'est l'année où a paru le *De Incantationibus* dont s'inspire Wier. Mes textes sont pris dans la traduction de Simon Goulard (1579) réimprimée chez Delahaye et Lecrosnier (1885) : *Histoires, disputes et discours des illusions et impostures des diables*, etc., 2 vol. in-8°. Mais toutes mes citations ont été vérifiées sur l'édition latine de 1564. Sur le livre de Wier, voir L. Pinvert, *J. Grévin*, p. 123-125.

2. Wier, *Hist. des diables*, I, xviii, t. I, p. 95, 98.

L'histoire de la possédée de Mantoue et du médecin Galgerando en est aussi tirée. Il lui emprunte encore la légende des Psyles et des Marses, la critique des transmutations de sexe, celle des anneaux magiques, de l'hippomanes, des miracles de Vespasien, mais en les amplifiant. Il prend de même ses citations, principalement celles des poètes. Deux fois il cite le *De incantationibus*, notamment quand il lui emprunte l'histoire de l'illusioniste Réazio qui avoua ses ruses aux inquisiteurs, et quand il rappelle le blasphème connu du *De incantationibus* que, si les reliques étaient des os de chiens elles auraient la même puissance de guérir [1].

A la fin de l'ouvrage il se défend d'avoir subi son influence. On opposera sans doute à sa crédulité relative les thèses incrédules de Pomponazzi. Chrétien, il ne peut les accepter. Pomponazzi à cette date a une telle réputation d'athéisme qu'il se croit obligé de le renier. « Les peripatéticiens aspres au combat reporteront incontinent aux causes naturelles tous les miracles et les prodiges qui surviennent es choses. On aura incontinent recours pour m'impugner et me vaincre au livre plein de philosophie plus cachée, lequel a esté composé par Pierre Pomponat mantouan, grand et insigne philosophe de son temps, et lequel il a intitulé *Des causes des effets naturels ou des enchantemens* ». Mais il est trop chrétien pour ne pas préférer, selon l'avis de saint Paul, la foi à la philosophie. « Aussi pense-je que Pomponazzi avant mourir et rendre l'esprit, s'est reconnu ... et qu'il n'est pas mort

---

1. *Hist. des diables*, V, 28; IV, 24; VI, 2; V, 39; V, 19; III, 1; I, 18; VI, 13.

Athée. Car souventes fois on a entendu de M. Helidee
de Forli, jadis son disciple qu'il estoit decedé en
chestien » [1].

Mais Wier peut bien renier son maître, il professe
tout de même ses thèses essentielles. Pomponazzi
avait conclu en philosophe. Wier conclut en médecin.
Il devance de quatre-vingts ans Naudé en affirmant
que les accidents étranges auxquels sont sujettes les
femmes viennent des nerfs, de la mélancolie de
« l'estouffement de l'amary », de la « semence pouris-
sante » toutes choses qui relèvent de la médecine;
ou même « d'une occulte raison et cause naturelle et
qui sont inconnues aux médecins » [2].

Quant à la sorcellerie « Aristote a bon droit escrit
que les enchantemens ne sont qu'inventions des
femmes ». Wier n'a pas lu Aristote, mais il a copié la
citation dans le *De incantationibus* [3]. On doit donc,
conclut-il, être très prudent dans les procès de sorcellerie. C'est là surtout qu'il faut que les preuves
soyent plus claires que le jour ». Pour lui, il ne croit
rien de tous ces contes. « Je mesprise les oracles del-
phiques... Le necromancien tenebreux m'estonnera
en vain aves ses aparitions nocturnes, avec les esprits
des morts et avec ses larves. Je ne me soucie pas aussi,
si le meschant exorciste me pense faire mal par ses
paroles barbares... Je n'estime pas un niquet et me
moque de toutes ces liaisons. Bref comme dit Horace,

------

1. *Hist. des diables*, VI, conclusion; II, p. 385-386. Edit. de 1564,
V, epilogus, p. 550.
2. *Ibid.* V, 28; II, p. 151-152.
3. *Hist. des diables*, VI, 20; *De incant.*, X, supp. VII[a], p. 206
[éd. 1556).

Je me moque et me ris de ces frayeurs magiques,
De ces songes trompeurs et sorcières iniques,
De ces esprits de nuit, des merveilles aussi
Qui sont en Thessalie... » [1].

Et le traité se termine par un appel aux rois et princes pour la cessation des poursuites contre les sorciers.

L'incrédulité de Wier a d'autres sources : le *De sublilitate* et le *De rerum varietate* de Cardan y sont souvent cités. Mais même à travers Cardan, c'est Pomponazzi qui l'alimente.

Grévin en le traduisant voulait répondre à la curiosité maintes fois manifestée du duc d'Anjou et de son médecin Milet et être utile au « vulgaire » de trop facile croyance [2].

L'ouvrage de Wier fût attaqué par Jean Lieber (Eraste). Chose étonnante : Eraste qui avait étudié à Padoue, que Grataroli prenait à témoin de l'orthodoxie de son maître, combat Wier et Pomponazzi [3]. Il cite ce dernier une fois en relevant un passage du *De incantationibus* (chap. VI) où « Pierre Pomponat Philosophe Italien est contraint de condamner la manière d'apprendre la magie et Necromance, quoy qu'il fust si execrable de maintenir que c'estoyent bonnes sciences et qu'elles rendoyent nostre entendement parfait et accompli » [4]. Pour lui il réclame la mort des sorcières

---

1. Conclusion, t. II, p. 388-389, éd. de 1564, V, épit., p. 553.
2. Wier, trad. Grévin. Dédicace du 11 avril 1567.
3. Reginald Scot a aussi relevé cette inconséquence de Lieber (*The discovery of witchcraft*, epist. dedic., Az v°.
4. Eraste, *Premier dial.*; Wier, II, p. 416. *De astrologia divinat. epistol.*, Bâle, 1580.

parce que même si elles sont incapables d'aucun mal leur profession est contraire à la religion. Notons pourtant que si le puritanisme d'Eraste l'oblige à condamner les sorcières, le *De incantationibus* lui a au moins démontré leur innocuité.

Le livre de Wier qui avait donné le signal de la lutte active contre la démonomanie en Allemagne et en France suscita aussi la première attaque anglaise. Attaque très hardie, plus radicale que celle de Wier. C'est la *Sorcellerie dévoilée* de Reginald Scot (1584) [1].

Le livre est surtout une réfutation de la *Démonomanie* de Jean Bodin et s'attache à démontrer l'absurdité des faits prétendus de sorcellerie, l'odieux des procès de sorcières plutôt qu'à prouver l'impossibilité métaphysique de l'action démoniaque. Par sa tournure pratique il rappelle plutôt Wier qu'il cite souvent; mais on y relève aussi des dissertations dont l'origine, au moins indirecte est le *De incantationibus* : sur les effets de la mélancolie (III, ch. IX et XI), la cessation des oracles (livre IX), les enchantements (livre XII). Le livre de Pomponazzi y est du reste allégué trois fois au moins et une fois dans un des principes essentiels de notre auteur (*De incant.*, I, *in fine*) « qu'il est ridicule d'abandonner des faits manifestes et démontrables par raison naturelle pour chercher l'inconnaissable qui ne peut être conçu comme vraisemblable ni prouvé par aucun principe de raison ».

Ce livre très important fut brûlé par ordre du roi, mais la thèse en fut reprise par Gabriel Hervey (1593). Son action s'étendit aux Pays-Bas par la traduction flamande de Thomas Basson (1609) et il fut sans cesse

---

1. *The discovery of Witchcraft*, 1584.

réédité au cours du xvii° siècle. C'est de lui plutôt que
de Montaigne que Brown s'est inspiré dans la *Religio
medici* pour nier la sorcellerie et 'a réalité du miracle [1].

On a vu que Grévin, médecin, avait quelque
défiance de la démonologie. Tahureau l'attaque aussi
dans le second de ses *Dialogues*, mais avec plus d'esprit que de philosophie.

Le chef de la Pléiade au contraire, est resté très
crédule en fait de démonologie. Je ne veux pas
relever tel sonnet à Cassandre où les démons sont
invités à se défier de son amie [2], ni l'ode à Denise
sorcière, si vraie pourtant, ni l'exorcisme qu'il nous a
décrit avec tant de verve dans la *Response*. L'hymne
des *Daimons* (1555) est antérieur au livre de Wier
comme à celui de Pomponazzi. Il est d'une crédulité
déconcertante [3]. Plus tard Ronsard a lu Cardan. Je
l'avais soupçonné et M. Laumonier vient de me donner
raison en signalant que Ronsard possédait un *De
sublilitate* de Cardan, de l'édition de 1560. Il a pris à
Cardan outre une sorte d'averroïsme qui fait le fond du
poème du *Chat*, quelques idées qui lui sont communes
avec Pomponazzi.

Le pouvoir de l'imagination, par exemple, lui a
fourni un sonnet de 1578 [4]. Le poète a été saigné,

---

1. *Religio medici*, I, xxx; I. xxvi; p. 189-191, 167-169 de l'édition
de Strasbourg de 1677. Pomponazzi est cité dans les notes critiques.
Je crois pour mon compte que le livre relève plus du courant padouan
que de Montaigne même comme le veut M. Villey.

2. Sonnet XXXI, éd. crit. Vaganay, p. 63.

3. Sur la démonologie de Ronsard, cf. Franchet, *Le poète et son
œuvre*, p. 251. Notons que Crespet invoque ces vers de Ronsard en
faveur de sa démonologie (*Hayne de Satan*, I, 11, p. 166, 174 v°; I, 12,
p. 191.

4. J'avois esté saigné, *Amours diverses*, XXXII. Veg. II, 304.
Noter que la traduction du *traité de l'imagination* de Pic de la Mirandole par J.-A. de Baïf avait été publiée en 1567 et 1577.

son amie le vient voir et remarque que le sang est
noir :

> *Le trop penser en vous a peu si bien mouvoir*
> *L'imagination, que l'âme obeyssante*
> *A laissé la chaleur naturelle impuissante*
> *De cuire, de nourrir, de faire son devoir.*

Il croit aussi à l'influence astrale. L'*Hymne des
démons* (1555) contient une profession de foi à l'influence des astres sur les tempéraments. Cela était de
l'astrologie la plus courante. Mais le *Discours à Chau-
veau* (1569) reprend cette idée d'une tout autre façon.
Ronsard sait cette fois que selon Pomponazzi les peuples mêmes et les cités ont leur horoscope et leurs
périodes inéluctables :

> *On a pensé les flames immobiles*
> *Du ciel garder les sceptres et les villes,*
> *Et pour cela qu'ils regnent longuement*
> *Quand une etoille à leur commencement*
> *Les va guidant d'une bonne influance.*

Mais il n'ose se prononcer :

> *Soit vray ou faux, mes vers n'en disent rien*
> *Ce n'est mon but* [1].

On pourrait encore rapprocher du *De incantationibus* les innombrables pages où Ronsard (*Odes*), Pontus
de Tyard (*Solitaire premier*), des Autels et Du Bellay
même célèbrent l'enthousiasme poétique. Ces pages
ressemblent fort à celles où Pomponazzi commente les

---

1. Sur ce sujet voir mon article *Sur la philosophie de Ronsard* dans
la *Revue des Cours et Conférences* du 30 décembre 1929.

textes du *Phèdre* et de l'*Ion*, et ils procèdent certainement de la même source. Je préfère croire, pourtant,
qu'ils ont lu Platon ou ses commentateurs italiens
plutôt que Pomponazzi [1].

De Ronsard à Montaigne il ne me paraît pas que
l'influence des idées de Pomponazzi s'étende beaucoup.
Ni P. Nodé (1578), ni P. Massé du Mans (1579) ni
Molan (1585), ni l'angevin La Primaudaye ne semblent
les connaître. Camerarius [2] lui-même hésite beaucoup
en face du problème. Il trouve audacieux de nier les
faits de magie et de sorcellerie, mais aussi on a exagéré
le rôle du diable. Pour lui la nature est plus puissante
qu'on ne le croit généralement et les causes naturelles
peuvent expliquer bien des prétendus miracles; mais
par contre il y a du merveilleux absolument surnaturel.

Les prodiges, les comètes sont toujours considérés
comme des présages [3].

Et pourtant ces idées faisaient leur chemin. La
Primaudaye raconte avec indignation que certains
impies « ne veulent croire qu'il y ait ni Dieu ni diable.
Et n'y a pas longtemps, qu'estant meu propos du
Diable, entre un Prélat de ce royaume et quelques
autres, il ne rougit pas de leur demander, s'ils avoient
veu quelqu'un qui lui eust vendu des lunettes, d'autant qu'il devoit estre fort vieil, depuis qu'on le disoit
estre au monde » [4].

------

1. Sur ce sujet voir Franchet, *Le poète et son œuvre*, p. 24 et suiv.;
Laumonier, *Ronsard poète lyrique*, p. 330-342; H. Busson, *op. cit.*,
p. 397 et suiv.

2. *De natura et effectionibus daemonum libelli duo Plutarchi*. Cum
explicationibus et procemio J. Camerarii. Préface (La traduction et
l'annotation sont en réalité d'A. Turnèbe).

3. Mollan, *Cartel aux judiciaires*, passim. Prodiges en 1562, 1572,
1577, 1584, 1585.

4. *Académie*, livre III, 2e journée, ch. XV (éd. de 1613, p. 450).

Voilà une plaisanterie qui aurait amusé Montaigne.
Il met à part d'abord, selon sa méthode ordinaire, les
possédés de l'Evangile [1]. Sur ceux-là il n'entreprend
pas de raisonner. Cela n'a aucune conséquence. Mais
pour les « evenemens modernes », qui conduisent au
feu les accusés, on doit être plus exigeant : « A tuer les
gens, il faut une clarté lumineuse et nette; et est nostre
vie trop réel'e et essentielle pour garantir ces accidens
supernaturels et fantastiques ». Naturellement il met
à part le cas de « drogues et poisons ». Ces crimes, bien
constatés, sont du droit commun. Cette distinction
est précisément tout le résumé du *De praestigiis* de
Wier.

Aux raisonnements de Wier on oppose les faits. Ce
sera quelques années plus tard l'attitude de Jean
Bodin. Les faits surnaturels, répond Montaigne, ne
relèvent que de la révélation. Il sera toujours plus
rationnel de les nier ou d'en supposer une cause naturelle, même inconnue, que de les admettre. « Combien
trouve-je plus naturel et plus vraysemblable que deux
hommes mentent, que je ne fay qu'un homme en
douze heures passe, quant et les vents, d'Orient en
Occident. Combien plus naturel que nostre enten-
dent soit emporté de sa place par la volubilité de
nostre esprit detraqué, que cela, qu'un de nous soit
envolé sur un balay, au long du tuiau de sa cheminée,
en chair et en os, par un esprit estrangier ». Des
folles! Ne le sommes-nous pas tous un peu par nature?

Mais il y a les juges! Il y a des marques! Il y a des
aveux! En douter, dira plus tard Yves de Paris, « ce
serait accuser les Parlemens d'injustice ou d'ignorance

---

1. *Essais*, III, 11.

d'avoir condamné des personnes comme coupables d'un crime qui n'est pas, et qui ne se peut commettre »[1]. Montaigne a vu des sorcières emprisonnées, il a constaté sur leur corps les prétendues marques du diable, il a interrogé ces malheureuses : « En fin et en conscience, je leur eusse plustost ordonné de l'ollebore que de la cicue ». — Mais il y a des constatations si terribles que des juges et même prévenus en ont été convaincus, des faits constatés, des aveux si complets qu'on ne sait comment les nier ni les expliquer. — On ne les explique pas. « Je les tranche souvent comme Alexandre son neud. Après tout, c'est mettre ses conjectures à bien haut pris que d'en faire cuire un homme tout vif ».

Cette façon si simple de trancher les choses est évidemment très loin de la méthode de Pomponazzi et je ne songe pas à comparer ce chapitre au *De incantationibus*. C'est pourtant là, à travers Wier, l'origine première de son incrédulité.

Nous devons bien avouer que Wier et Montaigne sont des exceptions, que ceux-là mêmes (J. Bodin par exemple) chez qui on s'attendait à trouver l'esprit de Pomponazzi, s'en tiennent encore au *Malleus maleficorum*. Faute de pouvoir donner ici la liste interminable des livres que j'ai lus sur la question, je préfère n'en pas citer. Mais on reste stupéfait et humilié pour l'homme, quand après avoir parcouru tant de traités de démonologie, de manuels et de récits d'inquisiteurs, de procès-verbaux de jugements, d'histoires locales ou régionales de la sorcellerie, on songe aux milliers de sorciers et de sorcières qui ont été brûlés en cette

---

1. *Th. nat.*, II, p. 729.

fin du plus brillant, en ce début du plus raisonnable
et du mieux équilibré de nos siècles. Et non seulement
la France, l'Europe entière est prise d'une sorte d'épidémie démoniaque [1], mais ceux qui ont le plus de
conscience et de lumières, les juges, des médecins
même y donnent les mains. Un Ambroise Paré, un
Jean Bodin, un Nicolas Remi, un Boguet, un De
Lancre nous font penser à cette fine remarque de
Naudé sur l'un d'eux : « Ce premier homme de France
Jean Bodin, qui après avoir par une merveilleuse
vivacité d'esprit, accompagnée d'un jugement solide,
traicté toutes les choses divines, naturelles et civiles,
se fust peut estre mecogneu pour homme et eût été
infailliblement regardé par nous comme une Intelligence, s'il n'eust laissé des marques de son humanité
dans sa demonomanie » [2]. Pauvre Bodin! Mais que
dire d'un inquisiteur comme Michaelis? La nausée
vous prend à lire les interrogatoires du malheureux
Gaufridy et de Madeleine de Demandolx.

Quand ces récits ne sont pas odieux, ils sont bur-
lesques : des magiciens qui en six heures amènent un
homme de Dôle à Bordeaux (1626); un autre qui tient
à son service un démon dans une fiole (1605), une jeune
fille étranglée du diable « par vanité et trop grande
curiosité de ses habits et collez à fraize, goderonnez à

---

1. Aux témoignages que l'on en donne ordinairement, joignons
celui de Crespet qui est moins connu. Le diable a dit par la bouche
d'un démoniaque de Soissons que depuis que l'on convertit les pays
barbares, 1500 démons chassés des contrées d'outre-mer ont envahi la
France à la faveur de l'hérésie (*Hayne de Satan*, I, 12, p. 194).

2. *Apologie*, VII, p. 83. Naudé ne peut se persuader que Bodin ait
cru ce qu'il a écrit. Joindre à ce jugement la cruelle moquerie du
Moyen de Parvenir (ch. VI) qui félicite Bodin d'avoir réussi à prendre
en plein jour la mesure au diable et de lui avoir fait un habillement
qui lui est resté.

la nouvelle mode » (1582), un autre banquier du diable à Vesoul (1610), une morte qui lance des cailloux dans la fenêtre de son mari (1613), un jeune homme qui couche avec le diable déguisé sous l'apparence d'une fille de joie (1613);« effroyables pactions faites entre le diable et les prétendus invisibles » (roze-croix) (1623); un diable qui joue des tours de gamin à un vieux pasteur à Mâcon (1612); des puérilités en un mot, voilà ce que l'on trouve dans ces innombrables livrets et traités qui paraissent tous les ans.

Entre tant de destinées qui furent tragiques ou ridicules émergent tout d'abord, les noms de Nicole Aubry de Laon, de Marthe Brossier, de Marie de Sains de Lille, de Barbe Buvée d'Auxonne, de Denise de la Caille à Beauvais; ceux de leurs victimes Urbain Grandier de Loudun, le curé Boulé de Louviers brûlé vif avec le cadavre de son vicaire Picard; Gaufridy brûlé à Aix. Mais tous les ans, des faits de ce genre colportés, déformés par la presse, mettent le public en émoi. Des procès monstrueux poussent au feu des centaines de victimes. Des épidémies collectives de possession se déclarent dans nombre de couvents : Loudun, Auxonne, Lille, Louviers, etc. La France entière, et la cour plus peut-être encore que le peuple, croit à la sorcellerie [1].

Il faut se représenter cette folie pour apprécier le

---

1. La bibliographie du sujet est impossible à donner ici. On trouvera une abondante bibliographie dans les répertoires spéciaux de Langlet Dufresnoy (1751, 2 vol.), Yves Plessis, Bosc. Sur l'ensemble les livres de Français : *l'Eglise et la Sorcellerie* (Paris, 1910) et de Delacroix : *Les procès de Sorcellerie au XVII* siècle* (Paris, 1890, 10* édition) sont sous une apparente facilité très bien documentés. La plupart des provinces ont aussi des monographies et plusieurs des procès ont été réédités ou étudiés par des érudits : L. Battifol, Lorédan, Tuetey, etc.

courage d'un Wier et d'un Montaigne. Ils sont isolés dans le xvie siècle. Au xviie le progrès des idées du *De incantationibus* est aussi très lent [1].

Il y a pourtant, dès le début, un livre dont le titre rappelle une des thèses fondamentales de Pomponazzi : Jean de Montr'œil : *Paradoxum, daemones per se non agere in res sublunares* [2]. La proposition est bien celle du *De incantationibus*, bien que ce traité — ni aucun autre du reste — n'y soit pas nommé : les démons ne peuvent de soi agir en notre monde. Si Dieu peut leur permettre d'y intervenir, c'est absolument comme il peut faire marcher une colonne de pierre. Ils ne le peuvent non plus, à cause de la nature de notre monde. Les cieux sont de la même matière que le monde sublunaire et non faits de la quinte essence; ils ne sont pas mûs par les Intelligences (ici Montr'œil se sépare de Pomponazzi), mais par leurs propres formes. Cette discussion purement scolastique n'a guère d'intérêt, mais la conclusion est à remarquer. Il faut juger ces choses, dit-il au chancelier Brulart, par raison et non par préjugé. « Pour parler librement, où avons-nous pris les notions courantes sur les démons sinon des fadaises des vieux Pictes transmises de main en main. Les démons, dit Cicéron, nous les connaissons sous la figure que leur ont donnée les

---

1. La Sorbonne cependant est méfiante. En 1533, lors de l'affaire des Cordeliers d'Orléans elle avait conseillé la prudence. En 1623 elle condamne vigoureusement les livres de Jean le Normant : *Histoire véritable* et *Vocation des Magiciens*, tirés des odieuses compilations de Michaelis et de Domptius (Du Plessis d'Argentré, *Collectio judiciorum*, II, 2° patie, p. 137-139. En 1615 elle blame un jeune prédicateur qui avait imprudemment excité les esprits à Valogne à propos d'exorcismes (Birette, *Réfutation de l'erreur du vulgaire...* 1618).

2. Paris, 1610, in-4°.

peintres et les poètes ». Seuls les histériques et les fous croient aux sortilèges, philtres, etc.. « Ceux là semblent avoir agi plus prudemment et avec clairvoyance qui de notre temps n'ont pas osé punir ces vieilles sorcières, soupçonnant chez elles des douleurs d'entrailles ou une tumeur à la rate. Assurément, il y a beaucoup d'hypocondriaques et de lycanthropes, mais ce sont tous de faux lycanthropes et de faux possédés ». S'il y a eu des possédés dans l'histoire sainte, il n'en disputera point, il conteste seulement que les démons puissent, de par leur nature, tourmenter les hommes.

De Montr'œil était médecin à Paris. Les médecins passaient déjà pour ne guère craindre le diable. Duncan, Riolan, Guy Patin, Guill. de Baillou, Bonnet (Théophile) décrivent les maladies mentales et en éliminent l'élément surnaturel. Levinus Memnius, très chrétien pourtant et qui admet encore la possibilité des possessions démoniaques consacre deux chapitres de son *De occultis miraculis naturae* (II, ch. 1-2) à montrer que les mélancoliques, frénétiques, etc., même ceux qui arrivent par la fièvre à parler des langues étrangères sont des malades et non des possédés (1628). Simon Piètre et Marescot, s'élèvent contre la prétendue possession de Marthe Brossier [1], Duncan et Quiliet contre celle de Loudun. Valle de Moura dénonce la même incrédulité chez les médecins espagnols et portugais [2].

Théophile raille agréablement un cas de possession qu'il a trouvé à Agen (février 1620). Il est allé voir la

---

1. C'est à propos de cette dernière que Marescot donna cet avis demeuré célèbre : ficta multa, a natura plurima, a daemone nulla (*Mascurat*, p. 310-311).
2. *De incant.*, VI, p. 28.

fille, lui a parlé en latin, grec, anglais, etc., sans qu'elle y comprît rien. On sait que les possédés passaient pour comprendre les langues. Seul le curé arrivait à la faire régler ses gestes sur les siens. Aussi Théophile proteste que ce diable ne sait pas les langues et qu'il n'a pas voyagé « et, dit-il, combien qu'à chaque fois la démoniaque eut des boutades à me sauter aux yeux, je ne laissay pas d'attendre la fin de son excez, scachant bien qu'à moins de se transformer en quelque chose de plus fort, de plus farouche qu'une fille, quelque diable que ce fût ne pouvoit me nuire que mal aisément ». Le résultat fut que le médecin trouva dans la fille « un peu de mélancolie et beaucoup de feinte ». Mais le peuple et le curé étaient indisposés contre Théophile qui dut quitter le pays [1].

On peut lui joindre quelques autres esprits avisés. *L'Argenis* par exemple (1621) combat l'astrologie à plusieurs reprises; l'abbé de Marolles s'élève fortement contre la sorcellerie [2]; Sorel (1623) fait remarquer que la superstition des paysans est fondée « sur des accidens ordinaires, et naturels, mais dont la cause est incognuë à leurs esprits simples et grossiers » [3].

Mais le vrai disciple de Pomponazzi au XVIIe siècle, celui qui s'est le mieux pénétré de son esprit, et a fait le plus pour le propager, c'est Naudé. Sainte-Beuve l'avait senti, dans l'article fort pénétrant qu'il lui a consacré [4]. C'est que Naudé a été à Padoue même

---

1. *Œuvres*, éd. 1651, p. 14-18; Lachèvre, *Le procès de Théophile.* I, 49-51.
2. *Mem.*, II, 124-125.
3. *Hist. com. de Francion*, livre III, éd. de Rouen, 1641, p. 107.
4. *Portraits litt.*, II, 466-512, et 522-524.

l'élève et l'ami de Cremonini. « Ce Cremonini était grand personnage, un esprit vif et capable de tout, un homme desniaisé et gueri du sot, qui savait bien la vérité, mais qu'on n'ose pas dire en Italie. Tous les professeurs de ce païs-là sont gens déniaizez, d'autant qu'étant parvenus au faîte de la science, ils doivent être détrompez des erreurs vulgaires des siècles et bien connoître l'opinion d'Aristote, de l'esprit duquel un Cremonini est un vrai Tiercelet et parfait abregé ». Et il le met parmi les athées en compagnie de Machiavel, Cardan, Pomponace et Bembo [1]. Cremonini a pour lui ce grand mérite qu'au moment où l'Europe était envahie par les autres écoles philosophiques (celle de Parménide avec Telesio, le Platonisme avec Patrizzi, celle de Démocrite avec Bruno) il a, lui, saisi la barque en danger de l'Aristotélisme et, nouveau Persée, délivré Andromède, c'est-à-dire la divine sagesse, des insultes des sots et des ignorants. A Cremonini il joint Liceto qui soutient dans la plus belle université du monde (Padoue) cet aristotélisme qu'y avaient déjà recueilli, mourant sous des mains barbares, Pomponazzi et Zarabella.

Padoue, où tous nos étudiants du xvie siècle sont allés chercher la vraie philosophie! Padoue que Christophe de Longueil proclamait déjà « la mère et nourrice de toutes bonnes disciplines; Padoue dont Turnèbe disait en 1559 qu'il fallait y avoir passé pour avoir en France quelque avenir; Padoue que Montaigne tint à visiter lors de son voyage à Rome. C'est là que Naudé a laissé son cœur. Avec quel enthousiasme il décrit la ville à ses amis! Avec quelle confiance il

---

1. *Naudaeana*, p. 117.

proclame son université le comptoir des belles lettres
« bonarum litterarum emporium »! [1]. C'est que l'esprit
de Pomponazzi s'y est perpétué et le scepticisme de
Naudé, fruit des leçons de Cremonini est exactement
celui de *De incantationibus* [2].

C'est assurément Naudé qui dans la première moitié
du XVII° siècle a le plus fait pour tuer la démonomanie.
L'Apologie pour les grands hommes accusés de magie
(1625) marque en cette matière un effort considérable.
Ce livre est avant tout une manifestation de l'esprit
critique en des choses où il n'y en avait pas. Une
première partie recherche les causes qui ont fait soup-
çonner de magie les grands hommes : leur doctrine
extraordinaire, leur science mathématique ou médicale, l'ignorance, et surtout le manque de jugement
des écrivains. Une seconde partie examine les cas
particuliers. Les légendes formées autour de Cham,
de Moïse, des grands hommes politiques d'Athènes et
de Rome; plus récemment les prétentions de Postel,
Cardan, Scaliger, Campanella, d'avoir commerce avec
les démons y sont anéanties [3].

Il ne pense pas que l'existence des démons soit
démontrable. Non seulement les raisons des platoniciens sont sans portée, mais les faits mêmes qu'ils
invoquent, il ne les acceptera que lorsqu'ils auront
résisté à la critique du *De incantationibus* de Pomponazzi [4]. Il a tracé ailleurs le portrait de son maître, et

---

1. *Epist.*, p. 53, 58-59, 94, 97-98, 103-104, 106, 373-375, 531-553
et passim.

2. Naturellement, je me borne pour Naudé à ce qui dans son œuvre
concerne la démonologie et le miracle.

3. Naudé est-il bien sincère quand il paraît s'indigner que l'on ait fait
de Jésus un magicien? (*Apologie*, I, p. 25-26, éd. d'Amsterdam, 1712).

4. *Ibid.*, XIII, p. 238.

voici les jugements qu'il a portés sur lui : « Lucrèce et Pline étoient epicuriens. Pomponazzi etoit peripateticien tout pur ». « Personne n'a encore repris ses livres de fausseté et n'a pu renverser ses raisons » [1].

Le *Mascurat* (1649) est plus violent et plus cinglant encore. Ce n'est pas qu'il nie tout à plat les phénomènes de la possession, mais il nie la possession elle-même. Pour ne pas prolonger inutilement ces citations, donnons seulement cette page, d'un bon sens si robuste, d'une ironie si sarcastique. Il vient de parler des sorciers qui s'en vont au sabbat au pays de Vaux en Lorraine, aux Landes dans le pays de Bordeaux, dans les campagnes du Piémont. Leur aveu même ne prouve rien, car cet aveu ne provient que de l'imagination malade du prétendu sorcier : « Quand un phrenetique crie qu'il voit des diables, des armées, des combats, des lions, des incendies, on ne luy croit point. Quand un hypochondriaque après avoir raisonné pertinemment de mille choses, *caetera sanus*, veut persuader qu'il est Dieu le Père, un Ange, un Roy, le Mary de quelque princesse, un lièvre, une cruche, on se moque de luy; quand une belle et grosse fille

Jam matura viro, jam plenis nubilis annis,
se plaint d'avoir quelque homme noir qui la suit, de voir des diables, d'entendre du bruit à la maison, d'estre entourée de phantosmes, on dit en se mocquant d'elle que son pucelage l'estouffe; si l'on parle que des esprits, ou folets, ou sérieux reviennent dans quelque maison, on respond communément que la Maistresse ou la servante sont amoureuses; et pourquoy donc brusler une pauvre femme, qui par maladie, par sot-

---

1. *Naudaeana*, 28, 105.

tise, par force ou autrement, confessera d'avoir esté portée en moins de rien sur un Bouc, sur une fourche ou sur un balet à des assemblées tantost éloignées de cens lieuës, tantost proches de leurs villages où elles auront fait mille extravagances pueriles, ridicules, impossibles, et qui meriteroient mieux qu'on les fît penser ou enfermer aux petites Maisons, que non pas de les exterminer comme l'on fait par le feu et la corde? [1] »

Il fut un temps où le Parlement était assez sage pour en juger ainsi. Mais le *Malleus*, le *Formicarum Nider*, Ulric Molitor ont tellement gâté et prévenu l'esprit des juges qu'on fait mourir par centaines ces malheureux, qu'on rend déserts des pays entiers sous prétexte de les purger. Quand au peuple, il est au-dessous des bêtes. Celles-ci se conduisent par la nature; le peuple « est le theatre où les orateurs, les predicateurs, les faux prophetes, les imposteurs, les rusez politiques, les mutins, les seditieux, les depitez, les susperstitieux, les ambitieux... representent leurs plus furieuses tragedies ». Sa crédulité accepte tout, témoins Postel et la mère Jeanne, David Georges fils de Dieu; le P. Domptius annonçant que l'Antechrist est né et qu'il a dix ans et des cornes; les Charlatans qui se disent Roze-Croix, les fables des Millenaires, sabats de sorcières, etc... « Que la matrice tourmente quelque pauvre fille, il dira qu'elle est possedée, ou croira quelque Prestre ignorant ou mechant qui la fait passer pour telle ». Il est le jouet des caballistes, alchimistes, prêcheurs de croisades. « Qu'on luy dise en

---

1. Mascurat, p. 316-317.

riant qu'une cane ou un oison sont inspirés du Saint-
Esprit, il le croira sérieusement [1] ».

Et comme ce dédain du vulgaire est bien d'un fils
de la Renaissance italienne! Combien de fois Pomponazzi au cours même du *De incantationibus* a-t-il opposé les philosophes, les fils de Dieu, au peuple brutal;
combien de fois l'a-t-il traité d'«*ignavum vulgus*» !

On trouvera les mêmes négations et presque le
même ton chez Cyrano. Toute sa lettre *Contre les
sorciers* serait à citer [2]. Les sorciers avouent? « On ne
doit pas croire toutes choses d'un homme, parce qu'un
homme peut dire toutes choses ». On ne doit pas plus
se fier aux philosophes. Platon est plus grand que
Cyrano, mais les plus grands se sont trompés. « La
raison seule est ma reyne, à qui je donne volontaire-
ment les mains ». « On ne doit croire d'un homme que
ce qui est humain ». Pour quitter les grands principes
ou plutôt les appliquer à la sorcellerie, comment
croire ces faits qui toujours se passent au loin, sans
témoins; comment ne pas se défier de ces témoins
ignorants, épouvantés? Les démons sont donc bien
niais qui laissent ainsi leurs serviteurs après avoir
donné des preuves de tant de puissance. Quant aux
voyages au sabbat, c'est en songe qu'ils les font et
pour les possessions, les femmes seules les ont éprou-
vées, parce qu'elles sont plus sensibles d'imagination.
Qu'il y en ait eu avant la mort de Jésus-Christ, c'est
possible. Depuis, la pénitente de Gaufridy, les religieuses de Loudun ou de Louviers, croire qu'elles

---

1. *Considérations sur les coups d'État*, p. 236-240. Il raille ailleurs
(p. 430-431) la naïveté de Scaliger qui avait cru à des pluies de
grenouilles.

2. *Lettres diverses*, éd. de 1654, XII; I éd. Lachèvre, II, p. 211-218.

sont endiablées parce qu'elles font des culbutes, des grimaces et des gambades; autant croire que Scaramouche est endiablé. Il relève les invraisemblances des exorcismes et conclut que toute cette magie est « la gazette des sots ou le credo de ceux qui ont trop de foi ».

Enfin, il faut faire une place à part à Guy Patin [1]. Moins savant que Naudé, il représente la bourgeoisie frondeuse du XVIIe siècle qui n'a pas lu Pomponazzi, car on ne le lit plus, mais qui connaît encore son nom et lit ses disciples [2]. Il ne croit pas aux possessions démoniaques. La tragédie de Loudun lui paraît « une des fourberies du cardinal pour faire brûler un pauvre prêtre qui valait mieux que lui ». Celle de Louviers cache quelque sottise aussi, mais encore peu claire. Ces choses n'arrivent que là où il y a des moines, on ne voit rien de pareil en Angleterre ni en Allemagne (en quoi Patin est mal informé). Le meilleur auteur sur ce sujet, c'est Wier, dans l'édition latine in-4° et le dialogue de Vanini *De demoniacis.*

Il a été mêlé à des affaires de démonologie. Ainsi en 1665 on lui a amené un jeune gentilhomme breton si possédé par la mélancolie, la fièvre, la frénésie qu'il a eu des mouvements épileptiques; on a dû le lier. Un moine l'a cru possédé. Pour Guy Patin, il le saigne 22 fois, le purge 50 fois environ et le guérit. « Il y a bien des gens qui crient au miracle de moindres événements; mais la nature seule, la connaissance des maladies et l'application de bons remèdes vont bien loin [3] ».

---

1. Sur Guy Patin, voir Bayle; Sainte-Beuve, *Lundis*, VIII; Denis, *Sceptiques ou libertins... du XVIIe siècle*, p. 28 et suiv.

2. *Lettres*, III, 93, 301. Pomponazzi y est cité comme incrédule en compagnie de Cardan, Machiavel et Cremonini.

3. *Lettres*, III, 43-44, CCCLX.

Les religieuses d'Auxonne ont une épidémie de possession (1661) et on lui demande dans le même temps un mémoire sur une prétendue possession de Dijon : « Je hais fort l'imposture... mais surtout celle qui se fait en matière de Religion. Le diable n'est pas à Auxonne plus qu'ailleurs. Ceux qui se plaignent ici du Cardinal Mazarin disent, que le Diable est au Bois de Vincennes, mais qu'il se meurt [1] ».

Il reçoit un livre de David Blondel (1649) sur les Sybilles. Il y est fort question de ce que les Moines veulent qu'on en croie « afin qu'ils puissent s'enrichir, et continuer de profiter de la sottise et bêtise du peuple, qui est *animal quod vult decipi* : misérable humanité, que tu es sujette à erreurs! » [2] « Le diable est une vilaine bête noire, qui n'a point de blanc en l'œil, de la laideur duquel se servent les moines pour faire peur au monde [3] ».

Pour lui, il ne croit pas à ces « bagatelles » inventées par les législateurs anciens et modernes pour brider les méchants. Il n'a pas en vain fréquenté Naudé « qui était un homme d'esprit et un terrible puritain du péripatétisme », disciple et ami de Cremonini et qui avait demeuré treize ans en Italie, pays où l'on se déniaise vite [4].

Dans une lettre de novembre 1660 Guy Patin constate qu'on ne veut plus recevoir de procès contre les sorciers au Parlement de Paris, « aussi n'y en a-t-il point ». « On ne croit plus ici ni aux Enchantemens

---

1. *Ibid.*, II, 184-185, CCXXXVII.
2. *Ib.*, I, 167, XXXIII.
3. Panurge le définissait déjà ainsi : « Le diantre, celuy qui n'a point de blanc en l'œil » (III, 36).
4. *Ib.*, III, 301, CCCCCXXIV; III, 211, CCCCLXXIII; I, 48, CLXXXVIII.

ni aux sorciers et rarement aux possedez », dit de son côté Saint Evremond [1]. Le milieu du xviie siècle voit en effet triompher les idées de Pomponazzi, non pas parmi le peuple ni même à la cour, mais dans la médecine et la jurisprudence [2].

V. — MIRACLES

C'est bien une thèse de Pomponazzi que soutient Boaistuau dès 1558 dans le *Discours de l'excellence et dignité de l'homme*, que beaucoup de miracles « sont les effaicts de la puissance de l'âme..., qui est la cause que le plus souvent le vulgaire refere beaucoup de choses à l'invention des esprits malins, qui toutefois se doibvent attribuer à l'homme comme son propre héritage ». C'est là, et en propres termes l'une des thèses principales du *De incantationibus*. Il ne faut pas s'étonner si les exemples de thaumaturgie qui l'appuient sont pris de Ficin et de Pline. Ce sont aussi les sources de Pomponazzi. Et pourtant je ne suis pas sûr que ce soit Pomponazzi qu'a lu Boaistuau. Cardan s'est déjà interposé entre eux. Dans ses *Histoires prodigieuses* (1561) il cite nommément le *De varietate* et le *De sublilitate* comme ses sources. Le livre qui fut très populaire marque encore beaucoup de crédulité. Les volcans lui paraissent avoir quelque chose de prodigieux et de prophétique. Mais Cardan lui a appris à

---

1. *S. Evremoniana*, p. 286.
2. Voir Voltaire, *Siècle de Louis XIV*, ch. 31.

ne pas croire aux succubes et il lui a donné l'explication d'une naissance monstrueuse. Pour les possessions diaboliques, il y croit, mais il sait que les « athéistes », les « naturalistes », et les médecins n'y voient que de la mélancolie.

Le miracle pour Montaigne est une chose très rare et que la ruse et la crédulité suffisent ordinairement à expliquer. Lui-même a été témoin d'un fait que l'on disait miraculeux. Ce n'était qu'un « batelage » et pourtant les provinces voisines commençaient à s'en émouvoir. Avec un peu de chance, c'était un miracle reconnu.

En vérité il n'y a pas de miracles au sens religieux du mot. Il n'y a que des merveilles. Montaigne s'étonne que les incrédules — et il l'a été sur ce point dans sa jeunesse — refusent de croire rien de merveilleux. Les pauvres gens qui doutent de la « puissance infinie de la nature »! Cette dernière idée est de 1595. En 1580 il parlait encore de l'infinie puissance de Dieu. Mais Pomponazzi ou ses disciples lui ont appris que la nature recèle des forces secrètes qui suffisent à rendre croyable et naturel le merveilleux même lorsqu'il est inexplicable : « Les miracles sont selon l'ignorance en quoy nous sommes de la nature, non selon l'estre de la nature [1] ».

En plus des forces occultes de la nature, Pomponazzi donne encore pour cause aux miracles prétendus : l'imagination. Elle opère de deux façons. L'imagination du patient peut réaliser en lui des phénomènes

---

1. I, 23. Tous les autres textes auxquels je fais allusion ici sont cités dans Busson, *op. cit.*, p. 444-448.

psychiques ou même médicaux. Ainsi c'est elle qui produit en nous le désir, le plaisir, la crainte et la douleur. C'est elle qui imprime sur le fétus les marques des préoccupations de la mère. Mais elle peut aussi extérioriser son action et par une sorte de fluide (on disait alors : par une transmission des esprits), provoquer chez autrui des phénomènes involontaires, en particulier la santé ou la maladie. D'où pour un malade l'importance du caractère de son entourage ou de son médecin. Dès lors certaines guérisons dites miraculeuses ne seraient-elles pas le résultat de cette transmission des esprits?

J'ai rappelé en entier la théorie du *De incantationibus* parce que c'est peut-être celle des idées de Pomponazzi qui a eu peut-être la fortune la plus brillante. Il ne l'a pas inventée. Elle a une origine médicale par Gâlien et Hippocrate[1]. Pline y a cru. Les théologiens depuis saint Jérôme et saint Jean Chrysostome y ont recouru pour expliquer comment les brebis blanches de Jacob pouvaient en regardant des écorces de couleur concevoir des agneaux tachetés[2]. La tradition populaire attribuait à l'imagination de la femme toutes les « marques », toutes les difformités ou particularités des enfants. Nos auteurs même les plus sérieux sont intarissables sur ce sujet. Pour ne pas encombrer cette étude signalons seulement le cas classique de l'enfant qui ressemble à un tableau de la

---

1. Le médecin Fr. Valles part de Galien, qu'il cite, pour exposer la thèse de la puissance de l'imagination (*Philosophia Sacra*, Lyon, 1588, ch. III, p. 87-88.

2. *Genèse*, XXX, 37-39. Les sources théologiques sont citées dans B. Perrier, *Commentar. in Genesim*, in cap. XXX, disput. III-IV, p. 844-847.

chambre de sa mère (le cas est déjà attribué à Hippocrate); et celui-ci plus curieux : une femme a eu cinq
enfants en l'absence de son mari; l'un d'eux ressemble
au mari parce que son imagination avait été frappée
par la crainte du retour de son mari. Le chancelier
martyr Thomas Morus a chanté ce phénomène en
vers latins [1]. Les philosophes en avaient recherché
l'explication dans une sorte d'émission de rayons
(Alkindi) ou par une transfusion des esprits (Andrea
Cattaneo) ou par la domination naturelle des essences
spirituelles sur la matière (Avicenne). Saint Thomas [2]
avait combattu cette théorie d'Avicenne en soutenant
que l'imagination pour agir devait être fortement
stimulée par une passion : douleur, crainte, joie,
désir.

Pour les gens du XVIe siècle la source réelle de cette
doctrine c'est la *Theologia platonica de immortalitate
animorum* de Marsile Ficin (livre XIII, ch. 1). Marsile
Ficin a été copié de trois façons différentes : en 1516
par Celius Rhodiginus (Ricchieri) (*Antiquarum lectio-
num*, liber XX, cap. XV, éd. de 1599, p. 940-942);
en 1520 par Pomponazzi dans le *De incantationibus*
(ch. 3) et en 1530 par Cornelius Agrippa dans le *De
occulta philosophia* (livre I, ch. 63-65).

La priorité appartient sans le moindre doute à
Ficin. Il est plus délicat de décider si Ricchieri et
Pomponazzi ont chacun de leur côté copié le même
modèle ou si l'un — et lequel? — s'est servi de l'autre.
Lorsque parut la compilation de Rhodiginus en 1516,
il se peut que Pomponazzi eût déjà écrit son chapitre

---

1. Cités par B. Perrier, *loc. cit.*
2. *Contra Gentiles*, III, cap. 103.

ou qu'il eût fait quelques leçons sur ce sujet, puisque nous avons noté au début de cet article qu'il était maître de son système dès 1515. Toutefois, cette réserve faite, il faut chronologiquement donner la priorité à Rhodiginus [1]. Cornelius Agrippa vient le dernier.

Pomponazzi et Rhodiginus ont reproduit la même page de Marsile Ficin, le premier textuellement, le second en changeant quelque peu les expressions et en y intercalant deux interpolations, l'une d'une ligne, l'autre un peu plus longue. La similitude est pourtant assez parfaite pour que la source ne fasse pas le moindre doute. Mais voici qui est le plus curieux. Ricchieri a fait suivre la page empruntée à Ficin d'un certain nombre d'exemples qui sont presque tous dans Pomponazzi. Il est vrai qu'ils sont de seconde main, presque tous de saint Augustin où Pomponazzi a pu les prendre aussi, s'il ne les a cueillis dans le recueil de Rhodiginus.

Quant à Agrippa il a procédé avec plus de liberté. Il a disloqué la dissertation de Ficin en la dispersant en quatre chapitres (I, 57, 62, 63, 64). Des phrases textuelles sont restées pour témoigner de la provenance. Mais où a-t-il pris le reste? Il me paraît bien avoir utilisé Rhodiginus. Quelques rapprochements pourraient aussi faire croire à l'influence de Pomponazzi sur lui. Au moment où Pomponazzi écrivait son livre à Bologne et où paraissait à Florence celui de Rhodiginus, Agrippa expliquait à Pavie les livres d'Hermès Tris-

---

1. En fait pourtant Pomponazzi ne cite jamais Rhodiginus parmi ses sources. Mais l'éditeur Grataroli a établi en marge de l'édition beaucoup de renvois à cet auteur.

mégiste. Il n'est donc pas du tout impossible qu'il ait eu connaissance du *De incantationibus*. Ce qui me fait hésiter, c'est, outre le manque de preuve certaine, l'esprit si différent des deux hommes et des deux livres.

Bientôt les vulgarisateurs s'emparent de ce thème. Messie par exemple (1542) lui consacre toute une leçon qui me paraît inspirée de Cornelius Agrippa. Marcouville (1564) recopia presque textuellement la page de Messie sans y ajouter presque rien [1]. Pourtant il a lu aussi le *De sublilitate* de Cardan et les *Histoires prodigieuses* de Boaistuau qui venaient de paraître. Les Marses, les psyles, les merveilles de l'esprit humain, les « miracles de nature » comme on dira plus tard, le cas du fils de Crésus à qui il consacre un chapitre entier, il connaît tout cela. Mais il n'en cherche pas d'explication naturelle, sauf en ce qui concerne la puissance de l'imagination.

Wier au contraire copie Pomponazzi, et cette fois on ne peut hésiter sur la source puisqu'il a reproduit même les fautes d'impression de son modèle.

POMPONAZZI, *De Incant.*, III.	WIER, III, 13, t. I, p. 309; éd. de 1564, II, 24, p. 197.
Copiosissimus autem Marsilius Ficinus de his loquitur, capite primo XIII libri de *Theologia Platonica* : sic enim scri-	Item au 13e livre, ch. I de la *Theologie Platonique*, il dit qu'il y a quatre *effets* qui suivent la fantaisie, l'appetit, la vo-

---

1. L'un et l'autre consacrent un chapitre entier au cas des fils de Crésus.

bit : fantasiam quatuor sequuntur *effectus*, appetitus, voluptas, metus et dolor. Hi omnes, quando vehementissimi sunt, subito corpus proprium omnino, *nunquam* alienum, afficiunt.

lonté, la crainte et la douleur. Tous ces effets estans vehemens agissent incontinent en leur propre corps, et *jamais* en celui d'autrui.

Le texte de Ficin porte *affectus* (émotions) et non *effectus* (effets). Il est surprenant surtout que Wier n'ait pas vu le second contre-sens qui contredit une moitié de son développement. Naturellement Ficin a écrit *non nunquam : parfois* au lieu de *nunquam : jamais*.

Le reste de la page de Wier est une traduction partielle de celle de Pomponazzi; coupée de quelques remarques du médecin : les envies des femmes enceintes, la salive rendue amère par la vue d'une potion amère, les dents agacées par certains bruits, tout cela est traduit du *De incantationibus*.

La Primaudaye dans son *Académie* [1] (1580) reprend le même développement sur l'imagination des femmes enceintes. Il y ajoute un trait qui est pris encore au *De incantationibus* ou à Agrippa ou à Rhodiginus, que n'a pas relevé Wier, mais qui est devenu asse zcélèbre pour mériter d'être signalé. Pomponazzi avait dit (chap. III) : An non saepe ex faenestris altis in terram despicientes prae formidine caligamus et contremescimus? [2] La Primaudaye développe cette pensée :

---

1. II⁰ livre, 4⁰ journée, éd. de 1613, p. 166-167.
2. Agrippa (*occ. phil.*, I, 63) : Sic ex alto despicientes aliqui prae

« Nous en voyons aussi souvent plusieurs, qui ne scauroient seulement passer par dessus une planche sans tomber, à cause de l'apprehension du danger qu'ils ont en leur phantasie et imagination ». Il est remarquable que toutes les dissertations qui dérivent de Ficin placent à une *fenêtre* élevée le philosophe à qui son imagination donnera le vertige. Seul La Primaudaye y a substitué la *planche* ou la poutre que rendront célèbre Montaigne et Pascal, retournant ainsi, peut-être par l'intermédiaire des thomistes à l'exemple primitif donné par Avicenne : « sicut quum quis ambulans super trabem in alto positam cadit de facili quia imaginatur casum ex timore; non autem caderet si esset trabes illa posita super terram, unde casum timere non posset » [1].

Montaigne n'avait donc rien à trouver pour nous parler *de la force de l'imagination* [2]. Encore ai-je négligé une dissertion souvent citée bien qu'elle traite du même sujet, mais avec une autre méthode, de Jean Pic de la Mirandole : *De Imaginatione* (1501). Elle est si différente des précédentes, qu'elle me paraît avoir été peu utilisée même par ceux qui la citent (Delrio). En revanche, je serais curieux de voir la traduction qu'en a faite J.-A. de Baïf (1557-1577) pour le cas où il y aurait ajouté quelque chose.

M. Villey retrouve à peu près tous les exemples de Montaigne dans Cornelius Agrippa, Rhodiginus et

---

timore nimio contremiscunt, caligant, infirmantur, quandoque sensus amittunt. — Rhodiginus : Ex praealtis despicientes speculis, ita non-nunquam caligine offendimur, ita deficiunt vires, ut metu exsuperante corruamus praecipites.

1. *Contra Gentiles*, III, cap. 103.
2. *Essais*, I, 21.

Messie [1]. En fait, le livre de Pomponazzi n'offre pas les noms de Vibius, de Cyprius, de Cossitius, de Dagobert ni de Pontano. En revanche, pour ne parler que des histoires, il en contient deux qui ont passé dans Montaigne et qui sont très rarement citées avant lui : la légende du corps naturellement parfumé d'Alexandre que Montaigne a placée en tête du chapitre des *Senteurs* (I, 55) [2] et cette autre idée que les baisers des jeunes gens sont un remède, à propos de quoi il nous a raconté une jolie historiette. La légende d'Alexandre me paraît avoir été très peu répandue au XVIe siècle. Les recueils sont si nombreux qu'il faut se garder de rien conclure avant de les avoir épuisés. Mais je n'ai trouvé nulle part cette histoire avant Montaigne sauf chez Pomponazzi. Après lui, son ami Tabourot en tirera une petite drôlerie assez peu spirituelle [3]. Tabourot connaissait Pomponazzi comme on le verra plus loin.

Montaigne a repris ailleurs qu'au chapitre *De l'imagination* des faits et des idées contenus dans le chapitre de Pomponazzi. C'est ainsi que le vertige des hauteurs lui a inspiré une page célèbre de l'*Apologie de Raymond Sebond* [4], l'effet irritant de certains bruits sur les dents une autre remarque voisine de la précédente. Dans cette même *Apologie* relevons encore deux idées

---

1. *R. H. L. F.*, 1912, p. 802-817; Montaigne, éd. de Bordeaux, t. IV; *Les sources et l'évolution...*, I, p. 178, 207.

2. Il est vrai qu'il a pu prendre cette légende dans Plutarque. Mais il l'a remarquée ailleurs puisqu'il dit : « dequoy Plutarque et autres recherchent la cause ».

3. *Contes du Sr Gaulard*, éd. 1616, p. 24.

4. II, 12, éd. Motheau et Jouaust., IV, p. 148, 150. Joindre II, 2 : « il faut qu'il fremisse planté au bord d'un precipice; il pallit à la peur, il rougit à la honte ».

au moins qui sont dans le *De incantationibus* : la puissance de la salive humaine, très connue il est vrai et même vulgarisée; l'importance du débit pour l'orateur ou le poète, idée plus rare que Pomponazzi a longuement développée dans son traité [1].

Je n'entends pas par là soutenir que Montaigne ait lu ce livre. Mais ses idées sur les miracles en viennent très certainement comme vient du *De immortalitate animae* de Pomponazzi le traité de l'âme enclavé dans l'*Apologie*, sans qu'on puisse toujours retrouver les intermédiaires. Car l'essentiel, ce ne sont pas les histoires fabuleuses que se transmettaient les compilateurs, c'est la doctrine.

Ficin aurait dû logiquement aboutir à la conclusion de Pomponazzi : l'imagination peut faire des miracles. Il semble y arriver un instant; il admet que certains peuples (les femmes scythes, les Triballes) peuvent comme certains animaux (le basilic) agir sur autrui par le regard. Il croit que les grandes âmes (Apollonius de Tyane, Pythagore, Empédocle), sont les instruments de Dieu pour faire des prodiges. L'âme peut même influencer les phénomènes atmosphériques (ici il paraît rejoindre tout à fait Pomponazzi). « Par son sentiment seul, l'âme amènera les vents dans un ciel serein, les résoudra en pluie, les calmera de nouveau et refera le beau temps » [2]. Mais il ajoute ces deux mots qui changent tout : *Deo duce*, et il explique au chapitre suivant que l'âme de ces thaumaturges obtient de Dieu tout ce qu'elle veut tout simplement parce que

---

1. Il est vrai qu'elle est aussi dans Rhodiginus, XVI, 14. Signalons encore, bien qu'elles soient aussi dans Ficin les trois morts extraordinaires de la femme romaine, Sophocle et Denis le Tyran (I, 3).
2. XIII, 4.

sachant à l'avance la volonté divine elle l'accepte et la désire par religion.

Quant à Agrippa il ne reconnaît guère à l'imagination que le pouvoir d'influencer en bien ou en mal la santé d'autrui. Encore cette puissance de suggestion (que les médecins admettaient) est-elle subordonnée à un influx spécial des astres. Messie ne fait que paraphraser Agrippa sur les explications physiologiques des effets de l'imagination sur les différents sens. Mais ni lui, ni même Marcouville ne paraissent se douter de l'importance de cette théorie. Signalons pourtant chez ce dernier quelques formules qui annoncent Montaigne : « Le pouvoir de l'imagination est merveilleux, laquelle fait les hommes fort malades, et aucunes fois les faict devenir folz... Elle peut faire un homme malade ou le guarir... Bien souve t elle s'estend aux membres des tierces personnes... Aucuns Arabes ont estimé que l'imagination peult estre si forte, qu'elle peult rendre un homme perclus de ses membres ». Ces propositions isolées peuvent paraître graves [1]. En réalité, il ne fait que recopier ses prédécesseurs; il limite l'application de ces principes à des cas connus et classés (femmes enceintes, sorts jetés par des sorcières, contamination épidémique). Rien non plus ne permet de croire que Rhodiginus ait vu dans les faits qu'il entasse autre chose que des cas curieux.

Wier est par scrupule religieux, très crédule, et nous avons noté qu'il se refuse à avouer ce qu'il doit à Pomponazzi. Je serais pourtant d'avis qu'il a été un intermédiaire possible entre Pomponazzi et Montaigne. La page précitée de Pomponazzi qu'il a recopiée

---

1. Formules semblables chez Messie.

si maladroitement n'est pas suivie des commentaires
que l'on attendrait. Il s'en sert seulement pour expliquer comment les apparitions prétendues de fantômes
sont des suites de la peur, comment les sorcières peuvent se tromper ou être trompées par les diables au
moyen de leur imagination. Mais il a tiré ailleurs des
conséquences plus hardies et qui, bien que plus hési-
tantes, ne diffèrent pas dans leur fonds de celles de
Pomponazzi : « J'ay descouvert et aperceu que les
evenemens de telles guerisons ne procedent point des
characteres ni des charmes; mais que la vertu de
nostre esprit est telle, que depuis qu'il s'est persuadé
quelque chose honneste, et qu'il a perseveré constam-
ment en ceste persuasion, il execute puissamment la
chose qu'il a commencée, pourveu que l'esprit de
celuy sur lequel il agist ne luy soit repugnant et
deflant [1] ».

Seul donc Pomponazzi offrait à Montaigne une
doctrine assurée sur ce sujet [2]. Il l'a suivie : « Il est
vray semblable que le principal credit des miracles,
(mot supprimé en 1595), des visions, des enchantemens, et de tels effects extraordinaires, vienne de la
puissance de l'imagination agissant principalement
contre les âmes du vulgaire, plus molles ». Les médecins principalement ont besoin « que l'effect de l'imagination supplisse l'imposture de leur aposeme ».

Cette puissance de l'imagination n'a rien de surprenant, conclut Montaigne. Elle montre seulement
« l'estroite couture de l'esprit et du corps s'entre-

1. V, 19, t. II, p. 104.
2. Je dois pourtant signaler qu'avant lui Andrea Cattaneo, peu
connu au xvi⁰ siècle, a attribué la puissance des enchantemens à
l'imagination (*op. cit.*, de ligationibus et de incantationibus).

communiquants leurs fortunes. Mais c'est bien autre chose que l'imagination agisse quelque fois non contre son corps seulement, mais contre le corps d'autruy; et, tout ainsi qu'un corps rejette son mal à son voisin, comme il se voit en la peste, en la verolle ou au mal des yeux..., pareillement l'imagination, esbranlee avecques vehemence, eslance des traits qui puissent offenser l'object estrangier ».

Elle peut tout aussi bien être utile que nuisible. Les médecins anciens connaissaient cette recette et l'on a vu que c'est Hippocrate qu'invoque Rabelais, pour justifier dans le prologue du *Quart Livre* son espoir que la lecture de son roman guérira les malades comme un médecin hilare et riant guérit par sa seule vue son client. Là-dessus s'était greffée une idée plus délicate : c'est que la seule fréquentation des gens en bon point, des jeunes gens surtout, était un bon remède. Agrippa dit bien aussi que l'on peut « envoyer ou retirer certaines maladies » (I, 51) et qu'il faut fréquenter les gens heureux et fuir les malheureux. Mais il est bien moins catégorique que Pomponazzi (IV, solutio IIIᵃ) : « De même que l'on peut être contaminé et devenir malade par contagion [1], de même on peut par ce moyen recouvrer la santé »; (VI, sexta dubit.) : Le corps d'Alexandre le Grand exalait un parfum qui soutenait ses dévots, selon Plutarque « et les baisers des jeunes gens sont un remède tempéré » selon les médecins (III, VIIᵃ suppositio).

---

1. Noter que Paracelse portera plus loin encore cette théorie. Pour lui non seulement l'imagination peut rendre malade en provoquant dans le corps des réflexes nerveux, mais les maladies contagieuses mêmes, comme la peste, se propagent par l'imagination, la peur et non par l'air. (*De occ. phil.*, p. 14-16; *De morbis invisib.*, p. 209-219; *Opera*, éd. 1616, t. X).

Il est étonnant que Rabelais n'ait pas tiré parti d'une si belle aubaine. Le remède devait pourtant être connu ou bien il devint vite populaire. Cardan dès 1554 nous apprend que « le frère cadet du roi de France souffrant d'une plaie très mauvaise et honteuse fut guéri par le souffle continu d'un enfant de 12 ans. Et cela est naturel : l'esprit qui vient du cœur d'un puceau de bonne santé, est pur et peut guérir les humeurs corrompues » [1].

Montaigne a relevé le cas d'Alexandre le Grand dont nous venons de parler (I, 55). Bien plus, il prétend que le médecin Simon Thomas s'essaya à le faire ainsi servir à la guérison d'un vieux pulmonique de Toulouse : « il luy dict que c'en estoit un (remède) de me donner occasion de me plaire en sa compagnie, et que, fichant les yeux sur la fraîcheur de mon jeune visage et sa pensée sur cette allégresse et vigueur qui regorgeait de mon adolescence, et remplissant tous ses sens de cet estat florissant en quoy j'estoy lors, son habitude s'en pourrait amender; mais il oublioit de dire que la mienne s'en pourroit empirer aussi » [2].

Cette théorie du miracle admise, Montaigne l'a creusée plus avant. L'édition de 1595, je l'ai montré ailleurs, contient des pages beaucoup plus vives et nettes sur ce sujet, mais qui ne sont pas inspirées de Pomponazzi. C'est plutôt dans le *De divinatione* de Cicéron que Montaigne, comme autrefois Rabelais, a trouvé la définition et en même temps la négation du miracle.

Si je ne craignais de trop me répéter, je devrais

---

1. *De subtilitate*, XVIII, éd. de 1554, p. 733.
2. I, 21.

citer ici des pages de Bouchet. Mais nous n'en finirions jamais s'il fallait citer tout le monde. Cyrano de Bergerac pourtant doit être signalé pour la crudité avec laquelle il a tiré de cette théorie les dernières conséquences. Les peuples solaires, où il nous promène sont ainsi faits que « leur imagination, ne rencontrant aucun obstacle dans la matière qui les compose, elle l'arrange comme elle veut, et devenue maistresse de tout leur corps », elle le transforme à sa guise. Aussi tout est merveilleux dans les *Estats du soleil* : « cette imagination peut produire sans miracle tous les miracles ». Et Cyrano se souvient d'en avoir lu de semblables. Il se les remémore : ce sont ceux du chapitre de Montaigne *sur l'imagination* qu'il se récite à lui-même, et presque en entier. Nous y voyons Cippus à qui il poussa des cornes, Vitius (= Vibius) qui devint fou « le roy Codrus, pulmonique qui fichant ses yeux et sa pensée sur la fraischeur d'un jeune visage qui regorgeait jusqu'à lui de l'adolescence d'un garçon..., se remit en convalescence », sans compter les femmes enceintes, ce qui est trop connu [1].

Aux *Estats de la lune* aussi (1657) fleurissent ces miracles qui sont le fruit de l'imagination : « Vous le dites, que ces gens-là ont esté guéris par miracle, mais vous ne savez pas que la force de l'imagination est capable de guérir toutes les maladies à cause d'un certain bausme naturel respandu dans nos corps contenant touttes les qualitez contraires à touttes celles de chaque mal qui nous attaque, et nostre imagination, advertie par la douleur, va choisir en son lieu le remede spécifique qu'elle oppose au venin et nous

---

1. *Estats du soleil*, éd. Lachèvre, p. 145.

guérit ». Aussi il ne faut pas croire aux miracles. Le fiévreux qui guérit (on ne parle de miracle qu'en cas de guérison) c'est «sa fantaisie, excitée par les violens désirs de la santé qui a faict cette opération » [1]. Pomponazzi et Vanini n'ont pas nié plus brutalement le surnaturel au nom de leur théorie [2].

Elle devenait si courante du reste, que Pascal en a usé. Dans le brillant développement qu'il a consacré à l'imagination, on trouve des souvenirs de Montaigne et par lui du *De incantationibus* : « elle suspend les sens, elle les fait sentir... Le plus grand philosophe du monde sur une planche plus large qu'il ne faut... Qui ne sait que la vue de chats, de rats, l'écrasement d'un charbon... emportent la raison hors des gonds? ». Il a même failli reproduire tout le système de Pomponazzi sans s'apercevoir qu'il détruisait ainsi tout un chapitre (et l'un des plus importants pour lui) de son *Apologie*. Il s'est aperçu à temps de cet énorme lapsus et il a rayé cette phrase déconcertante où se résumait tout le chapitre III du livre de Pomponazzi et le chapitre cité plus haut de Montaigne : « Quel pouvoir exerce-t-elle sur les âmes? Combien de maladies guéries! Combien de santés altérées! [3] »

----

1. *Estais de la Lune*, éd. Lachèvre, p. 91-92.
2. *Ib.*, p. 91 : Scachez que ces noms-là diffament le nom de Philosophe. Comme le Sage ne croit rien au Monde qu'il ne conçoive ou qu'il ne juge pouvoir estre conceu, il doibt abominer touttes ces expressions de miracles, de prodiges, d'événemens contre nature qu'ont inventés les stupides pour excuser les foiblesses de leur entendement.
3. Brunsch. 82, et note 1 de la page 304, éd. minor. Renan, qui avait étudié Pomponazzi et son école, ne dédaigne pas l'argument : « Qui oserait dire, dit-il dans la *Vie de Jésus* (ch. XVI) que dans beaucoup de cas, et en dehors des lésions tout à fait caractérisées, le contact d'une personne exquise ne vaut pas les ressources de la pharmacie? Le plaisir de la voir guérit ».

A l'étranger la théorie de la puissance de l'imagination n'était pas moins populaire [1].

Après tant de graves auteurs et de graves doctrines, puis-je ajouter que la théorie eut aussi vers 1630 son burlesque? Un certain Sauvage [2], célèbre pour ses moqueries, fabriqua un arrêt du parlement de Grenoble « par lequel un enfant étoit déclaré légitime, quoique la mère confessât l'avoir conçu durant l'absence de son mari, et cela par la force de l'imagination, en songeant qu'il habitoit avec elle ». Il trouva des dupes et le parlement de Paris même aurait demandé à celui de Grenoble des précisions sur cet arrêt. « Dans les écoles de médecine, on agita la question à savoir si la force de l'imagination pouvoit suffire pour faire concevoir ». Ainsi du moins le raconte Tallemant.

La force de l'imagination devint si populaire que même la piété à la mode s'en prévalut. Le P. Etienne Binet recopie dans un but pieux le chapitre de Montaigne sur l'imagination sans y voir malice [3]. Le P. Yves de Paris qui au contraire voyait le danger de cette théorie la relève et la combat longuement. Il signale (1635) d'après les naturalistes « ces effets prodigieux de l'imagination qui tenant l'empire dessus

---

1. Cf. Feo Valles, *Philosophia sacra* (1588), III, p. 87-88; Valle de Moura, *De incantationibus* (1620), II, iv, 6-7, p. 183-184; J. Jonston, *Thaumatographia* (1632), X, vii, 2, p. 487-488. Cesalpini, *Daemonum investigatio* (1580), ch. X, p. 17-18.

2. Tallemant, *Hist.* LXXXI, III, p. 93. Naturellement c'est surtout en matière de « marques » d'enfants que la théorie alors comme aujourd'hui trouvait son application. Camerarius (*Médit. hist.*, trad. S. Goulard, 1610, III, 14, p. 258-261) signale trois enfants extraordinaires : un « more », un « frisé », un « diabloton » que son père avait engendré au retour d'une procession où il était déguisé en diable.

3. *Consolation et réjouissance pour les malades*, 1620. Cité par Brémond, *Humanisme dévôt*, p. 314, qui n'a pas vu la source.

la nature, appliquant à propos l'actif au passif, peut
faire en nos corps des merveilles approchantes de ce
que les Démons exercent au monde [1] ». Et ailleurs il
fait allusion au remède même de Pomponazzi, de
Montaigne et de Paracelse : « Je tiens, dit-il, que Gor-
gias, Protagoras, Isocrate et autres philosophes
devoient la longueur de leur vie, plustost à la bonne
composition de leurs mœurs, et à leur frugalité, qu'à
la hantise qu'ils avoient avec des jeunes gens dans
leurs écoles » [2].

Mais le grand Jansénius lui-même utilise ce phénomène pour expliquer la transmission du péché originel.
Et en effet si tous les auteurs sérieux — y compris
Augustin — admettent que l'imagination des parents
(père ou mère) peut non seulement changer la couleur
de l'enfant, mais la conformation de ses membres,
comment douter que la tache du péché originel puisse
aussi être transmise par la génération [3] ?

Les théories du *De incantationibus* reçurent en
France au début du XVIIe siècle une force d'expansion
considérable par le plus célèbre des disciples du philosophe padouan. C'est en France en effet qu'a vécu,
qu'a écrit, qu'est mort, bien qu'italien, le disciple le
plus docile et le plus dévoué de Pomponazzi, celui qui
devait jusqu'à La Bruyère donner son nom à l'incrédule [4]. C'est à Paris qu'il a écrit et publié son livre,
c'est au Maréchal de Bassompierre qu'il l'a dédié :

---

1. *Théol. nat.*, II, 2, p. 26.
2. *Théol. nat.*, II, 40, p. 418.
3. *Augustinus*, II, de nat. laps., I, 19, p. 104.
4. Le *Lucile* du chapitre des *Esprits forts*. Sur la vie de Vanini voir
Ad. Baudouin, *Histoire critique de J. C. Vanini (Revue des Pyrénées*,
1904, 126 pages, in-8°).

l'homme est Vanini et le livre le *De Admirandis Naturae Reginae Deaeque Mortalium Arcanis* (Paris, 1er septembre 1616).

Le *De Arcanis* n'est pour une grande part que la reproduction du *De incantationibus*. Si j'avais l'espace nécessaire pour confronter les deux textes, je pourrais très certainement retrouver dans le livre quatrième du traité de Vanini 50 pages du livre de Pomponazzi. Cela est tout naturel. Lorsque Vanini le publia, après plusieurs années d'agitation et de courses, il n'avait que trente ans. Et depuis quatre ans il fuyait devant la justice, depuis huit ans (depuis l'âge de 22 ans par conséquent) il errait à travers l'Europe. Comment aurait-il pu se faire sur un problème aussi grave un système quelque peu personnel? Il n'y a pas songé et sur la question du miracle il s'est contenté de reproduire les idées et très souvent le texte même de son maître. Voici d'abord les rapprochements, les plus significatifs :

POMPONAZZI (édit. de 1556).	VANINI.
Cap. III, p. 33-34.	Livr. III, dial. 38, p. 236-238.
Cap. III, p. 30 .	Livr. III, dial. 38, p. 239.
Cap. X, p. 125 et suiv.	Livr. IV, dial. 51, p. 373-374 (résumé).
	Livr. IV, dial. 52, p. 385-387.
Cap. XII, ad octavam, p. 298 et suiv.	Livr. IV, dial. 52, p. 392 (résumé).

Cap. XII ad octavam, p. 302. — Livr. IV, dial. 52, p. 390-392.

Cap. X, supp. V^a, p. 130-132. — Livr. IV, dial. 53, p. 392 (textuel).

Cap. X, supp. V^a, p. 135-139. — Livr. IV, dial. 53, p. 393-395 (résumé).

Cap. III, p. 24-30; IV, p. 47-52. — Livr. IV, dial. 57, p. 430-433.

Les pages que je viens d'indiquer sont celles que Vanini a résumées ou recopiées d'une façon absolument servile. Les analyser ce serait refaire les chapitres essentiels du *De incantationibus*. Un examen minutieux des deux textes révélerait une infinité d'autres détails communs aux deux traités. Pour nous borner à l'essentiel, Vanini a pris à Pomponazzi tout son système d'explication naturelle du miracle : l'imagination, les pouvoirs occultes des plantes et de certains hommes, les influences astrales sont les causes les plus longuement exposées. Il lui a pris aussi, sans y rien ajouter, ses hypothèses sur la nature et la cessation des oracles et sur la naissance et la mort des religions et des civilisations.

Enfin, les dialogues 57 et 58 sur les guérisons miraculeuses et les résurrections de l'histoire des gentils ne sont que la transcription du chapitre VII et de pages éparses du *De incantationibus*. Le dialogue consacré aux démoniaques (dial. 54) n'est pas plus original, mais m'a paru moins servilement copié, bien que Garassus l'ait noté.

Les autres sources du livre sont Frascator et Cardan, ce dernier cité très fréquemment aussi et parfois assez longuement [1]. Chose curieuse, Vanini cite volontiers Cardan, mais semble chercher à cacher ce qu'il doit à Pomponazzi. Il le cite rarement, jamais lorsqu'il lui fait des emprunts importants. Il nous dit quelque part qu'il avait cherché en vain les ouvrages du maître à la foire de Francfort, à Paris et à Lyon [2]. Serait-ce donc qu'il espérait que son plagiat passerait inaperçu? Il a bien failli réussir. De ceux qui l'ont condamné ou insulté, aucun ne s'est aperçu que les blasphèmes qu'ils lui reprochaient étaient écrits depuis 90 ans et imprimés depuis 60. Seuls plus tard Naudé et Guy Patin ont vu le plagiat.

Mais peut-être n'a-t-il pas fait tout ce calcul. Ce sans gêne était alors courant. Çà et là il a rendu hommage à celui qui a été le vrai maître de sa pensée depuis qu'il l'eut étudié à Padoue même : « magister meus », « divinus praeceptor meus », « nostri sacculi Philosophorum princeps » [3]; « Pierre Pomponazzi, dit-il, quelque part, le philosophe le plus pénétrant, dans le corps duquel Pythagore aurait logé l'esprit d'Averroès » [4]. Et son livre est pour lui un livre d'or : aureum opusculum [5].

Sa méthode même est celle de Pomponazzi. S'il expose avec complaisance les thèses irreligieuses, il se refuse toujours à en prendre la responsabilité. Ce livre où d'aucuns ont cru voir une réédition du livre mythique des *Trois imposteurs* parut avec toutes les appro-

---

1. Par exemple (297.300) trois pages du *De Immortalitate* qu'a traduites et commentées Garassus.
2. Baudouin, *op. cit.*, 58, 171.
3. *De Arcanis*, p. 373, 379.
4. *Amphith.*, Exerc. VI.
5. *De arcanis*, p. 373.

bations des théologiens et le privilège royal. C'est seulement un mois après sa publication, lorsqu'il fut dans toutes les mains que l'on s'avisa de sa portée.

A défaut d'originalité, il faut lui reconnaître un pouvoir sérieux de diffusion. Les thèses de Pomponazzi enchevêtrées selon une méthode détestable dans des chapitres qui se contredisent et se répondent alternativement selon qu'ils sont pairs ou impairs, coupés de digressions et de redites, exposées dans un latin barbare et avec les formules et l'argumentation de l'École, deviennent dans le *De arcanis* simples, réparties en chapitres distincts (apparitions, oracles, miracles, augures, démoniaques). Elles sont soutenues avec esprit et élégance dans la forme d'un dialogue parfois spirituel entre les deux doubles de Vanini lui-même [1].

Mais il était trop tard pour soutenir de pareilles thèses. Le danger de l'incrédulité grandissante, la forte réaction catholique qui caractérise le début du XVIIe siècle tenaient les âmes aux aguets. Le ton persifleur du jeune abbé était beaucoup plus révélateur que la gaucherie du philosophe [2]. Pomponazzi mourut en paix et fut enterré dans une église par les soins d'un cardinal; Vanini eut la langue arrachée et fut brûlé.

Vanini avait écrit tout un dialogue pour expliquer après Pomponazzi les résurrections rapportées par la légende et les évangiles. On a déjà vu que la question est très ancienne, que Trithème s'en préoccupait, que

---

1. Jules-César est le vrai prénom de Vanini; Alexandre qui s'étonne de tout ou admire les explications du maître serait Vanini jeune homme (Baudouin, *op. cit.*, p. 18).

2. Garasse juge les *Dialogues* « le plus pernicieux ouvrage qui soit sorty en lumière il y a cent ans en matière d'atheisme » (*Doctr. cur.*, VIII, 10, p. 1015).

les miracles de Vespasien par exemple avaient préoccupé Wier et Montaigne, que Tiraqueau s'était demandé si la résurrection est possible aux forces naturelles. Le *Naudaeana* nous apporte sur ce sujet un fait bien curieux s'il est vrai et qui, même s'il est supposé, illustre admirablement l'étude que nous faisons de l'influence de Pomponazzi [1]. Voici cette page en entier : « Pomponace a voulu rendre une raison naturelle du miracle du Lazare ressuscité en son livre *De incantationibus*. Un médecin de Montpellier, nommé Saporta, environ l'an 1608 fit un discours en public pour tâcher de prouver qu'en cette résurrection il n'y avait pas de miracle, s'étant fait dans le quatrième jour. Mais tout cela sont des contes verbaque inania, ce sont de pures impiétés punissables par le feu, *flamma et ferro*. Pomponace était un athée ou du moins un libertin très dangereux parce qu'il avait de l'esprit... J'ai vu aussi en Italie un méchant livret écrit en latin fait par un médecin, intitulé *De resurrectione mortuorum naturali*, où il tâche de rendre raison naturelle de ces miracles. Mais ce sont contes, meraeque nugae » [2]. Ce Saporta doit être Jean, fils d'Antoine Saporta qui fut à Montpellier le condisciple de Rabelais et joua avec lui la comédie de la

---

1. Théoph. Raynaud raconte aussi cette histoire. Selon lui Saporta aurait soutenu que Lazare était en léthargie. Il fut puni en mourant lui-même peu après de léthargie (*De Stigmatismo sacro*, I, x, p. 125; *Opera* (éd. 1665), t. XIII. Dans son *Pratum spirituale*, § 84, (*Opera* XVII, p. 635-636) il précise que Saporta aurait énoncé ce blasphème dans un cours *De morbo capitis*, ce que je n'ai pu vérifier. Je dois avertir que le *Pratum spirituale* est une compilation extraite en grande partie du P. Richeome qui était de son temps même une autorité bien décriée en matière d'histoire.

2. *Naudaeana*, p. 95-96. Je néglige à dessein les attaques du *Baron de Foeneste* contre les miracles et les possessions. Elles n'ont pas de fondement philosophique.

Femme mule. La coïncidence n'est-elle pas curieuse?

Cyrano a mis en scène cette idée. Dans les *Estats de la Lune* son génie familier lui raconte comment les démons se rajeunissent quand ils se sentent mourir. Ainsi, lui, ce génie, se sentant à l'extrémité s'est rendu à l'hôpital « et dès que j'entré dans la première chambre, je trouvé un jeune homme qui venoit de rendre l'esprit. Je m'approché du corps et feignant d'y avoir reconnu quelque mouvement, je protesté à tous les assistants qu'il n'estoit point mort, que sa maladie n'estoit pas dangereuse et adroitement, sans estre aperçu, je m'inspiré dedans par un souffle. Mon vieil cadavre tomba aussi tost à la renverse; moy, dans ce jeune, je me levé. On cria miracle » [1].

L'abbé de Marolles raconte dans ses *Mémoires* qu'en 1644 on vient lui annoncer qu'une Vierge peinte blessée par des vauriens avait versé du sang. Tout le monde y courait. Il y alla et constata qu'il n'y avait rien, ce qui n'empêchait pas que le prétendu miracle était déjà divulgué par l'imprimerie. Gassendi, consulté sur une apparition nocturne par Louis de Valois et sa femme (1663) les invite prudemment et à plusieurs reprises à chercher d'abord une explication naturelle au phénomène qui les étonne.

Guy Patin n'était pas aussi incrédule. C'était même un croyant, et meilleur chrétien qu'il ne le dit. Pourtant il est très pénétré de l'idée des nécessités naturelles. La reine est malade et certains espèrent une guérison miraculeuse : « Mais Dieu fait ses grands miracles tout seul, encore n'arrivent-ils que rarement. Tout le monde est sujet aux loix de la nature, et grans et

---

1. *Estats de la Lune*, p. 40.

petits ». C'est à peine s'il croit à l'efficacité des prières. Il va prier pour la reine, mais il ajoute : « Deus est immutabilis...; ce qui doit arriver, ce que Dieu a ordonné, ne manquera point d'arriver. Lucrèce a dit du Dieu des Epicuriens, nec bene pro merito capitur, nec tangitur ira [1]. Lorsqu'éclata le miracle, ou plutôt les nombreux miracles de la Sainte-Epine (1656) il fut bien embarrassé. Il n'était point Janséniste; il était encore moins favorable aux Jésuites. Aussi il n'approuva point le *Rabat joye*, mais il ne crut point au miracle. Il se contenta de contester la valeur des témoignages et des médecins [2].

VI. — LA LUTTE

Il ne faut pas se dissimuler que les auteurs dont nous venons de faire la revue représentent une petite minorité. Le public reste très crédule. J'ai eu la curiosité de lire le *Mercure français* [3]. Il n'y a pas d'année de 1608 à 1630 environ où le journal ne signale des miracles ou prodiges dans le ciel ou sur la terre : pluies ou suintements de sang, apparitions de fantômes, naissances d'enfants monstrueux, une résurrection à Lyon (1609), condamnés miraculeusement délivrés (1623, 1624, 1627). Le roi touche toujours les écrouelles

---

1. *Lettres*, II, 373, cccxxxviii; III, 89, cccxc.
2. Lettre du 7 nov. 1656 à Spon.
3. Joindre pour la fin du xvie siècle plusieurs pièces réimprimées par Lenglet-Dufresnoy (*op. cit.*) ou détenues à la bibliothèque Sainte-Geneviève (Z. 1097).

(1627, 1628, 1633); à sa présence les miracles éclatent (Saumur 1619); au besoin on lui en prête et il est obligé de s'en défendre contre les cordeliers de Tournus [1]. On se croirait parfois retourné à certaines pages de Tite-Live : « Ce sont des effects totallement du ciel aussi bien que tant d'autres du temps de nos peres, dont la divinité s'est par apres remarquee aux evenemens » [2].

L'Eglise aussi et beaucoup d'auteurs restaient hostiles au *De incantationibus*. Le livre est prohibé dans l'index complété et publié par Clément VIII selon le vœu du concile de Trente (1596).

Louis Lavater, ministre à Zurich l'attaqua sans le nommer dans l'appendice de son livre sur les *Apparitions des Esprits* [3] (1570).

C'est très certainement aussi Pomponazzi et son école que vise le bénédictin Léonard Vair dans son célèbre traité *Des charmes, sorcelages ou enchantemens* [4] (1579). Il s'attaque à ceux qui prétendent que le charme est l'effet de puissances occultes en l'auteur du charme ou de l'imagination de celui qui le subit. Il nie que le toucher, le regard, la voix, la suggestion, en un mot aucune force naturelle puisse produire l'enchantement. L'auteur ne nomme pas ses adversaires, mais sa thèse suffit à les désigner.

Jacques Charpentier a été scandalisé du *De incantationibus*. Je ne sais à quelle époque il l'a lu. Ses

---

1. Tallemant, *Hist.*, LXXIX; III, p. 56-60.
2. Montagathe, *Uranie*, II° livre, p. 177-178.
3. *Trois livres des apparitions des Esprits*. Opinions des péripatéticiens; trad. française de 1571, p. 252-254.
4. Traduction française par Julien Baudon, Angevin, Paris, Chesneau, 1583.

Commentaires sur Alcinoüs étaient commencés en 1564[1]. Mais les extraits qu'il en publie à cette date non plus que la traduction de son *Institutio ad Platonis doctrinam* (1566) ne font aucune allusion à Pomponazzi. C'est seulement en 1573 dans les commentaires sur le chapitre XIII d'Alcinoüs [2] qu'il s'est attaqué au livre et à la personne de notre auteur. Il résume le livre et caractérise bien son esprit qui est de donner une explication naturelle des phénomènes attribués aux démons. Mais surtout il déclare Pomponazzi de mauvaise foi. Cet auteur, dit-il, veut circonvenir la religion et se moquer de ses lecteurs lorsqu'à la fin de son traité il déclare se soumettre au jugement de l'Eglise. « Que peut-il attendre d'elle, sinon une rature du commencement à la fin du livre ? [3] »

Tabourot des Accords lui-même que l'on aurait cru plus libre d'esprit prend parti contre Pomponazzi. Il a lu les auteurs anciens de démonologies et il constate que « depuis cinq ou six ans en çà (1585) l'on a remué toutes pierres que l'on a peû pour disputer des enchantemens et sortilèges ». Il a lu Wier, Daneau, Bodin, Vaïr et constaté que ceux-ci parlent de ce sujet avec moins de révérence que leurs prédécesseurs. Il ne prend pas trop âprement parti, car il a été témoin des abus que font les charlatans de la crédulité publi-

---

1. *Selecta ex Commentariis in Alcinoi Institutionem ad Platonis doctrinam* (Paris, 1564); *Alcinoi institutio ad Platonis doctrinam* [Paris 1566).

2. *Platonis cum Aristotele comparatio* (Paris, 1573), commentarius in cap. XIII in quo primum disputatur de daemmibus, p. 340.

3. Le livre utilise le *De incantationibus*, I, p. 349. Il attaque violemment le *De immortalitate animae* de Pomponazzi comme très dangereux et destiné « moins à ruiner la doctrine d'Aristote qu'à attaquer les principaux fondements de notre religion » (II, 48-49).

que. Il raille même à ce sujet. Pourtant il reste convaincu qu'il y a des diables et de vrais possédés et la seule ligne sévère de ce chapitre est pour notre auteur : « Et si quelque opiniâtre athée, comme Pomponatius italien le vouloit desnier, il seroit aisé de le convaincre» par la jurisprudence de l'expérience [1]». Tabourot n'aimait pas Pomponazzi. Il a composé ou recueilli sur lui une épitaphe où l'incertitude du philosophe padouan au sujet de l'immortalité de l'âme est exploitée avec autant d'injustice que de puérilité [2].

Je ne veux pas même nommer les innombrables auteurs qui croient aux miracles ou à la démonologie et qui ne l'ont pas lu. Il en est de fort importants pourtant : Crespet (1590), Claude le Petit (1641) ne semblent pas en avoir entendu parler. Ne citons que ceux qui l'attaquent. Son plus grand adversaire à la fin du xvie siècle, c'est l'angevin Pierre Le Loyer [3]. Il va attaquer « Pierre Pomponatius Philosophe Italien, l'un des premiers Aristoteliciens de son siecle, chef des Astrologues et des Libertins ». « Ce n'est point un

---

1. *Bigarrures*, 4e livre. Des faux sorciers et de leurs impostures, éd. de 1662, p. 495-514.

2.
          D. M.
      Pomponatii Phi.
Hic sepultus jaceo. Quare? nescio, nec si scis, aut nescis, curo : si vales, bene est; vivens valui, fortasse nunc valeo : si aut non dicere nequeo.
Bigarrures, éd. de Rouen 1625, p. 177 v°. Bayle (art. Pomponace, rem. E), a relevé cette épitaphe dans König, *Biblioth.*, p. 654, sans nommer l'auteur.

3. *IIII Livres des Spectres ou Apparitions et visions d'esprits Anges et démons se montrant sensiblement aux hommes*, par P. Le Loyer conseiller au siège présidial d'Angers. A Angers par G. Neveu, 1586. Seconde édition considérablement augmentée, en huit livres, *Discours des spectres*, etc., Paris, Buon, 1605 et 1608. Sur Le Loyer voir V. Pavie, *Le Loyer, magistrat, poète et auteur angevin* (Mém. de la Société d'agr., sc. et arts d'Angers, 1re série, IV, 294).

ennemy qui soit à mespriser » [1]. Car bien qu'il ait
« l'esprit embrouillé d'opinions assez erronnées et
cerebrines et aheurté tout outre à icelles » [2] bien que
sa doctrine ne soit que « pure resverie d'un cerveau
mal fait, bigerre et fantasque, non gouverné de raison »,
indigne d'une réfutation, toutefois Le Loyer lui doit
courir sus « *parce qu'il a acquis vogue entre les savans,
et que ceux de son age en avaient fait cas* » [3]. Ceux
qui le suivent, ce sont les Pomponatistes, ou encore
les Pomponatiens, « qui fourmillent à present (1586) en
la France plus qu'il ne seroit besoin » [4].

Que reproche Le Loyer à Pomponazzi? Si nous
négligeons les injures : athée, impie, chef des astrologues et libertins »; les comparaisons, que l'auteur
veut injurieuses, avec Alexandre d'Aphrodisée, Averroès « le pere des athées, et qu'à bon droit Petrarque
Poete, et Philosophe appelle chien enragé », Cardan,
naturaliste comme Averroès, Pline « aussy homme de
bien que luy »; il reste que l'apologiste a surtout vu
dans le *De incantationibus* les thèses d'astrologie. Il lui
reproche d'enseigner que « les merveilles qui se voyent
des hommes, auxquelles on ne peut assigner raison
naturelle, viennent du ciel et des Astres », que les
apparitions en particulier sont une « imagination » qui
« procède de la subtilité de la veuë, de l'odorat et de
l'oüye », ou bien sont produites par les astres. Dans
cette dernière catégorie il range l'apparition de saint
Célestin, « sur la ville de Sorgna en l'Abruzzo » qui en
effet occupe plusieurs pages de discussion dans le

---

1. *Disc. des spectres*, VI, p. 557 (éd. de 1605).
2. *Ibid.*, I, iv, p. 24.
3. *Ib.*, VI, p. 562.
4. Éd. de 1586, III, ix, t. II, p. 131.

De incantationibus. Parmi les thèses dangereuses de ce livre, il relève encore la théorie qui assimile la prophétie à l'enthousiasme poétique, l'influence nécessitante que Pomponazzi prête aux astres. Cette théorie tend à remplacer l'idée de la Providence par celle de l'influence astrale. « Mais il ne se contente pas de cela, il fait bien pis, et ne craint de mettre par escrit que les revelations des saints Prophetes, les miracles des Apostres, Martyrs et confesseurs ne viennent que des astres. La plume de cet impie n'espargne encore Jesus-Christ... Et où estoit le magistrat pour reprimer cet Athée? Ce qu'il escrit ne se peut aucunement rapporter sans horreur et abomination et doit estre ensevely sous terre ou supprimé du tout, et jetté dans le feu : et l'auteur qu'avait-il merité »? [1]

Il y aurait encore « beaucoup de choses plus ineptes mille fois sorties de sa boutique », mais qu'il serait imprudent de révéler à ceux qui ne l'ont pas lu. Il n'insistera donc pas et tient « l'ennemy rué par terre et desconfit ». Victoire facile et fictive. Le Loyer a lu le *De incantationibus* avec des préoccupations qui ont faussé son attaque. Préoccupé, selon le titre de son livre, d'établir la réalité des apparitions contre les « peripateticiens bastards », comme il dit, et contre Lavater et les protestants, il a négligé dans le volume de son adversaire ce qui en fait la vraie portée : le miracle, pour ne considérer que la partie la plus faible et la moins dangereuse.

C'est aussi par un aspect seulement que le médecin

---

1. Signalons encore à la p. 29 (I, 3) un passage d'Aristote (*De animal. hist.*, X, 49) attribué à Avicenne et copié en réalité sous ce nom au *De incantationibus* (III, 6°) et une allusion à Jacques de Forli et à Horace prise à la même source, VI, 7°.

belge Thomas Feyens considère le *De incantationibus;* par l'un des plus importants il est vrai : la théorie de l'imagination. Il publia en 1608 le traité *De viribus imaginationis* [1]. L'auteur a lu attentivement le *De incantationibus*. Effets de l'imagination sur le fétus (où il joint Montaigne à Pomponazzi), ou sur les dents; extériorisation de ses effets, merveilles naturelles, nécessité de la confiance dans le médecin, influence astrale, autant d'idées qu'il a peut-être cueillies au long de notre traité et qu'il utilise ou combat selon l'occasion. Feyens est si savant, du reste, et cite tant de sources antérieures en partie à Pomponazzi, que l'on se prend parfois à douter de l'originalité du *De incantationibus*. Mais un passage entre tous l'a frappé et scandalisé. C'est la page où Pomponazzi attribue aussi à l'imagination des dévots ou à une effluve mystérieuse les guérisons opérées par les reliques.

Cette fois le seul Pomponazzi a osé ce sacrilège et Feyens en est si étonné qu'il y revient trois fois dans son opuscule [2]. « Pomponazzi, dit-il, a bien osé écrire dans le *De incantationibus* que ceux qui parfois recouvrent la santé par leur dévotion aux os des saints ne l'obtiennent que par la force de leur imagination et de la confiance qu'ils y mettent, si bien que s'ils portaient autant de dévotion à des os de chiens avec la persuation que ce sont des os de saints, ils seraient de même guéris ». « Je lui réponds, écrit-il ailleurs, qu'il a parlé en impie, que son livre a donc été justement prohibé

---

1. *De viribus imaginationis*, Louvain, 1608, in-8° de 200 pages plus les indices et la préface. Privilège du 20 mai, préface du 4 septembre 1608.

2. P. 41, 98, 198.

par le Saint-Siège et que la fausseté de sa proposition est réfutée tout au long par Barthélemy de Pise dans le prologue de son *Livre des conformités* [1] ». En effet, il faut bien croire que la théorie était connue dès avant Pomponazzi, puisque le second prologue de d'Albizzi note que les stigmates de saint François ne peuvent s'expliquer « ni par la nature, ni par artifice, ni par quelque forte ou même violente imagination » [2].

— Non répond l'*Alcoran des Cordeliers*, mais par la ruse. « Si les gueux de ce temps ne scavoyent faire le semblable par herbes et emplastres et autres drogues, on pourrait dire qu'il y auroit eu, non pas du miracle, mais de l'enchantement » [3]. Je pense que le pamphlétaire protestant fait allusion ici au frère lai Jacobin de Berne que l'on rendait insensible avec des boissons et à qui l'on imprimait ensuite les stigmates à l'eau forte [4].

Et plus loin [5], Feyens nie à nouveau que les guérisons obtenues par les reliques soient dues à la foi, ou à l'imagination, mais « à un miracle et à la grâce de Dieu qui récompense l'honneur que l'on rend à ses saints ».

Le Jésuite Benoît Perrier est moins agressif et selon la coutume des apologistes de son ordre il tâche de concilier le miracle et le merveilleux naturel [6]. Il reconnaît en effet une magie naturelle, qui produit par les seules forces inconnues de la nature des effets

---

1. P. 101.
2. *Liber conformitatum*, éd. 1510, fo 4vo.
3. *Alcoran des Cordeliers*, éd. 1578, p. 6.
4. Wier, *op. cit.*, III, 18, t. I, p. 386.
5. P. 198.
6. *Bened. Perrerii adversus fallaces et superstitiosas artes libri III*, Lyon 1603. *De communibus omnium rerum naturalium principiis et affectionibus libri XV*, Paris 1585 (Privilège de 1579).

merveilleux. Cela lui permet de se dégager des cas embarrassants qui d'Aristote, Pline et Albert le Grand, Pomponazzi, étaient passé dans les recueils populaires : Porta, Boaystuau, Messie, etc. : l'aimant, la remora, la sphère d'Archimède, les deux jumeaux devant qui s'ouvraient les portes, la machine d'Archimède pour traîner les navires, le pigeon d'Architas, la tête d'airain parlante d'Albert le Grand, etc.; tout cela est possible, vrai, naturel. Ce sont des « miracles de nature » dont l'autre Jésuite Richeome avait fait un usage si dangereux quelques années auparavant. Perrier a lu le *De incantationibus*. Il y a emprunté certains de ses miracles : l'histoire des deux jumeaux d'Albert le Grand, celle de l'astrologue Tarutius. Il le combat sans le nommer quand il soutient qu'on ne peut, par l'astrologie connaître le futur souverain pontife. Il résume enfin son livre dans cette première conclusion : « Il n'est pas douteux qu'il existe une magie naturelle qui permet à ceux qui y sont habiles (ils sont très rares) de faire des merveilles que le vulgaire ignorant prend pour des œuvres du démon, tant parce que ces opérations sont rares que parce que leur cause est secrète et cachée. Aussi la plupart croient que ces hommes ont commerce avec les démons et usent de leurs secours ». Témoins Galien et Boèce qu'il cite. Cela est textuellement de Pomponazzi.

Mais défions-nous. Cette science peut aussi venir de Dieu (Salomon, Tobie) ou du démon (les mages de Pharaon, la plupart des magiciens modernes). Et le voilà qui après avoir tout accordé à Pomponazzi et l'avoir copié sans le nommer se retourne contre lui : « Je n'ignore pas que Pierre d'Abano, Cardan, mais

surtout Pomponazzi dans son livre *Des enchantements*
se sont efforcés de rapporter ces travaux des magiciens
aux seules causes naturelles à l'exclusion des démons[1]».
Il lui oppose les Platoniciens. Les démons sont si
subtils et si puissants! Par le seul mouvement local
ils sont capables de 16 catégories de prodiges. Et voilà
Benoît Perrier qui reprend notre *De incantationibus*.
Tout ce qui tout à l'heure relevait des causes naturelles est maintenant œuvre du diable : les miracles de
Pline et d'Albert le Grand, même les propriétés
occultes des plantes; il dénonce comme vaine l'astrologie et notamment celle qui prétend expliquer l'avenir des cités. Pomponazzi n'est plus nommé, sauf une
fois. Mais c'est le *De incantationibus* retourné à l'envers.

Théophile Raynaud applaudit avec fracas à la
récente mise à l'index du *De incantationibus*. Il le cite
parfois, mais pour refuser à l'auteur même l'honnêteté.
Des gens comme Pomponazzi, Pierre d'Abano ne
méritent pas d'être crus sans témoins ni serments.
Et du reste les faits qu'ils rapportent pour prouver que
la possession démoniaque n'est que de la mélancolie
peuvent aussi bien s'expliquer par la possession réelle.
Ailleurs il lui reproche ainsi qu'à Montaigne dans son
chapitre de l'*Imagination*, d'avoir exagéré le pouvoir
de cette faculté et nié tous les deux les stigmates de
saint François et de sainte Catherine. Sur la démonomanie il attaque violemment Wier, défenseur insensé
des sorcières [2].

---

1. *Adversus fallaces*, p. 23.
2. *Theol. nat.*, I, I, p. 43; *De stigmatismo sacro*, I, 10-11, p. 125-127;
III, I, p. 167; *Erotemata de malis... libris*, p. 25-26. Autres textes
dans Bayle, art. Pomponace, note D.

Delrio semble raisonner tout différemment, selon qu'il a devant lui un adversaire ou un ami. Il croit à la magie démoniaque, aux sorts, aux malédictions, aux incubes et succubes, au sabbat (à ce propos il attaque Montaigne). Et cet homme si crédule, refuse de croire à la magie naturelle, à la puissance de la torpille, aux formules d'incantation, au pouvoir de l'homme de faire des prodiges, aux anneaux magiques. C'est que sur ces points il se heurte au livre de Pomponazzi, selon son propre aveu, et réitéré.

Il consacre par exemple un long développement à la puissance de l'imagination [1]. Avec ses prédécesseurs il accepte que chez chaque individu le corps soit soumis au pouvoir de l'imagination. Mais il n'admet pas que cette puissance s'extériorise. Il s'attaque tout spécialement à la doctrine de Pomponazzi qui enseignait (c'est sous cette forme que la thèse est posée au *De actione* et reprise dans le *De incantationibus* [2]) «que ces espèces spirituelles peuvent engendrer quelque chose de réel, à savoir ce dont elles sont les espèces, comme font les idées dans l'Intelligence divine» [3]. Il n'accepte cette puissance que lorsqu'il y a entre l'agent et le patient voisinage ou attouchement et que l'imagination est très excitée.

Ainsi, il nie la thèse essentielle du *De incantationibus*. Il s'élève de même contre cette autre affirmation de Pomponazzi [4] que «le seul contact, la voix, le

---

1. *De praestigiis daemonum*, I, 3, p. 14-19.
2. Ch. III, 6e hypothèse.
3. *Ibid.*, p. 17. Une colonne entière de réfutation. Il faut ajouter que la question est ainsi posée par saint Thomas aussi (*Contra Gentil.* III, cap. 103).
4. Plus exactement cette formule désigne l'art de saint Anselme par lequel les soldats guérissaient instantanément leurs blessures.

souffle, le baiser, l'application d'un linge nud puissent guérir des blessures ou des maladies et faire naturellement des choses de ce genre ». Les guérisons de Vespasien et des autres païens ne peuvent être l'œuvre que des démons. Et quant au doigt incombustible de Pyrrhus, c'est une fable incroyable. Les enfants qui ouvraient les portes par leur seule approche, c'était par une force naturelle occulte et les « saludadores » ou « ensalmadores » espagnols ne peuvent pas être pris au sérieux. Tout cela dit-il est écrit contre Pomponazzi : « Haec conclusio tota est contra Pomponatium »[1].

On relève plusieurs autres développements dirigés contre notre auteur, et des idées qui sont prises à son livre : l'affaire de Reazio, le passage de Pomponazzi sur la force de l'éloquence à propos duquel Delrio se moque du philosophe et ironise sur sa maladresse, une page contre la puissance des anneaux où Pomponazzi est encore nommé.

Arrivé à la fin du second livre, Delrio change de tactique; les livres III et IV consacrés à la magie démoniaque accordent aux démons tous les pouvoirs que les deux premiers livres ont refusé aux forces occultes naturelles et les livres V et VI sont le bréviaire des inquisiteurs. Delrio n'a d'esprit critique que contre Pomponazzi[2].

De Delrio procède directement Emanuele do Valle de Moura qui dans un in-folio de plus de 600 pages

---

1. *Ibid.*, p. 24-29.
2. A signaler (III, qu. iv, sect. V) une dissertation pour montrer contre Pomponazzi et Lemnius que certaines maladies sont d'origine démoniaque, et une attaque contre Wier : homo fronte nulla.

consacré aux enchantements [1] reprend les thèses de Delrio et du médecin Jean Bravo Chamizo [2]. On peut juger par ces trois auteurs que le *De incantationibus* n'a pas réussi à entamer la crédulité du royaume très catholique. Pas plus que Delrio Valle de Moura ne croit à la puissance thaumaturgique de l'imagination; mais comme lui il croit à la vertu naturelle des formules d'enchantement, à la guérison des écrouelles. L'esprit superstitieux de l'auteur n'a pas même été effleuré par le doute; son livre est en partie un recueil de cas de conscience dont beaucoup n'ont qu'un rapport lointain avec la démonologie et il se termine comme celui de Delrio par un manuel d'inquisition.

Garassus n'a pas lu Pomponazzi. Cela ne l'empêche pas de lui dire son fait à plusieurs reprises comme au maître des athées « un esprit meschant et enragé », athéiste parfait [3]. Mais comme il a été, avec Cardan et Agrippa, résumé par Vanini, il a conscience qu'en attaquant ce dernier, c'est Pomponazzi qu'il démolira. C'est pourquoi il consacre aux miracles tout une section de la *Somme théologique* [4]. Réfutation bien embarrassée : c'est le résumé timide du livre de son confrère Richeome [5]. Il a accepté avec lui les miracles de nature, relevés chez les auteurs anciens. Mais ce sont des illusions du diable, destinées à décrier les

---

1. *De Incantationibus seu Ensalmis opusculum primum*, auctore Emanuele do Valle de Moura doctore theologo, ac S. Inquisitionis deputato Lusitano. Eborae, 1620, in-folio de 600 pages, y compris les indices.

2. *De curandi ratione... libri III*, Salamanque 1588. Nombreux autres ouvrages de médecine.

3. *Doctrine curieuse*, p. 785, 829, 849; *Somme théol.*, p. 25.

4. III, 3, p. 915-942.

5. *Trois discours... des miracles* (1597), cf. H. Busson, *op. cit.*, p. 452-456.

vrais miracles ou des prodiges des magiciens. Il n'y
a de vrais miracles que ceux de Jésus-Christ qu'il
raconte en détail. La partie doctrinale reste donc très
faible. Dans la *Doctrine curieuse* il s'élève à plusieurs
reprises contre ceux qui veulent assimiler les miracles
de l'Evangile et ceux de la légende païenne. Autant
mettre sur le même rang les récits de la Bible et les
contes des *Métamorphoses* d'Ovide [1].

Yves de Paris, quelque rhéteur qu'il soit [2], a plus de
doctrine que Garasse. Il connaît le système de Pomponazzi qu'il attaque à plusieurs reprises dans sa *Théologie naturelle* (1633-1635). En ce qui concerne le *De
Incantationibus*, un chapitre entier de son quatrième
livre est consacré à montrer « l'avantage des miracles
de Jésus-Christ sur les merveilles advenües au temps
de l'idolatrie ». Deux préoccupations dominent ce
chapitre : d'abord réfuter ceux qui « osent dire que les
guerisons miraculeuses faites par Jesus-Christ prove-
naient de quelque vertu secrete de son corps, par un
escoulement de qualités semblables à celles qui causent
les sympathies »; et d'autre part, expliquer les miracles anciens par trop compromettants pour ceux de
l'Evangile : les « Marsiens », Apollonius de Tyane, le
doigt de pied de Pyrrhus, les miracles de Claude et de
Vespasien, etc. Ce chapitre vise donc très directement
les thèses du *De Incantationibus*.

---

1. Textes dans H. Busson, *Ouvrage cité*, p. 621-622.
2. M. Brémond me paraît avoir considérablement surfait le P. Yves
de Paris. Le P. Yves a été avocat et s'en souvient trop. Il s'écoute
déclamer et se montre plus sensible à la musique de la phrase qu'à la
solidité de la doctrine et à la logique de la pensée. Il y a dans sa
Théologie naturelle beaucoup de verbiage. Il est vrai que sa phrase a
du nombre et qu'il a du goût, qualité introuvable chez les apologistes
du temps. J'en reparlerai plus au long ailleurs, j'espère.

Mais Yvès de Paris avait subi plus qu'il ne le croyait l'influence de son adversaire. M. Brémond remarque avec raison que son auteur favori est un platonicien. Je crains même qu'à lire son apologie il ne paraisse plus platonicien que catholique. Le P. Yves croit à l'influence astrale tout comme un disciple d'Agrippa [1]. Il croit même aux formules magiques et aux caractères. Mais pour lui, formules et caractères ont en eux une vertu réelle. Il n'agissent pas « par la force de l'imagination, comme si on se pouvait donner la santé par l'extrême affection qu'on a de l'obtenir ». Sans quoi l'éloquence serait le meilleur remède et l'illusion suppléerait aux médecins [2].

Mieux que cela. Le P. Yves croit encore au microcosme, ce qui devait devenir rare vers 1636. Et son microcosme est bien celui de Pomponazzi, comme on va en juger.

En bonne logique il devrait admettre la thèse de Ficin et de Pomponazzi. Mais la logique n'est pas son fort. Voici cette page si curieuse où l'on trouvera tout un aspect du *De incantationibus* : « L'homme est un petit monde, les signes du Zodiaque et les planetes ont leurs colonies dedans son corps, ils president aux parties vitales, et ils y font un autre ciel par la favorable rencontre de leurs vertus; et comme le ciel contient les perfections inferieures avec eminence, de mesme nos corps sont animez d'une chaleur plus noble que l'elementaire, et selon l'opinion de quelques Naturalistes, ils ont un baume vital, où toutes les vertus

---

1. Brémond, *Hum. dévot*, p. 447 et suiv.; *Théol. nat.*, I, 6-7, 53, 141, 163-164, 217.
2. *Théol. nat.*, II, p. 745-746.

des simples, des arbres, des gommes, des minéraux, sont recueillies par extrait. De là viennent, à ce qu'ils disent, les médicaments, et ces effets prodigieux de l'imagination qui, tenant l'empire dessus la matière, appliquant à propos l'actif au passif, peut faire en nos corps des merveilles approchantes de ce que les Démons exercent au monde [1] ». Ce baume naturel! Le P. Yves se doutait-il que l'un des plus grands incrédules de son temps allait le tourner contre les miracles? Qu'on relise maintenant la page des *Estats de la Lune* citée plus haut à propos de Cyrano.

Bien qu'il n'aime pas citer les raisons de ses adversaires « de peur qu'elles ne trouvent des esprits faibles, où elles soient mieux receuës que les responses », il lui arrive parfois de nommer Pomponazzi. Il nous avertit en tout cas au début de son second volume qu'il est tout entier dirigé contre le *de Anima*. On vient de voir qu'il connaît parfaitement aussi le *De Incantationibus*, jusqu'à en reprendre les expressions et en accepter les théories les plus désavantageuses pour son apologétique.

Et Pascal? Nous l'avons surpris qui par une distraction vite réparée se trompait de chapitre sur l'imagination et en vantait imprudemment la puissance miraculeuse. Mais pour se rendre compte de tout ce qu'il doit au livre que nous publions il faudrait étudier en détail ses pensées sur les miracles, ses *questions sur les miracles* à l'abbé de Barcos : nature du miracle, prudence que demande son examen (« Montaigne en parle comme il faut »), distinction des miracles chrétiens et des païens, valeur apologétique du miracle chez les

---

1. *Théol. nat.*, II, ch. 2, p. 26.

chrétiens, chez les hérétiques, chez les gentils, miracles de J.-C. et ceux de Vespasien; on voit que nous sommes en présence d'une question longtemps et minutieusement examinée. Elle était à l'ordre du jour.

En Angleterre le livre de Reginald Scot avait aussi déchaîné une tempête où le nom de Pomponazzi est parfois mêlé. Dès 1587 Georges Gifford défendit la croyance à la sorcellerie dans un dialogue simple et vite populaire [1]. Le traité de William Perkins [2] (1597) est d'aspect plus philosophique et l'on y retrouve avec étonnement plusieurs développements pris au *De Incantationibus*. Seulement tandis que chez Pomponazzi ils montrent que les enchantements n'ont aucune vertu, chez son antagoniste ils doivent prouver que les enchantements sont d'origine diabolique. Le roi Jacques Ier lui-même s'attaqua à Scot et à Wier. Il ne paraît pas connaître Pomponazzi [3]. Joseph Glanvill a consacré au même sujet l'un de ses *Essays* [4] (1676) où Pomponazzi n'est pas nommé, mais où ses thèses sont attaquées dans la personne de Reginald Scot. Enfin Méric Casaubon [5] dont les sources sont

---

1. *A dialogue concerning Witches and Witchcraft.* Réédition de la Percy Society. Londres, 1842. G. Gifford avait d'abord publié en 1587 un *Discourse of the subtle practises of Devils by Witches and Sorcerors* qui devint en 1593 le dialogue en question.

2. Βασκανολογια, *hoc est tractatio de nefaria arte venefica,* éd. de Hanovre, 1610, in-8°.

3. Daemonologia, hoc est adversus incantationem sive magiam institutio. Hanovre, 1604 (trad. H. Gerimberg).

4. *Essays on several important subjects in philosophy and religion,* by J. Glanvill, Londres 1676, in-4° (*Imprimatur* du 27 mars 1675). Essai VI, de 61 pages; repris et développé dans le *Sadducismus triumphatus,* 4° édit., Londres, 1726, in-8° de 498 pages.

5. *Of credulity and incredulity in things divine and spiritual... a true and faithful account is given of the Platonick philosophy... : as also the business of Witches and Witchcraft, against a late writer, fully argued and disputed.* Londres 1670, in-8° de 208 pages.

plutôt théologiques cite et résume Wier et Pomponazzi. Il déclare ce dernier « grand philosophe et naturaliste, en grande estime chez certaines gens »; mais le résume de mémoire, n'ayant pas pour le moment son livre sous la main (p. 188).

On a vu plus haut que les livres de Pomponazzi étaient difficiles à trouver au début du xvii⁹ siècle. Silhon nous confie qu'il a cherché en vain le *De anima*, mais il a pu lire le *De fato* [1] (et donc le *De incantationibus* qui y est joint). On trouve encore mention de lui parfois, en dehors même des traités où sont étudiés les miracles. Tabourot des Accords par exemple semble l'avoir lu. Philippe Camerarius tient peut-être du *De incantationibus* la merveille du doigt de pied incombustible et miraculeux de Pyrrhus. Ce qui le ferait croire, c'est qu'il rappelle en même temps les miracles de Vespasien qui sont dans ce même traité [2]. Le *Moyen de parvenir* fait une place à notre auteur en compagnie de Pline, Scaliger, Ramus, Muret, etc. La Mothe le Vayer l'a utilisé pour écrire son traité *Du sommeil et des songes* [3] et ses *Dialogues d'Oratius Tubero* [4]. Jean Bourdelot et Cecilius Frey le citent encore, l'un dans le *Catalogue des œuvres manuscrites de Pomponazzi* (1633), l'autre dans son *Cribrum philosophorum* (1645). Mais je pense qu'on ne le lisait plus. Il avait seulement pris place parmi les ancêtres des incrédules. Balzac avait dans la campagne messine un ami qui « s'y retranchoit tous les estez, contre la persécution de certains voisins, demi-sages et demi-

---

1. *Immortalité* (1634), I, 1, p. 47.
2. *Méditations histor.*, trad. Goulard, t. III, livr. III, ch. 2, p. 171.
3. Édit. 1654, II, p. 29.
4. *Dialogue* V, et passim.

scavans... Vous connaissez, disait-il, ces sortes de gens qui ont lu Montaigne et Charon, et qui ont ouy parler de Cardan et de Pomponace » [1].

Il serait hors de notre cadre de continuer cette revue. La seule recherche de ce que lui doivent Bayle et Fontenelle demanderait un long article. Peut-être aussi l'étude des philosophes du XVIII° siècle serait-elle plus fructueuse qu'on ne pense. Montesquieu lisait Cardan et l'a même fort bien défini. L'abbé Lenglet Dufresnoy nous reproduit la lettre d'un médecin (italien il est vrai) qui en 1732 cite encore le cas de la femme du cordonnier de Padoue, dont Pomponazzi raconte la fausse possession et la guérison dans le *De incantationibus*. Je relève enfin son nom pour servir d'enseigne à un livre contre les miracles en 1771. Mais le livre n'a plus de Pomponace que le nom, et encore au titre seul [2]. Bruno et Vanini l'ont supplanté. Ce n'est même plus Bruno ni Vanini : l'ensemble du traité est d'un matérialisme simpliste et grossier que ne voudrait avouer aucun des argumentateurs élégants et subtils de la Renaissance.

Naturae scrutatus sum intima cuncta. On a sans doute exagéré en terminant par ces mots l'épitaphe de Pomponazzi dans l'église Saint-François de Mantoue [3]. La nature lui fut aussi mal connue qu'à ses contemporains. Aucun éloge pourtant ne lui convenait

---

1. G. de Balzac, *Entretiens*, VII, Hist. en petit (*Œuvres*, éd. Moreau, II, p. 352).

2. *J. Brunus redivivus*, ou *Traité des erreurs populaires. Ouvrage critique, historique et philosophique, imité de Pomponace*. Première partie, MDCCLXXI, in-8° de 114 pages.

3. Son tombeau a été transporté dans l'église Saint-André en 1804.

mieux. Le désir de tout connaître dans la nature pour tout expliquer fut bien sa passion, et c'est pour avoir fait partager cette passion aux esprits les plus hardis de notre Renaissance que son *De incantationibus* mérite de n'être pas oublié.

Avant que la science fût née, il fit confiance à la science; avant que les lois fussent vérifiées, il affirma qu'il y avait des lois; au milieu même des ténèbres il crut à la lumière. S'il n'arriva pas à expliquer le mystère, du moins il persuada le monde que tout est explicable et que le recours au merveilleux, miraculeux ou magique, religieux ou diabolique, était une défaillance intellectuelle. On vient de voir comment ces idées ont peu à peu pénétré l'intelligence occidentale. La démonologie chassée de toute l'Europe, l'esprit critique appliqué à l'étude des phénomènes extraordinaires, la notion de loi substituée à celle de caprice ou de thaumaturgie, ce n'était pas trop d'un siècle pour faire accepter des idées aussi nouvelles et aussi fécondes.

LES CAUSES DES MERVEILLES
DE LA NATURE

OU

LES ENCHANTEMENTS

Sur le *De Incantationibus*, on consultera :

Bayle, *Diction.*, article Pomponace.
Bruckrr, *Hist. critica philosophiae*, t. IV, p. 171-182.
Fr. Fiorentino, *Pietro Pomponazzi* (Florence, 1868), ch. XIII,
        p. 406-427.
Ad. Franck, *Moralistes et philosophes* (Paris, 1871), p. 119-126.
A. H. Douglas, *The philosophy and psychology of P. Pomponazzi*
        (Cambridge, 1910), surtout le chap. XI, p. 270-303.
Ern. Brrit, *Die Engel und Daemonenlehre des Pomponatius und des
        Caesalpinus* (Düsseldorf, 1912), p. 1-42.
H. Busson, *Sources et développement du Rationalisme* (1922), p. 43-52.

Je ne connais que les deux éditions de Bâle 1556 et 1567. Elles sont toutes les deux très fautives et j'ai dû souvent rétablir le texte pour faire ma traduction. Il existe du livre une copie datée de 1520 et provenant du cardinal Bonucci élève de Pomponazzi. Elle se trouve à la bibliothèque d'Arezzo.

J'ai dû, pour les nécessités de l'édition, résumer quelques passages. Je puis assurer le lecteur que je n'ai ainsi opéré que sur des pages sans intérêt, sur des redites principalement (car Pomponazzi compose très mal) et que ces rares résumés ont allégé un peu le traité sans rien lui enlever d'intéressant.

Au très illustre et vraiment pieux prince Othon Henri, électeur du Saint Empire Romain, comte palatin du Rhin, duc des deux Bavières, son seigneur très vénéré, Guillaume Grataroli [1] de Bergame, salut.

Le désir de la science est naturel à l'homme; c'est sa dignité et la nourriture de son esprit; mais principalement quand il s'agit de la connaissance des choses cachées. Il doit donc étudier toute sa vie, surtout la philosophie.

Mais en ce qui concerne les choses divines, comme le dit excellemment Tertulien, à nous chrétiens la curiosité est inutile quand nous avons Jésus-Christ, et la recherche quand nous avons l'Evangile. Cedat fidei curiositas, comme il dit.

Mais où tend ce long préambule? A ce que la publication de ce livre ne me fasse juger par personne ou trop curieux ou trop peu chrétien... Lorsqu'il y a six ans je quittai l'Italie pour venir en Allemagne, j'apportai avec moi un petit bagage de livres, parmi lesquels un traité du très grand péripatéticien Pierre Pomponazzi, que j'avais par bonheur acheté il y a vingt ans durant un séjour à Padoue.

Je savais qu'il en existait quelques très rares copies que les

---

1. Gulielmo Grataroli, médecin, né à Pergame en 1511, étudia à Padoue où il fut reçu docteur. Soupçonné d'hérésie il se réfugia à Bâle, devint professeur à Marbourg, revint à Bâle où il mourut en 1558, le 16 avril. Bibliographie de ses ouvrages dans le *Dictionnaire des sciences médicales*, X, 330-331. Voir aussi Lenglet Dufresnoy, *Histoire de la philosophie hermétique*, I, 286 et suiv.

*Italiens gardaient jalousement parmi leurs trésors. Et tout
en attendant qu'il paraisse d'autre part un jour peut-être, avec
un autre ouvrage du même auteur [1], je me demandais comment
il se fait que notre siècle, si fertile en publication de livres de
toutes sortes, n'a jamais encore depuis si longtemps mis à
l'usage du public cette œuvre si savante et si agréable.*

*Il me venait bien à l'esprit quelques raisons vraisemblables,
assez faciles pourtant à réfuter. La première assurément me
semblait être que cet auteur, comme il l'a fait ailleurs pour
l'immortalité de l'âme, a paru avoir dans ce livre des sentiments assez peu orthodoxes sur certains miracles couramment
reçus dans la religion chrétienne. Mais on aurait dû se souvenir en lisant ses livres ou en écoutant ses leçons qu'il répétait
volontiers que comme philosophe, c'est-à-dire comme disciple
d'Aristote dont il se recommande toujours, il ne croyait pas
absolument à l'immortalité de l'âme, ce dogme ne pouvant se
soutenir par la doctrine d'Aristote; mais que comme chrétien
il ne s'écartait pas de la doctrine catholique. Cette déclaration
il la réitère dans le présent livre, notamment au premier et au
dernier chapitre.*

*Même déclaration sur les vrais miracles. Pour les défendre
il ne craint pas, à plusieurs reprises, de traiter d'ignorants
son Aristote même et Platon et les autres philosophes, et d'assurer que leur doctrine, en ce qui touche les miracles et la religion du Christ et la connaissance de la toute-puissance de
Dieu, est insuffisante et aveugle.*

*Mais accordons que cette fois il a peut-être émis quelques
propositions qui ne s'accordent pas de tout point avec la foi
chrétienne.*

---

1. Il parut en effet une seconde édition en 1567 par les soins de
Grataroli et à la même librairie, avec la première édition du *De Fato
et libero arbitrio*.

Fallait-il pour cela supprimer un livre si riche en physique? Les meilleurs ouvrages contiennent des erreurs, même ceux de saint Augutin. Certes pourtant l'éditeur n'est pas homme à approuver un livre ouvertement mauvais, où l'erreur serait exposée sans réfutation.

Une autre raison du retard de cette publication, c'est que le livre est mal écrit. La philosophie ne se prête guère au cicéronianisme. L'éditeur a relu le manuscrit, y a ajouté quelques notes, a corrigé les fautes du copiste sans jamais rien changer au sens.

BALE, 1er août 1566.

L'édition de 1567 est précédée d'une autre dédicace du même Grataroli, doyen de la faculté de médecine de Bâle à Frédéric, prince électeur de l'Empire Romain.

Il y mentionne le passage du Vidame de Chartres qui venant d'Angleterre a traversé Bâle pour se rendre à Heidelberg. Grataroli est devenu médecin du prince Frédéric à la place de Langius. Éloge du fils du prince qui se rend en France.

Il rappelle la première édition. Depuis on a retrouvé le De Fato.

Il défend Pomponazzi contre ses Aristarques, rappelle ses déclarations de soumission à l'Église, invoque le témoignage de ceux qui l'ont connu et vu mourir pieusement. Beaucoup d'autres aussi ont été bons philosophes puis bons théologiens. Que n'a-t-il vécu assez pour réaliser ce second idéal! Entre tous il en appelle au témoignage de Thomas Erasle aussi pieux que bon médecin et philosophe. Résumé de l'éloge de Paul Jove élève de Pomponazzi.

BALE, 1er mars 1567.

LETTRE DE PIERRE POMPONAZZI MANTOUAN A UN AMI, TRÈS EXCELLENT MÉDECIN ET PHILO-SOPHE, DE MANTOUE [1].

TU m'as écrit que deux enfants ayant été confiés à tes soins, l'un atteint d'un érysipèle, l'autre de brûlures, il est survenu un homme qui par ses seules paroles et formules, sans remèdes, les a guéris; tu ajoutes qu'un autre malade ayant dans les chairs un fer qu'aucun chirurgien ne pouvait arracher, le même thaumaturge, par le même moyen, l'a enlevé [2]; et tu ajoutes encore un quatrième miracle, c'est que par ses seules paroles il a mis en mouvement l'instrument dont nous usons pour bluter la farine : un tamis comme on l'appelle ordinairement [3]. Et encore que cet opérateur ayant dit : qui cherchez-vous? de petits enfants ont vu dans une glace divers personnages [4]. Ces

----

1. C'est évidemment Lodovico Paniza à qui est dédié le *De actione* (1515). C'est de discussions qu'ils ont eues ensemble sur les miracles qu'est né le *De actione* dont le *De incantationibus* n'est que le développement. Voir la dédicace du *De actione*, à Lodovico Paniza datée du 12 août 1515.

2. Ce cas, l'autorité de Paniza mise à part, était connu. Antonio Benivieni l'avait raconté d'un soldat (*De abditis nonnullis ac mirandis morborum causis*, cap. 26). Cf. TIRAQUEAU. *De nobilitate*, cap. 81, n° 290; Wier, *Histoires des diables*, V, 19.

3. Le crible qui danse signale la présence du diable. J. BODIN (*Demonomanie*, I, p. 118) signale cette croyance comme très ancienne.

4. Le miroir magique est encore un cas de magie classique. Carden en cite deux cas dans le *De subtilitate* (XIX, p. 693 de l'édit. de 1580). Il donne les cérémonies et les formules à employer dans le *De rerum varietate* (XVI, 93, p. 821 de l'édition de 1558). Joachim Camerarius

faits t'ont paru sortir de l'ordre de la nature, et tu m'as demandé de te dire ce que j'en pense; et surtout qu'est-ce que les péripatéticiens pourraient vraisemblablement répondre à ces faits.

Tu me dis plus loin : dois-je accepter avec les trois religions le dogme de l'existence des démons? Il n'y a assurément aucune raison d'en douter puisqu'il est évident que ces effets merveilleux sont l'œuvre des démons mêmes. Non moins claire est la solution d'Avicenne, qui enseigne qu'à l'intellect bien disposé et abstrait de la matière, toute la matière obéit [1]. Ainsi pluies, grêles et toutes choses de cette espèce sont possibles à l'homme. Mais l'une et l'autre de ces deux explications sont opposées à l'aristotélisme : Aristote en effet n'a pas cru à l'existence des démons, comme les religions; et il a estimé que l'agent ne peut agir sans contact, (voir plus loin la discussion de la thèse d'Avicenne) : ainsi les péripatéticiens n'ont aucun moyen d'expliquer ces phénomènes.

Tu me dis encore plus loin que tu as entendu une autre réponse de Pierre Trapolino de Padoue, notre commun professeur. Toutefois cette explication, il l'attribuait à Albert le Grand. C'est que les paroles et les caractères sont les instruments des corps célestes et que donc il n'est pas impossible que des corps si puissants soient capables de produire

---

dans la dédicace du *De defectu oraculorum*, traduit par Turnèbe (1576), raconte l'histoire d'un ami à lui à qui un inconnu a laissé pour prix de son hospitalité une pierre vitreuse ronde (*gemma crystallina figura rotunda*). Quand cet ami veut savoir quelque secret, il appelle un petit garçon puceau qui regarde dans la pierre et lui dit ce qu'il voit. Jamais encore il n'a été trompé. Sa femme enceinte d'un garçon y a vu aussi des choses extraordinaires.

Wier reproduit Cardan (*Hist. des diables*, V, 5, édit. 1885, II, p. 31-32).

1. Ce système est exposé presque dans les mêmes termes qu'ici par Andrea Cattaneo, *De causis mirabilium effectum*, de praenuntiatione atque de natura prophetae.

ces effets. Mais tu ajoutes que cette explication ne te plaît pas, d'abord parce qu'on ne voit pas en quoi les corps célestes peuvent influencer ces formules et caractères, ni comment, pour concourir à la production de ces merveilles; et de plus parce que l'on se demande si cette influence est constante ou intermittente, la première hypothèse étant contraire à l'expérience. De plus les mots, pour toi, n'affectent que l'ouïe, alors qu'ici le sens du toucher est le siège d'un changement, dans le cas de guérison ou de maladie. Enfin les signes sont des quantités ou des qualités dans la quantité, qui n'ont ni les unes ni les autres d'activité propre, selon le commentateur au IVe livre de la *Physique*. Comment donc peuvent-ils agir?

Il y aura donc autre chose, qui soit capable de faire ces merveilles, en vertu d'une puissance qui, comme nous le disons, vient d'un corps céleste : et cette puissance astrale serait donc la principale, on le voit. Mais si c'étaient là les effets d'un corps céleste, il est vraisemblable qu'ils ne se produiraient pas dans n'importe quelle position de ces astres, non plus que ne le font leurs autres effets : la lune par exemple ne produit pas en n'importe laquelle de ses positions le flux et le reflux de la mer. Or, ces hommes produisent ces effets en tout temps : par conséquent ils ne sont pas dus à l'influence des corps célestes. Autrement nous aurions le pouvoir de provoquer ou d'empêcher l'action des corps célestes puisqu'il dépend toujours de nous de prononcer ces formules ou d'exécuter ces signes; ce qui paraît invraisemblable.

Ainsi, les Péripatéticiens sont bien embarrassés, te semble-t-il. Mon très illustre ami, tu as posé là une question à laquelle il serait glorieux et digne de ton talent de répondre, mais qui surpasse de beaucoup mes forces. Aristote n'ayant point ou peu parlé de ces choses, il est difficile même d'indiquer seulement ce qu'il en a pensé... J'essaierai toutefois de satisfaire à ta question. Tu demandes en effet que je te dise non ce qu'Aristote en a pensé (cela surpasse peut-être mes forces), mais qu'est-ce qui dans la doctrine d'Aristote est nôtre; je vais te le dire autant que je le puis.

Vale.

Bologne, le 14 juillet 1520.

CHAPITRE I. — QUELQUES OBJECTIONS A CEUX QUI ATTRIBUENT CES PHÉNOMÈNES A L'ACTION DES DÉMONS

DÉSIRANT donc satisfaire à ta demande dans la mesure du possible, je te dirai d'abord que je crois comme toi que la solution la plus sûre est celle des religions, et surtout de la chrétienne; encore que les péripatéticiens semblent y échapper sur certains points, mais non sur tous, comme on le verra. Il semble nécessaire d'admettre l'action des démons non seulement à cause de l'enseignement de l'Église, mais pour expliquer plusieurs faits. Cela sera examiné plus loin.

Mais puisque tu me demandes l'avis des péripatéticiens sur cette question, je vais te dire ce que j'en pense. D'abord pourquoi ils refusent d'y voir l'action des démons. Laissant de côté les raisons générales, hors de propos ici, pour lesquelles ils nient l'existence des démons, voici trois raisons principales que j'ai trouvées :

La première et principale raison est que de tels actes supposent de la part de l'agent intelligence et volonté, ce qui est impossible chez le démon. Pour extraire par exemple un fer d'une blessure il faut qu'il connaisse la flèche, le malade et les moyens, qui sont des individus et êtres particuliers. Or le démon ne peut connaître le particulier ni par les espèces (innées ou reçues) de l'objet, ni par sa propre essence, ni par une autre essence.

2º Selon ceux qui croient à l'action des démons, ceux-ci interviennent, par exemple dans une guérison, non immédiatement par une altération, mais en appliquant l'actif au passif. Cela semble bien être la théorie d'Augustin au IIIe livre de la *Trinité* et ailleurs. Leur intelligence pénétrante et leur vaste expérience leur ont appris bien des choses que les hommes bornés dans leur intelligence et dans la durée de leur expérience ne peuvent savoir. De plus la matière obéit aux démons en ce qui concerne le mouvement local, autant que Dieu le permet. Les démons connaissant les bons remèdes les apportent et les appliquent aux maladies; d'où guérison.

Mais cette explication est impossible. D'abord parce que ces remèdes sont matériels; ce sont des herbes, des sucs, des minéraux et autres choses sensibles à la vue et la plupart du temps à l'odorat. Il serait étonnant dans ce cas que les malades ne les voient, ni ne les sentent, ni n'en perçoivent l'application, alors qu'une mouche ne peut nous toucher à notre insu. De plus, comment ces remèdes se trouvent-ils à la portée des démons, amenés d'Orient en Occident et *vice versa*? Est-ce que les démons portent avec eux des boîtes, des sacoches, des besaces pleines d'emplâtres, d'onguents, comme les chirurgiens et les apothicaires? S'il en est ainsi, comment ne les voyons-nous point? A moins de dire qu'ils fascinent aussi nos sens.

3º Les causes naturelles nous suffisent pour expliquer ces phénomènes et il n'y a aucune raison nécessitante de les attribuer aux démons : il est donc vain d'y recourir. Il est ridicule en effet et tout à fait extravagant d'abandonner ce qui se voit, ce qui se prouve par raison naturelle pour chercher l'invisible et l'invraisemblable : ce sera l'objet des chapitres suivants.

CHAPITRE II. — QUELQUES DOUTES
SUR LA THÉORIE D'AVICENNE

Tu m'écris que l'on peut aussi donner l'explication
d'Avicenne, mais qu'elle est condamnée par tout le
monde. Pour moi je crois cette théorie fausse, surtout parce qu'elle est condamnée par l'Eglise [1]. Mais en
partant des principes d'Aristote je crois qu'on ne peut lui
opposer de raison convaincante, ni la combattre par l'expérience; et peut-être (je ne l'affirmerais pas trop opiniâtre-
ment) peut-être que les systèmes d'Aristote et d'Avicenne
ne sont pas contraires.

----

1. Saint Thomas a exposé et réfuté la théorie d'Avicenne dans
la *Somme contre les Gentils*, livre III, ch. CIII (De miraculis et mirabilibus). En réalité Pomponazzi, lui, s'est servi de cette théorie. On
en verra plus loin l'exposé.

MAIS puisque tu me demandes non ce qu'enseignent les religions, ou quel a été l'avis d'Avicenne, mais quelle a été la pensée d'Aristote sur ce sujet, désireux que je suis de te complaire en cela, avant d'arriver à la raison formelle ou à la solution de nos doutes, je veux d'abord faire, dans l'esprit péripatéticien, quelques hypothèses qui pourront ensuite fournir des réponses assez claires à chacun de nos doutes.

Donc supposons d'abord que les herbes, les pierres, les minéraux, les extraits des divers animaux et en général tout ce qui a de l'intérêt pour la médecine et même pour presque toutes les opérations humaines, altèrent les corps, soit directement en altérant par leurs vertus visibles les corps sur lesquels ils agissent, soit indirectement en se transformant en vapeurs qui altèrent les corps, soit parfois d'une façon occulte et invisible. Exemple du premier cas : le fer chauffe, l'eau rafraîchit, et ainsi de nombreux remèdes, soit simples, soit composés, selon le langage des médecins. Exemple du second cas : la rhubarbe ne purge la bile que si elle a été mise en acte par la chaleur naturelle et réduite en vapeurs. Exemple du troisième : l'aimant attire le fer, non par une qualité de la première ou de la seconde catégorie précitées, ni parce que les aimants se changent en vapeurs, mais par une vertu occulte et ignorée, comme on l'expérimente tous

les jours. Et ainsi à l'infini. Cette hypothèse n'a pas besoin
de preuve, car elle est admise par tous.

Seconde hypothèse : il n'y a pas qu'une seule catégorie
de corps à agir selon la troisième manière, mais ils sont en
nombre presque infini. En effet, l'aimant attire le fer, le
diamant[1] lui résiste, le saphir chasse les ulcères, il réchauffe
les yeux : il y a une infinité de propriétés occultes, dont
Albert le Grand rapporte des exemples nombreux et merveilleux au second traité de ses *Minéraux*[2]; d'ailleurs,
Marsile Ficin en énumère beaucoup d'autres au chapitre
premier du quatrième livre de sa *Théologie de Platon*[3]. Et
celui qui veut rechercher ces cas en abondance, n'a qu'à
lire Pline et les savants qui ont écrit de la médecine par les
simples.

Troisième hypothèse : parfois certains hommes, connaissant les corps qui agissent selon ce troisième mode, produisent certains effets que le peuple, les voyant sans en connaître les causes (puisque ces causes sont occultes) croit
faits par Dieu, les anges ou les démons; et il attribue à ces
thaumaturges un commerce avec les anges et les démons et
des conversations fréquentes avec ces êtres surnaturels,
d'où ils tireraient leur science et leurs prévisions. Ainsi si

---

1. *Adamas*, qui dans les lapidaires désigne tantôt le diamant,
tantôt l'aimant (PHILIPPE DE THAON, *lapid.*, dans LANGLOIS, *La connaissance de la nature au m. a.*, p. 14).

2. *De mineralib.*, lib. II, tract. I, cap. 1-20. Pour le saphir, R. Belleau a chanté sa vertu

> Qui les corps vains et débiles
> De sueur et de chaleur
> Rends prompt.....;
> Saphir ami de la vie,
> Du sang du foye et des yeux.
>
> (*Pierres précieuses*, Le Saphir).

3. Ficin (*Theol. plat.*) cite l'hiérobotanon [herbe sacrée], l'achate,
l'aimant, la cornaline, l'onyx, le corail.

quelqu'un voyait la rémora [1], espèce de poisson d'un demi-
pied de long, arrêter un navire de deux cents pieds et plus
avec ses agrès, ne croirait-il pas que ce prodige est dû à la
puissance des démons ou à celle de Dieu? Qui, en voyant
ce même poisson arrêter ce même navire malgré les vents
et les rames, qui ne nierait que cela soit possible naturellement? Quel est celui qui, engourdi par l'attouchement d'un
bâton en contact lui-même avec une torpille, penserait que
cet engourdissement est produit par ce poisson? Alors qu'on
ne voit pas comment cela peut se produire? Et pourtant,
ce sont là des faits très vrais et constatés, comme le rapporte Albert le Grand au livre XXIV du *De Animalibus*
d'après Pline et d'autres auteurs très sérieux [2]. On trouve
aussi des herbes et des pierres qui amènent la pluie et la
grêle, d'autres, au contraire, qui les éloignent, selon ces
mêmes auteurs. Ainsi le vulgaire lâche et profane et les
hommes sans instruction, ce dont ils ne connaissent pas les
causes manifestes et apparentes, ils le rapportent à Dieu ou
aux démons : et cela non seulement à propos de pareils
prodiges, mais en ce que réalisent l'habileté et la science,
et les arts eux-mêmes. Le très docte et très pieux Boëce
(c'est lui qui le rapporte à son sujet au premier livre de la
Consolation), ne put, à cause de sa science surprenante,
échapper à ce reproche : on crut qu'il avait des relations
avec les esprits immondes. Galien lui aussi, le prince de la
médecine, parce qu'il savait deviner ce qui était arrivé au
malade antérieurement et prédire ce qui lui arriverait,
passa pour sorcier, comme il le dit : et ainsi d'un nombre
presque infini d'autres personnages.

---

1. PLINE, *H. N.*, IX, 41. Exemple souvent cité au xvi° siècle. La
source est ARISTOTE, *H. A.*, II, 17.
2. PLINE, *H. N.*, XXXII, 2; ALBERT LE GRAND, *De animal.*,
XXIV, 1; PLATON, *Menon*, 80.

Quatrième hypothèse : si les herbes, pierres et animaux nous offrent des propriétés si nombreuses et diverses, l'ensemble de l'espèce humaine peut nous offrir de semblables pouvoirs : les uns participant de la nature d'une herbe, les autres de celle d'une autre, et ainsi de suite. L'hypothèse est fondée sur ce que, de l'avis de tous, l'homme est un être intermédiaire, situé entre les êtres éternels et les corruptibles : et il est au milieu, non seulement en ce qu'il ne participe pas à ces extrêmes, mais aussi parce qu'il y participe. Il pourra donc avoir part à tous les extrêmes, un individu participant à un extrême, l'autre à un autre. Cela est prouvé par expérience : selon le second et le septième livres de l'*Éthique*[1], bien que les vertus et les vices ne soient pas déposés en nous à l'état de perfection par la nature, ils y sont à l'état de semences; les uns parmi les hommes ayant un penchant vers une vertu ou un vice, les autres une inclinaison autre ou opposée. C'est pourquoi Platon ordonne, — et il est approuvé par Aristote — que les enfants apprennent les seules sciences vers lesquelles ils se sentent portés, sous peine de ne faire aucun progrès ou peu. C'est pourquoi encore les uns nous paraissent des dieux, les autres des bêtes, les autres des êtres sans vie [2]. Aussi, le deuxième livre de l'*Éthique* attribue une vertu héroïque à ceux qui participent beaucoup du divin, et la bestialité aux hommes qui ressemblent beaucoup aux bêtes. Et l'expérience journalière confirme ce jugement : certains hommes sont joviaux, certains saturniens, certains mercuriels, et ainsi des autres, selon les propriétés par où ils ressemblent à ces dieux. D'autres sont comme des lions, comme des renards, comme des loups. Aussi Albert, au premier livre de son *De Anima-*

---

1. ARISTOTE, *Éthique*, II, I, 3; VII, v, 3.
2. Idée reprise par Pomponazzi dans le *De Fato*, V, p. 978; et presque textuellement, *ibid.*, p. 615.

libus[1], suivant l'avis des physionomistes et des philosophes autorisés, dit que les hommes qui portent en quelque membre une certaine ressemblance avec ces animaux, leur ressemblent aussi de caractère : c'est pourquoi l'homme a été appelé petit monde, parce que toute la nature, celle du monde d'en haut et celle du monde d'en bas, a été renfermée dans la nature humaine, encore qu'il y ait d'autres raisons à cette appellation. Ainsi l'hypothèse est conforme à la raison et à l'expérience.

Cinquièmement, on suppose, d'après le troisième livre *de l'Ame*, que l'âme sensitive, lorsqu'elle reçoit les espèces des choses sensibles, devient en quelque sorte tout sensible, et l'âme intellective, tout intelligible. C'est pourquoi tout ce qui existe étant sensible ou intelligible, l'âme humaine, puisqu'elle embrasse l'un et l'autre, le sens et l'intellect, sera elle-même tout : en effet, le sens en acte est le sensible en acte, l'intellect en acte est l'intelligible en acte. Cela ressort du troisième livre *de l'Ame*[2].

On suppose en sixième lieu que bien que cette assimilation de la puissance à l'acte soit spirituelle et non réelle, dans le domaine intellectuel pourtant, l'espèce produit réellement son modèle si l'agent est assez puissant et le sujet bien disposé. Cela ressort d'un passage d'Aristote [*De moribus animal*, VI].

Il exprime le même avis à la section VII des *Problèmes*, dans tous les problèmes à peu près; si je ne les cite pas, c'est

---

1. I, II. Non seulement les hommes, mais tout ce qui existe (pierres, plantes, animaux) avait pour les astrologues des vertus dues à l'influence du Soleil, de Saturne, de Mars, de Vénus, etc., sur eux. Tout cela est longuement exposé dans C. Agrippa, *De occulta philos.*, I, cap. 23-32; et Albert le Grand, *De animal.* I, II (sur la physionomie).
2. *De Anima*, III, ii, 6; III, iv, 3.

par brièveté. Cela peut aussi se prouver par l'expérience. Aristote, au livre X *de Naturis animalium*, ch. 38 [1], écrit ceci : « De même que les actes des êtres animés se conforment à leurs sentiments, de même leurs mœurs se modèlent sur leurs actions, et même certains de leurs organes. Cela arrive pour les oiseaux. Les poules, quand elles ont surpassé les coqs, chantent comme eux et cherchent, à leur exemple, à faire les mâles : elles dressent leur crête et leur queue au point qu'il est difficile de dire si ce sont des poules; à quelques-unes même viennent des éperons. Par contre, on a vu des mâles qui, après la mort de leur femelle, l'ont remplacée pour l'élevage et le soin de leurs petits : ils ne chantent plus, ne cherchent plus les femelles. Certains même sont, dès leurs naissance, si « efféminés » que loin de chanter et de rechercher les poules, ils se soumettent aux coqs qui les recherchent », etc.

Avicenne aussi, au livre IX *de Animalibus*, chapitre des mœurs des animaux, écrit, après de longs développements : « Parmi les merveilles des animaux, il faut noter que la poule quand elle a vaincu le coq au combat, dresse sa crête comme si elle était un coq et parfois il lui vient un ergot à la patte comme au coq. En quoi l'on peut voir la puissance de l'imagination sur la nature. Et si la poule meurt ou délaisse ses poussins, le coq devient tendre pour eux comme s'il était une poule; il ne cherche point les poules durant ce temps; il se conduit avec mollesse, comme une poule », etc. [2].

Plus abondant est Marsile Ficin à ce sujet, chapitre I, livre XIII de la *Theologia Platonica* [3]. Voici ce qu'il écrit :

----

1. En réalité *De animal. histor.*, X, xlix, 1.
2. Ces deux textes sont déjà cités par Pomponazzi dans le *De actione*.
3. Le texte de Ficin est tout défiguré dans le *De incantationibus*. Je l'ai rétabli. A signaler que dans la première phrase Pomponazzi

« L'imagination produit quatre sentiments : le désir, le plaisir, la crainte et la douleur. Tous les quatre, quand ils sont violents affectent tout à coup le corps de la personne, parfois même celui d'une autre.

« Quelles ardeurs le désir de la vengeance allume dans le cœur, ou la passion du plaisir dans le foie et jusque dans le sang? Même, c'est à l'irrégularité du pouls que le médecin Erasistrate s'aperçut qu'Antiochus était amoureux de Stratonice [1]. Par contre, celui qui veut nuire arrive par des regards répétés à fasciner les enfants et d'autres personnes plus faibles que lui. Combien il est évident que le désir de la femme enceinte transmet au tendre fœtus la marque de l'objet de son désir. Combien variées, combien différentes des leurs, sont les manières et les physionomies que les parents donnent à leurs enfants, à cause des objets divers qu'ils peuvent violemment se représenter pendant le coït. D'où il arrive que les hommes sont entre eux plus dissemblables de figure et de manières que les animaux entre eux dans n'importe quelle espèce. Combien souvent une personne malintentionnée a-t-elle nui par ses sorts et ses charmes aux hommes, aux animaux et même aux plantes. Joint que certains gloutons, par l'avidité excessive avec laquelle ils pensent à certains aliments, en donnent le goût

---

a écrit *effectus* (effets) au lieu de *affectus* (sentiments) dans l'édition de 1556. Celle de 1567 fait la correction à l'erratum.

1. Plutarque, *Demetrius*, XXXVIII, 3. Antiochus fils du roi Seleucus aimait sa belle-mère Stratonice et se laissait mourir d'inanition. Son médecin remarqua qu'en présence de Stratonice il donnait tous les signes de l'amour tels que les a dépeints Sapho, entre autres l'irrégularité du pouls. On raconte une semblable légende sur Galien. L'édition de ses œuvres de Venise 1576 porte en tête des gravures représentant les grands faits de sa vie. L'une d'elle a pour titre : *Amantis dignotio*. Une femme alitée donne son pouls à tâter à un médecin. A côté du lit se tient un jeune soldat avec le nom de Justus, l'amant, évidemment. De l'autre côté aussi est un homme qui n'est pas nommé. Plusieurs ouvrages de Galien traitent des pulsations.

pour ainsi dire à leur salive. Les enfants aussi et les femmes enceintes, quand ils désirent trop vivement un aliment, une boisson qui leur sont défendus, s'énervent, se pâment, s'évanouissent. Voilà les effets, et d'autres semblables, produits par le désir.

« La joie encore, quand elle est violente, peut produire d'aussi grands effets : faire périr tout à coup le corps, et souvent le soulager de la maladie. Sophocle et Denys le tyran ne trépassèrent-ils pas subitement l'un et l'autre à l'annonce d'un triomphe dramatique? Une mère, en voyant son fils de retour d'une bataille, expira subitement [1].

« Quelle est par contre la puissance de la douleur, personne ne l'ignore, puisque la seule vue d'un spectacle désagréable va jusqu'à affecter le goût et donner la nausée. Les enfants parfois, et les grandes personnes, voyant offrir à quelqu'un une potion amère, sentent aussitôt dans la bouche une salive amère qu'a provoquée leur violente imagination; ces mêmes personnes quelquefois, si elles se représentent quelque chose de ce genre, ont la diarrhée et, chose merveilleuse, certaines ont les dents agacées à certains aspects ou à certains bruits [2]. Quelle puissance a la pitié, qui est une espèce de douleur? Ne rend-elle pas malade parfois à la vue du mal d'autrui? Témoin ceux qui s'évanouissent à la vue du sang humain; et ceux qui ont mal aux coudes rien qu'à entendre dire qu'un autre y a été blessé.

« Et la crainte? N'est-il pas vrai que souvent, regardant à terre d'une fenêtre élevée, la peur nous brouille la vue et fait trembler? [3] Nous pâlissons à une peur subite, de même que nous rougissons à la honte; la peur soudaine fait battre

---

1. Tite-Live, XXII, 7. Pline, *H. N.*, VII, 53-54 qui doit être la vraie source.
2. Avicenne, Lib. 1, Fen. II, doct. 2, cap. 14.
3. Et parfois même tomber, ajoute Ficin : quandoque etiam ruimus.

le cœur, dresser les cheveux, manquer la voix, mourir subitement, ou contracter de longues maladies. Parfois la crainte guérit des maladies, comme le hoquet et la fièvre quarte. Même quand une crainte très forte s'accompagne d'un très grand désir, il s'ensuit parfois une chose admirable. Ainsi de ce fait rapporté par Hérodote : un Perse voulait tuer le roi Crésus; le fils de ce dernier, muet jusque-là, fut si ému de la crainte que son père ne fût tué et du désir de crier, que tout à coup sa langue se délia et qu'il cria très haut : Homme, ne tue pas Crésus. Et depuis il parla [1].

« Ainsi, ces quatre sentiments dominent le corps intimement puisqu'ils arrivent à y produire des changements si divers. Et pourtant ce sont là des mouvements propres à l'esprit : dans la mesure où l'esprit conçoit quelque bien ou quelque mal, dans cette mesure il désire, se réjouit, craint et s'afflige. Il s'en suit que le corps est essentiellement subordonné aux mouvements de l'âme. C'est pourquoi le visage de l'homme manifeste d'une part les signes des inclinations de l'âme, d'autre part les effets particuliers de chacune de ses passions. Les premiers, seuls les physionomistes les connaissent [2]; les seconds, même le vulgaire les perçoit. Qui ne reconnaît tout de suite qu'une âme souffre, qu'elle craint, qu'elle est irritée, se réjouit ou s'afflige? » Je pourrais développer les exemples de ce point de vue; il me semble que cela suffit.

La raison nous le persuade aussi. Car les espèces ou idées se trouvent en Dieu, dans les Intelligences, dans l'âme inférieure et leur nom a été tiré analogiquement de celui des

---

1. Hérodote, I, 85

2. La physionomie passait alors pour une science. Outre le traité d'Albert le Grand cité ailleurs, il y a en de très nombreux manuels au xvi° et au xvii° siècle. Les traités anciens de Physionomie ont été réunis en deux volumes par Foerster dans la collection Teubner.

dieux : c'est pourquoi on parle d'abord de celles qui sont chez les intelligences, puis de celles des âmes d'ici-bas. C'est pourquoi l'image de l'idée divine est la cause de l'être imaginé, même sans intermédiaire. Car Dieu a produit ce monde visible sur l'idée du monde qui est dans *la* pensée divine, comme dit Boëce au III° livre de *la Consolation*. Puis l'idée des choses à venir, qui est dans les Intelligences, a produit le monde inférieur par l'intermédiaire d'instruments qui sont les corps célestes, comme dit le commentateur.

Il n'est donc pas étonnant que l'idée qui est dans notre esprit, qui est une espèce, réalise parfois son idée, avec le concours d'instruments corruptibles : les esprits et le sang, lorsque le patient est bien disposé. Ainsi la sixième hypothèse est prouvée.

Septième hypothèse : bien que ce soit par les espèces dans l'âme, par les passions en nous et dans les corps où on les trouve que se produisent ces effets extraordinaires, rien n'empêche que des effets semblables soient extériorisés dans le corps d'autrui [1]. L'hypothèse se prouve parce qu'il est évident que le passif a les mêmes dispositions chez les autres qu'en nous et parfois de meilleures, et que l'agent a une puissance suffisante pour cela : les effets peuvent donc se produire chez autrui (Platon étant disposé comme Socrate, l'agent émettant une sorte de vapeur de mêmes propriétés pour l'extérieur que pour l'intérieur, les mêmes effets se produisent chez Platon *ad extra* que chez Socrate *ad intra*). Cela est évident chez les vieilles sorcières, pour les hommes en colère, pour le crachat et l'haleine d'un

---

1. FEYENS, *De virib. imaginat.*, donne comme source à cette idée Avicenne (Sen. 4, 6 natural. cap. 6 et 9). Mais l'âme pour avoir ce pouvoir doit, selon Avicenne, être influencée par Jupiter, ce pouvoir étant un don de cette planète.

homme à jeun [1], le sifflement des serpents, et ainsi à l'infini. Bien plus, en raison de la diversité du sujet un enfant est fasciné là où une vieille femme ne l'est pas, parce que l'enfant est tendre de tempérament. Le pestiféré qui contamine un autre survit parfois et même se guérit, tandis que celui qu'il a contaminé meurt : c'est que l'un peut résister, l'autre non; et ainsi de suite. Si cela est vrai du mal, cela peut arriver aussi pour le bien du patient. Plutarque rapporte dans la vie d'Alexandre le Grand que les hommes recevaient de la joie et du réconfort de l'approche d'Alexandre, parce que son corps embaumait [2]. Et les baisers des jeunes gens de bonne haleine sont un remède tempéré selon les médecins.

Huitième hypothèse : d'après Augustin, au IIIe livre *de la Trinité* et beaucoup d'autres passages, et presque tous les théologiens modernes, les démons peuvent mouvoir les corps dans l'espace immédiatement, mais non les altérer. Lorsqu'il y a altération, elle se fait par l'intermédiaire des corps naturels qui ont été appliqués au sujet, soit visiblement soit de façon occulte, par les démons. L'hypothèse se fonde sur le commun consentement de nos théologiens.

Telles sont nos hypothèses.

---

1. PLINE, *H. N.*, VII, 2, 7; XXVIII, 7, 1. Cette croyance est devenue très populaire. Levinus Lemnius lui consacre tout un chapitre (II, 44) de son *De miraculis occultis naturae.*

2. PLUTARQUE, *Alexandre*, IV, 2, dit que le corps d'Alexandre embaumait et en cherche la cause. Il ne parle pas du réconfort que les hommes en auraient reçu.

CHAPITRE IV. — APPLICATION DES HYPOTHÈSES
PÉRIPATÉTICIENNES AUX DOUTES PROPOSÉS
[DANS LA LETTRE DÉDICATOIRE]

CES hypothèses ainsi établies, répondons aux doutes
proposés.

Première réponse. — Et d'abord aux trois premiers, à savoir aux deux qui concernent des enfants dont
l'un souffrait d'une brûlure, l'autre d'un érysipèle; et à
celle qui a été posée à propos d'une flèche enfoncée puis
arrachée.

Pour répondre aux trois cas à la fois, je dirai d'abord que
ces guérisons se sont produites sans le secours des démons
ni des anges (à moins de dire que les anges sont des Intelligences qui en tant que causes célestes concourent à un effet
dans ce monde sublunaire; nous entendons le mot ange au
sens que lui donnent les religions). Je dis donc que sans le
concours de ces êtres, par les seules lois naturelles, nous pouvons expliquer ces faits, et ce qui est plus incroyable, sans
léser l'orthodoxie religieuse.

Comment cela peut se faire, je vais en donner trois
façons :

La première consiste en ce que ces guérisons, dans les
trois premiers cas ou du moins dans les deux premiers,
furent amenées par altération. En effet, les deux premières
étaient des maladies surtout complexionnelles, bien que
peut-être elles fussent jointes à une maladie de tempéra-

ment, à cause de quelque solution de continuité. Mais pour
deux des malades surtout, c'est par leur complexion qu'ils
manquaient; c'est pourquoi, d'après le III° livre de l'*Ars
parva*, elles devaient être traitées par les contraires, c'est-
à-dire par des rafraîchissants, ce qui est évidemment une
altération; mais selon notre huitième hypothèse, les démons
n'ont pu faire cela qu'en appliquant l'actif au passif, opération naturelle. Et comme il ne répugne pas qu'un homme
connaisse de science naturellement acquise par l'étude les
remèdes appliqués par les démons et la façon de les appliquer, puisque ce sont choses naturelles et qui opèrent naturellement, il est donc possible qu'un homme fasse la même
chose qu'un démon ou un ange en dehors de leur concours :
notre conclusion est donc prouvée et je ne vois pas, si on
concède que cela est fait par les démons selon la méthode
qu'on leur prête, que cela ne puisse être fait aussi bien par
l'esprit humain.

Mais on objectera peut-être que si cela était fait par l'esprit humain, et de cette façon, nous verrions alors appliquer
des médicaments sur les parties malades et des mains les
toucher; et le malade sentirait une altération. Car il n'est
pas vraisemblable que cette guérison ait été obtenue par
un rafraîchissant sans que le malade ressente un rafraîchis-
sement.

Mais cela est sans portée, car la question est la même
en supposant la guérison effectuée par des démons. Ces
médicaments sont des corps sensibles; comment échappent-
ils aux sens du malade et des assistants? On dira peut-être
que le démon fascine et mystifie les sens du malade et des
assistants. Mais cela ne détruit pas entièrement notre
réponse parce que cette fascination, mystification ou illusion, se fait par une altération des sens. Mais toute altération faite immédiatement par une créature se fait par le

corps et par des moyens naturels : ainsi la cause de la fascination peut être connue de l'homme; et donc l'homme peut faire ici encore ce que fait le démon; et ainsi notre conclusion demeure. Pour ce que l'on demande, si le malade sent quelque altération au moment de sa guérison, je n'en sais rien.

De cette première réponse, il suit que certains ont réalisé beaucoup de prodiges grâce à leur science de la nature et des astres, que l'on a pourtant attribués à leur sainteté, ou à la nécromancie, alors qu'ils n'étaient ni saints ni nécromanciens. Il s'en suit encore, s'il est vrai, comme le disent beaucoup d'auteurs approuvés, qu'il y a des herbes, des pierres ou quelques moyens de cette sorte qui éloignent la grêle, la pluie, les vents, et que l'on peut aussi en trouver qui ont naturellement la propriété de les attirer; étant donné que les hommes peuvent les connaître naturellement, il s'en suit, dis-je, qu'ils peuvent, en appliquant ainsi l'actif au passif, amener les grêles, les pluies, et les écarter; et pour moi, je n'y vois aucune impossibilité. Car si un poisson de la longueur d'un doigt peut arrêter un navire de deux cents pieds chargé et poussé de tous côtés des vents et des rames; si la torpille peut à une si grande distance engourdir sans qu'on s'en aperçoive; si le basilic peut empoisonner une faible quantité d'air [1], et d'autres sortes de serpents faire les merveilles que racontent les philosophes et les médecins; si le veau marin et le laurier éloignent la foudre; et ainsi à

---

1. On trouvera la description et les effets redoutables de la puissance du basilic dans le *Trésor* de Brunetto Latino (analyse dans Langlois, *Conn. de la Nature*, p. 361). Mais cette légende est très courante au xvi⁰ siècle; elle est familière aux poètes :

> Et toutesfois si par icy passoit
> Le Basilic, qui me tient en tourment.

(Magny, *Amours*, 21).

l'infini; il n'est pas incroyable qu'il s'en trouve pour éloigner la grêle et la pluie ou pour les amener. Il me semble que si les démons font ces prodiges en appliquant l'actif au passif, que ces procédés puissent être connus des hommes de science, ces derniers peuvent aussi réaliser ces prodiges par puissance naturelle.

D'où il suit encore que peut-être beaucoup ont passé pour magiciens et nécromanciens comme Pierre d'Abano, Cecco d'Ascoli, qui pourtant n'ont eu aucun commerce avec les esprits immondes, et même ont peut-être cru avec Aristote, qu'il n'y a point de démons. Et certains ont passé, près du peuple, pour saints et familiers des anges, à cause des œuvres qu'ils faisaient voir, qui cependant furent peut-être des criminels. Si l'on dit que les uns se servent de signes pieux, les autres de signes mauvais, comme les premiers du signe de la croix, d'oraisons aux saints, les autres de moyens contraires, je crois qu'en cela ils veulent tromper les hommes. Quant aux hommes savants et bons, je pense qu'ils n'ont pas divulgué ce mal, de peur d'avilir et de profaner la science. Voilà la première réponse.

Seconde réponse. — Il y aurait une seconde explication à ces faits. Puisque, d'après l'une de nos hypothèses, il se trouve des herbes, des pierres, animaux ou autres choses qui ont la propriété de guérir quelques maladies (le dictame, par exemple, selon Aristote [1], arrache les flèches), et que de même il se trouve des hommes qui ont aussi par une vertu particulière ce privilège, ils peuvent donc, soit par une altération insensible du sujet, soit en faisant passer une vapeur

---

1. *De Animal. hist.*, IX, vi, 1. Aristote rapporte la chose comme une tradition. Albert le Grand est beaucoup plus affirmatif, *De Animal.*, tI, ii. *De prudentia animalium in provisione medicaminum contra Infirmilatem.*

jusqu'à la partie malade, obtenir le même résultat que le dictame. Et je tiens pour possible qu'un homme ait cette propriété dont j'ai parlé, comme la rhubarbe a la propriété de purger la bile. Cependant la rhubarbe ne purge la bile qu'après avoir été mise en acte par la chaleur naturelle et changée en vapeur. Ainsi, il y a des hommes qui ont ces propriétés en puissance et lorsqu'ils agissent réellement par la force de leur imagination et de leur désir, ce pouvoir passe à l'acte et il affecte les esprits et le sang, qui par évaporation passent au dehors et produisent ces effets.

La raison et l'expérience justifient cette explication. La raison, pour ce qui a été dit dans les hypothèses : que l'homme étant tout parce qu'il participe aux règnes supérieurs et inférieurs, il n'est pas étonnant qu'on en trouve qui ressemblent à tel animal doué de telle propriété, d'autres à une herbe qui a un autre pouvoir, un autre à une herbe ayant une autre propriété : cela paraît évident pour le caractère. Les uns en effet sont comme des dieux, des héros, des saints; les autres comme des lions, des loups, des serpents, et ainsi de suite. Ainsi, rien n'empêche qu'ils *leur* ressemblent aussi par leurs propriétés. Ce qui le fait croire, c'est que ces thaumaturges [1] n'ont pas les mêmes pouvoirs et ne guérissent pas les mêmes maladies. Certains ont la réputation d'avoir puissance sur la fièvre quarte, qui ne peuvent rien dans la fièvre bilieuse ni dans la tierce; certains sont pour la tête, d'autres pour les jambes, etc. Cela rend vraisemblable notre explication : c'est comme les herbes qui conviennent, l'une à une maladie, l'autre à une

---

1. Ces thaumaturges, rares, sont décrits par A. Cattaneo (*loc. cit.*) : « ils peuvent faire des miracles, guérir les malades, rendre faibles les forts et déprimer leur complexion; changer les éléments... amener à volonté la pluie, la grêle et la foudre, l'abondance ou la rareté des récoltes, les épidémies », etc. Cattaneo répète Avicenne.

autre. De plus, si quelqu'autre disait ces mêmes formules et traçait ces caractères, nous verrions que ce serait sans résultat, ce qui paraît venir de ce qu'il n'a pas les mêmes dispositions que ces opérateurs. Il est évident aussi que si ces choses étaient faites par la puissance des démons, cette puissance s'étendrait à toutes les maladies ou à la plupart, ce qui est contredit par l'expérience.

Cette explication est aussi d'accord avec les faits rapportés par les auteurs approuvés. Albert, en effet, au chapitre III du *de Moribus animalium* dit qu'il naquit en Germanie deux enfants dont l'un, quand on le portait près d'une porte, cette porte s'ouvrait à son approche, si bien fermée qu'elle fût. Et cette puissance qu'il avait à gauche, son frère l'eut à droite. Il assure que beaucoup ont été témoins de ces faits, et qu'on ne peut les rapporter qu'à une propriété occulte que tous les deux reçurent du ciel. Avicenne, au dernier chapitre du livre VIII du *De Animalibus*, dit que sur le territoire de Denascia il y a des hommes qui charment leur corps à l'avance de façon qu'ils sont insensibles aux morsures, à moins que ces hommes ne s'y prêtent; et si les animaux les mordent, ce sont les animaux qui meurent aussitôt. Et qu'un grand serpent mordit l'un de ces hommes et aussitôt le serpent mourut, et pourtant il donna une légère fièvre à cet homme. Avicenne apprenant cette merveille, alla en cet endroit, et trouva que l'homme était mort; mais il vit son fils qui faisait des merveilles du même genre.

Augustin aussi, au chapitre 24 du XIVe livre de la *Cité de Dieu*, rapporte « qu'il y a des hommes qui à volonté font mouvoir leurs oreilles; il en est qui abaissent sur le front et relèvent à leur gré toute leur chevelure, sans bouger la tête [1]. D'autres, après avoir avalé des objets d'une quantité

---

1. AUGUSTINUS, *De civil. Dei*, XIV, 24. Cardan, *De variet.*, XV, 80.

et d'une variété incroyable, se contractant peu à peu les entrailles, ramènent tout ce qu'il leur plaît, comme d'une poche ». D'autres imitent les cris des oiseaux, des bestiaux, des autres hommes, à s'y tromper, qui ne les verrait. Et il rapporte beaucoup d'autres merveilles qu'il a vues ou entendues d'hommes dignes de foi.

Mais relevons ce qui est le plus en rapport avec notre sujet. Plutarque, auteur très sérieux, raconte dans la *Vie de Caton d'Utique* [2], qu'il y a des hommes appelés Psylles qui « remédient aux morsures de serpents en suçant leur venin et qui les charment par leur musique ». Le même Plutarque, raconte, dans la *Vie de Pyrrhus* [3] que son gros doigt de pied avait quelque chose de divin au point même qu'on ne put jamais le brûler [4]. Que dirons-nous des Marses, à qui le peuple attribue la grâce de saint Paul [5]? Ne font-ils pas des

---

Wier (III, 5) y voit une tromperie. Au xvii° siècle Feyens citera encore ces particularités (*De virib. imag.*, p. 24) et Marolles note que le professeur Crassot avait ce pouvoir entre autres originalités (*Mém.*, I, 60-61).

2. PLUTARQUE, *Cato min.*, LVI, 3; PLINE, *H. N.*, 2, 5 et *passim*. Sur les psylles modernes, voir Maxime du Camp, *Le Nil, l'Egypte et la Nubie*, p. 44-46 (éd. de 1877).

3. III, 9; PLINE, *H. N.*, VII, 2, 12.

4. PLUTARQUE, *Pyrrhus*, III, 7-9, PLINE, *H. N.*, VII, 2, 12; BAYLE, *Dict.*, art. Pyrrhus, rem. Q.

5. Les Marses avaient la réputation d'être les descendants de Circé, et à ce titre, de guérir les morsures de serpents. PLINE, *N. H.*, VII. 2,5; XXV, 5, 2 et *passim*; P. CRINITO, *Hon. discipl.*, I, 3; *Discours de l'origine, fraude et imposture des Ciarlatans*, Paris, 1622. B. N., H. 16946. PEUCER, *De praecip. gener. divinat.*, p.315 et surtout Marcouville: Il se trouve encore pour le jourdhuy [1564] en Italie certains charlatans ou enchanteurs de serpens qui se disent estre descenduz de la famille de saint Paul, lesquelz portent de grandes bouêtes pleines de serpens vifz, desquels ils environnent leur col sans en estre piquez ny blessez aucunement (*Recueil d'aucun cas merveilleux*, p. 85). A la même époque Wier consacre plusieurs pages à ces peuplades en y ajoutant les tribus du Pont, de Rhodes, d'Afrique, de Toscane, de Transylvanie et de Sclavonie douées aussi de pouvoirs magiques (*De l'imposture et tromperie des diables*, III, 36, t. I, 458 et suiv.) Aux Italiens qui se prétendaient de la famille de saint Paul il faut

choses comparables aux merveilles des Psylles, et même de plus grandes? Les rois de France n'ont-ils pas la réputation de guérir les écrouelles [1]? Cette année n'a-t-on pas trouvé sur le territoire de Modène un homme qui touchait et maniait les serpents comme une femme des poussins? Mais ayant trouvé un serpent horrible à voir et ayant voulu le manier comme les autres, il a été mordu et en est mort, ce grand magicien, de la plus triste mort. Ce qui est arrivé, je pense, parce qu'il n'avait pas pouvoir contre tous les serpents. On pourrait apporter beaucoup d'autres faits à l'appui de notre thèse; mais je les passe pour être bref.

Troisième réponse. — La troisième solution conforme aux hypothèses est celle qu'a touchée Pierre d'Abano dans son *Conciliator* (*different.* 155), bien qu'il y renferme beaucoup d'éléments qui, à mon avis, ne sont pas d'Aristote, et peut-être même quelques-uns qui sont des contes. La voici : il arrive que les puissances de l'imagination et du désir se fixent fortement sur un objet, au point qu'elles ne sont plus des dispositions naturelles, mais des habitudes fixes et permanentes et qu'elles ont sous leur obéissance les esprits et le sang : alors, dans ce cas, l'objet imaginé et désiré peut réellement être produit par les forces de l'imagination et du désir. C'est pourquoi dans les cas susdits les puissances de l'opérateur ont pu suffire à produire ces trois effets.

Cette solution s'appuie sur les hypothèses précédentes. En effet, que la guérison ou une maladie, la mort même puisse être la conséquence de sentiments intérieurs, personne à peu près ne le nie. Les opérations des êtres animés,

---

joindre les Saludadores ou Ensalmadores espagnols qui se disaient de la famille de sainte Catherine (Delrio, *Controv. magiques*, I, 3. trad. André Duchesne, p. 49-50).

1. M. BLOCH, *Les rois thaumaturges* (1924) donne la bibliographie de cette question.

qu'elles soient produites par la force nutritive ou par la sensitive, sont immédiatement exécutées par les esprits et le sang, comme par leurs instruments propres; mais ces derniers sont aptes à être mis en mouvement et commandés par l'imagination et le désir à leur gré. Ces deux puissances peuvent donc en combiner et en suspendre l'exercice à volonté. Et comme ces instruments exécutent et réussissent les opérations selon leur rôle propre, ils peuvent donc amener la santé et la maladie.

Ajoutons que, en raison du mouvement local selon lequel se fait l'accroissement ou le retrait des esprits et du sang d'un endroit donné, il se fait en eux une altération; la joie engendre du sang et des esprits clairs, la tristesse le contraire; et ainsi des autres sentiments [1]. Mais les esprits et le sang ainsi altérés en sens divers produisent aussi des effets divers, comme en témoignent l'expérience quotidienne et l'histoire : ainsi dans le coït, celui qui imagine quelque chose, produit réellement un fœtus semblable à ce qu'il a imaginé; et une femme enceinte, si elle désire vivement par exemple un pois chiche, met au jour un enfant qui porte l'image d'un pois chiche. C'est de là que la famille de Cicéron a pris son nom. Et ainsi d'autres cas innombrables. C'est donc de l'imprudence et de l'entêtement de nier ces faits et leurs causes. x

Mais ces puissances, si elles peuvent produire de pareils effets dans celui qui éprouve ces sentiments, il est possible qu'elles en produisent de semblables chez les autres, lorsqu'ils sont dans les conditions requises tant pour ce qui est de la proximité que des dispositions de l'opérateur. Donc, dans les deux premiers cas, l'âge tendre des enfants y

---

1. Idée développée par C. Agrippa, *De occ. philos.*, l. LXIII.

aide beaucoup ; de même que dans l'hypnose, les enfants sont hypnotisés, les autres personnes moins facilement parce que beaucoup résistent mieux aux altérations; de même encore l'huile et les onguents sont plus efficaces sur les enfants que sur les grandes personnes, pour la même cause.

Quant au troisième cas, il faut donner beaucoup d'importance à la foi dans la guérison, selon ce précepte de Galien au premier des *Pronostiques*, chapitre 2 : celui-là opère le plus de guérisons, qui a le plus grand nombre de fidèles [1]. Aussi il n'est pas incroyable que même la santé puisse être ainsi produite chez les autres par une âme qui l'imagine et la désire pour un malade; cela ne peut être nié, comme on le voit dans l'hypnotisme, la lèpre, la peste, la femme qui a ses menstrues, l'homme en colère, chez les envieux, dans les serpents, chez les punais, chez ceux qui boivent dans le même vase, et ainsi à l'infini; l'argument ne vaut pas moins pour la guérison. L'expérience montre que la bonne haleine donne des forces, comme les bonnes odeurs affermissent les esprits vitaux et prolongent la vie [2]. Ainsi on raconte dans l'histoire de Démocrite qu'il se soutint pendant trois jours, durant la fête des Dionysies, de l'odeur d'un pain frais et chaud ou selon d'autres du parfum de miel non encore séparé de la cire [3]. C'est pourquoi ce que nous avons dit est très croyable et conforme aux

---

1. FEYENS (*De virib. imagin.*) cite sur ce sujet Galien, Albert le Grand, Marsile Ficin et la plupart des médecins.

2. L'idée aurait sa source chez Hippocrate. Le célèbre médecin espagnol Francesco Valles soutient encore que les odeurs nourrissent plus rapidement que la nourriture (*Methodus curandi*, 1, 12, éd. de 1589, p. 37).

3. Bayle (*Œuvres diverses*, III, 570 et *Dict.*, art. Démocrite, rem. K.) donne les sources de la légende de Démocrite magicien. Pour la légende à laquelle Pomponazzi fait allusion ici, voir DIOGÈNE LAERCE, *Vitae philos.*, IX, 7, 43 et LENGLET-DEFRESNOY, *Hist. de la philos. hermétique*, I, p. 31; Manardi, *Epist.*, XVIII, 6, qui renvoie à Pierre d'Abano; Zaculus, *Medic. princip. hist.*, p. 17-18.

œuvres de la nature. Car si les herbes, les pierres, les membres des animaux et de beaucoup d'autres font de si grandes merveilles, combien plus l'âme humaine qui parmi les créatures inférieures tient le premier rang et est la fin de tout ce qui existe, comme il est dit au second livre de la *Physique?* Mais il est bien plus vraisemblable qu'elles soient faites par l'âme humaine que par les herbes et les emplâtres et les autres moyens de cette espèce.

Pour le comprendre, il faut savoir que ce moyen est tout différent de celui qu'enseigne Avicenne. Selon Avicenne, en effet, c'est uniquement par sa science et sa puissance que l'âme produit ces effets, sans occasionner d'altération, ni sensible, ni insensible; uniquement par son empire sur les choses matérielles qui, on le sait, obéissent à la volonté de cette âme. Tandis que selon notre système, l'âme ne fait ces prodiges que par une altération, et en communiquant des vapeurs douées d'une vertu ou d'une nocivité déterminées. Or, il y a beaucoup de raisons de croire que cela se fasse plutôt par des vapeurs que par des onguents et des emplâtres, tant parce que les esprits sont des instruments immédiats et prochains de la nature, tandis que les autres sont des instruments éloignés; que parce qu'ils sont plus subtils, les autres étant matériels et grossiers, et donc moins aptes à pénétrer les pores et les parties internes que les vapeurs et les esprits [1]. De plus, ces remèdes corporels produisent une altération plus sensible : aussi souvent le patient perçoit de la douleur; les autres agissent insensiblement. C'est ce qui explique que ceux qui sont infestés de la peste ne s'en aperçoivent pas et sont souvent longtemps sans savoir par qui ils ont été contaminés.

Il en résulte que ces instruments offrent à la nature un

---

1 Idée reprise par C. Agrippa *De occ. phil.*, I, 65.

moyen plus rapide et mieux ordonné que les emplâtres et les onguents : ces vérités que le vulgaire profane n'accepte pas, les philosophes, seuls dieux sur terre et aussi différents des autres hommes dans quelque condition que ce soit, que des hommes vrais d'hommes en peinture, les philosophes les tiennent pour admises et démontrées. Il s'en suit que les empiriques, même tout à fait illettrés, font souvent plus de guérisons que les règles et la science des médecins. La puissance de produire ces effets se trouve le plus souvent chez les gens du peuple et les ignorants, qui sont les plus crédules et ont le plus de foi. Quelle est l'importance de la foi et de l'imagination, tant de la part de l'agent que du patient, on peut assez s'en rendre compte d'après ce qui en a été dit. Ces guérisons ne sont donc pas surnaturelles.

Pour le troisième cas cependant, le fer arraché, il pourrait avoir une cause naturelle autre que les susdites. Il se trouve des hommes qui ont les mains si agiles et tant de dextérité à arracher, que par leur habileté et l'adresse de leurs mains ils font ce que les plus grandes forces n'arrivent pas à faire [1]. C'est ainsi qu'Archimède, à ce qu'on rapporte, exécutait avec un petit appareil ce qu'une cité entière aurait à peine pu faire. Voilà, ce me semble, ce qu'on peut répondre, au nom d'Aristote, à ces trois cas.

Mais le quatrième, celui du sas, paraît comporter plus de difficultés, non seulement pour les péripatéticiens, mais même pour ceux qui admettent les démons. Car ceux-ci, s'ils peuvent immédiatement provoquer un mouvement local, ne peuvent immédiatement provoquer une altération. Et ces images vues par des jeunes filles dans un miroir se

---

1. Pour juger de l'importance de cette explication, en rapprocher celle de Tiraqueau qui en 1549 voit encore dans cette guérison, tout comme Benivieni, l'effet d'un enchantement (*De nobilit.*, cap. 31, n° 290). Et pourtant Tiraqueau avait lu Pierre d'Abano!

font aussi par altération. Qui fait cette altération, sinon les corps qui reflètent leur image dans le miroir? Mais que ces images soient visibles même aux assistants, cela est très vraisemblable. C'est pourquoi l'une et l'autre opinion offrent les mêmes difficultés. Aussi, il me semble que l'on doit d'abord déclarer que cette expérience est fausse, nulle et truquée par l'opérateur : s'il meut ce crible, c'est qu'il le meut en cachette, et avec tant de ruse qu'on ne s'en aperçoit pas; s'il est mis en mouvement par un autre, cet autre a partie liée avec celui qui tient le crible et je dis aussi qu'il y a intelligence entre lui et ces enfants. Ces hommes ne cherchent que le gain; ils vivent donc de ruses et de fraudes. Je suis confirmé dans cette opinion par Simon Pascha de Gênes, mon ami intime : il m'a raconté qu'ayant vu à Rome un homme très célèbre dans cet art, il lui demanda de faire chez lui ces démonstrations. L'autre accepta et l'on fixa le jour. Simon qui n'est point un ignorant, mais un philosophe, choisit des enfants qui n'avaient de leur aveu jamais vu cela, et après que ce fameux opérateur eut donné de ce fait des explications assez creuses, il promit qu'il ferait le lendemain ce prodige. Mais Simon étant survenu au jour dit, le rusé se retira.

Il ne faut point s'étonner des duperies et des ruses de ces hommes : il y a plusieurs années déjà, nous avons vu à Mantoue et à Padoue, un homme de ce genre, appelé Reazio, qui opérait en ce genre de merveilles et qui passait communément pour les faire avec l'aide des démons. Les inquisiteurs le mirent en prison pour soupçon d'hérésie : mais torturé par eux, il leur montra d'une façon évidente que tout cela était des illusions et effets de sa dextérité, et que beaucoup de spectateurs étaient d'intelligence avec lui. Il fut donc relâché par les inquisiteurs; dans la suite il fut tué par l'une de ses dupes.

Je dis en accord avec lui, ce que j'ai déjà dit plus haut, que ce magicien, prestidigitateur, ou plutôt abuseur, pouvait avoir partie liée avec des complices qui par des moyens détournés et occultes font apparaître ces images dans le miroir et attendent la formule : que cherchez-vous? pour mieux cacher leur ruse. Par ce moyen, en effet, nous pouvons voir ce qui se passe derrière nous, comme on le constate en plaçant un miroir droit devant soi : on y voit ce qui est derrière soi et même très loin; même le soleil, la lune et ce qui est au ciel. Sur ceci, voici un témoignage. A Padoue, il y avait une grande cour autour de l'évêque, et en ce temps l'évêque était le très savant et très saint Pierre Barozzi. On parlait devant lui d'Apollonius de Thyane qui voyait, disait-on, ce qui était le plus lointain. Beaucoup, expliquaient cela par la magie. Mais cet évêque si savant (il était universel en fait de mathématiques) sourit en disant que cela n'avait rien de surnaturel. Car les objets du monde inférieur émettent leurs image et espèces dans l'éther et jusqu'au ciel; et celui-ci la renvoie à la terre, comme un miroir dans un autre miroir. Et ainsi ces objets peuvent être vus de loin. Et il citait sur ce sujet beaucoup d'auteurs dont il ne me souvient plus, et beaucoup d'histoires : et il disait que beaucoup avaient passé pour saints à cause de ces prodiges, qui pour leurs crimes furent plutôt des démons.

Je dis en troisième lieu et, à ce qu'il me semble, avec quelque vraisemblance d'après les hypothèses émises plus haut, que d'abord il n'est pas invraisemblable qu'un homme avec un souffle assez caché ou une vapeur ainsi disposée, ait agité le sas, ou par quelque propriété occulte, comme celle par laquelle un aimant attire le fer, un autre le repousse. Et cela n'est pas moins incroyable que l'affaire des deux jumeaux, racontée par Albert le Grand dont l'un voyait s'ouvrir et rester ouvertes les portes à sa droite, l'autre à sa gauche. Ainsi, il peut y avoir des hommes qui possèdent une vertu particulière pour mouvoir les tamis. Pour ce qui est des images reflétées par le miroir, il n'est pas impossible qu'elles soient produites par des vapeurs émises à l'intérieur par le prestidigitateur dans cette intention, comme les esprits intérieurs. Ce prestidigitateur pense longuement à ces figures : il les imprime sur les vapeurs et esprits envoyés par lui, lesquels les impriment au miroir. Si en effet l'imagination d'une femme dans le coït ou pendant sa grossesse donne réellement corps à ses imaginations, pourquoi ces esprits ne pourraient-ils pas reproduire dans le miroir l'empreinte qu'ils ont reçue? Mais cette réponse semble manifestement comporter un doute : car s'il en était ainsi, ce ne sont pas seulement les enfants vierges qui verraient ces prodiges, mais aussi les non vierges et les autres assistants; ce qu'on ne dit point.

Or, je le demande, si ce sont là œuvres du démon et que les vierges les voient, ces images ne pouvant être visibles sans exister puisque nous ne voyons que ce qui existe, comme le dit le second livre *de l'Ame*; pourquoi donc ces images sont-elles invisibles aux autres? Si l'on dit que les démons mystifient la vue des autres, nous dirons comme plus haut que cela ne peut se faire que par altération, laquelle ne peut, selon le système de ceux qui pensent ainsi, être produite immédiatement par les démons. Et enfin, ce que l'on dit pour l'un peut être dit pour l'autre. Peut-être que les enfants vierges ont la vue plus perçante que les non vierges, comme ils ont la voix plus aiguë et l'odeur plus pénétrante que les non vierges [1]. Et peut-être, que si quel-

---

1. ARISTOTE, *Problemul.*, IV, 3, 4; *ib.*. 12, donne quelques privilèges de la virginité.

que non vierge avait la vue aussi perçante que cet enfant:
il verrait ces images? Il faut croire en effet que ces images
étaient très ténues. Pourtant il y a aussi d'autres pareils
doutes dans les autres phénomènes de la nature : ainsi, ce
que rapporte Albert au second livre de ses *Minéraux* sur le
pouvoir de l'agate de prouver la virginité [1], de l'aimant pour
découvrir l'adultère [2], de la licorne qui se couche sur le sein
de la jeune fille encore vierge [3]. Certes, il y a dans la nature
beaucoup de choses dont nous ne pouvons rendre raison :
je crois pourtant que dans les cas cités, il y a plus de fraude
que de vérité. Voilà, à mon avis, les réponses que l'on peut
vraisemblablement donner au nom des péripatéticiens.

----

1. ALBERT LE GRAND. *Mineral.*, II, i parle bien de l'agate, mais ne
signale pas cette propriété; les lapidaires cités par Pannier ni celui de
Philippe de Thaon (CH. V. LANGLOIS, *La connaissance de la nature*,
p. 14-15) non plus. Peut-être y a-t-il faute d'impression. D'après
Remy Belleau, c'est la Gagate qui est

> Bonne à sçavoir si la vierge est en'ière
>
> *Pierres précieuses*, (la gaga'e).

Boaistuou est pour l'agate (*Hist. prodig.*, ch. XV).

2. ALBERT LE GRAND, *Mineral.*, II, xi, article *Magnes*. La « ma-
gnete » mise sous la tête d'une femme endormie la fait se *tourner pour
embrasser son mari* si elle lui est fidèle; si elle est adultère, la peur
la fait tomber du lit. Barthélémy l'Anglais prête le même pouvoir au
diamant (LANGLOIS, *op. cit.*, p. 165).

3. Ce pouvoir de la licorne est classique :

> ... l'histoire que dit Pline
> De ceste Licorne tant fine,
> Qui se prend par une pucelle.

> (*Marguerites de la marguerite. Farce de trop,
> prou, peu, moins*, éd. Franck, IV, p. 173-174).

Il y en a neuf :

1° Aucune des explications proposées n'est soutenable selon la doctrine d'Aristote. La seconde en particulier supposerait — étant basée sur la nature de l'homme en général — que tous les hommes peuvent avoir le pouvoir de guérir.

2° Un même effet a une seule et même cause, selon Avicenne : or on voit ici la guérison obtenue par des herbes, des pierres et des hommes, qui ne sont pas de même espèce ni même d'un genre prochain.

3° L'imagination et le désir ne sauraient suffire à expliquer ces guérisons chez autrui : l'imagination ne peut agir que sur des choses spirituelles, ni produire des effets que spirituels, et donc ne peut affecter que spirituellement les vapeurs émises par l'opérateur, vapeurs qui à leur tour ne pourraient affecter réellement celui qu'elles touchent.

4° Les souffles et vapeurs sont des corps très inconsistants : ils doivent perdre leur force ou leur vertu dès qu'ils sont émis *ad extra*.

5° Dans l'hypothèse soutenue, tout opérateur pourrait, par l'imagination et le désir, guérir toute maladie, tout homme pouvant devenir magicien. Cela est contraire à l'expérience.

6° D'après le premier système, la nécromancie serait une science comme la médecine et l'astrologie, puisqu'elle consisterait à savoir quels remèdes appliquer et dans quelles conditions. Or la magie, condamnée par l'Eglise, et par les lois antiques et modernes ne saurait être une science ni un art honorable [1].

7° La septième objection, c'est que ces théories font crouler la religion du Christ et celle de Moïse, s'il est permis de dire qu'il y a là deux religions. Voici comment. Ces deux religions tirent des miracles leur principale autorité et posent sur eux leurs fondements principaux. Or selon ces explications il n'y a plus de miracles. Car ceux que l'on lit dans l'Ancien Testament et dans l'*Exode* sur Moïse, des prodiges qu'il fit devant le Pharaon, peuvent être réduits à l'une ou l'autre, à plusieurs ou à l'ensemble de ces trois explications : car ce que fit Moïse, les mages du Pharaon l'exécutèrent aussi, lit-on dans l'*Exode*. C'est pourquoi rien n'empêche que le pouvoir obtenu par les mages en invoquant les démons, Moïse l'ait eu par sa science de la physique et de l'astronomie, comme certains le pensent aujourd'hui : et l'on pourrait dire que les uns et les autres — les mages et Moïse — l'ont eu par science. De plus, selon ces trois explications, nous dirons qu'Elie dont on lit au chapitre 18 du livre III des *Rois* qu'il ressuscita le fils de la veuve, et Elisée dont on raconte au quatrième livre des *Rois*, chapitre 4, qu'il fit le même miracle sur le fils du prophète à la prière de sa femme; nous dirons, dis-je, qu'ils ne firent pas là de vrais miracles : les enfants n'étaient pas morts, mais on les croyait morts. Et Elie et Elisée les firent revivre par l'un des moyens exposés, comme beaucoup de médicaments peuvent le faire. On peut dire la même chose des miracles du Christ et des apôtres; il ne semble pas con-

---

1. Références à Saint Augustin, *De civit. Dei*, VIII, 19; Virgile et Cicéron. La vraie source est saint Augustin qui cite les deux autres.

traire à la nature que l'ombre de Pierre guérit les maladies, car cela pourrait, selon l'une des trois hypothèses, être ramené à une cause naturelle. Semblablement, qu'à la malédiction de Pierre, Ananie et son épouse Saphire soient morts, cela n'est pas en dehors ou au-dessus de la nature; puisque le sifflement du basilic tue les animaux; les hommes aussi quand ils maudissent quelqu'un, par leur violente et véhémente imagination, soufflent du venin. Et ainsi de suite.

8° La huitième objection est que selon ces trois thèses, une force naturelle a bien pu graver la passion de notre Sauveur dans des cœurs humains, et ainsi ce que l'on raconte de sainte Catherine de Sienne et de quelques autres saintes femmes ne procèderait pas d'un miracle de Dieu. Et en conséquence selon cette thèse, on pourrait dire du bienheureux François d'Assise que ce n'est pas par miracle qu'il a eu (s'il les a eus) les stigmates de notre Sauveur. Car si une femme au moment de la conception peut, en appliquant son imagination, engendrer un fétus marqué réellement de l'image conçue; si une femme enceinte peut, en imaginant par exemple une grenade, donner à son enfant les marques d'une grenade; si l'imagination de la lèpre donne la lèpre : pourquoi donc le cœur aussi et les autres membres, ne pourraient-ils pas recevoir de pareilles marques? Certes, cela ne paraît pas moins raisonnable.

9° Les trois moyens proposés semblent inefficaces : car les mots, caractères, et signes dont usent les opéra_ teurs paraissent inutiles et sans efficacité réelle; les paroles ne peuvent affecter que l'ouïe et non le toucher comme le suppose la guérison ou la maladie; les signes et les caractères sont de la qualité dans la quantité; or la quantité, selon Averroès, n'est pas une chose active.

A *la* 1ʳᵉ. — Il n'y a que très peu d'hommes capables de ces prodiges.

De même que tous les hommes peuvent être grammairiens ou philosophes, mais qu'en réalité bien peu le sont, ainsi du pouvoir d'effectuer des guérisons extraordinaires. Il faut compter sur la position des étoiles. Et cela est mieux ainsi, pour la beauté que cette variété d'aptitude donne à l'Univers.

A la 2ᵉ. — Il est faux de prétendre qu'il n'y a qu'un remède pour chaque maladie et une seule maladie par remède.

A la 3ᵉ. — Que les espèces du froid, du chaud, etc., produisent la chaleur et le froid immédiatement ou par l'intermédiaire du sang et des esprits, la proposition de Pomponazzi reste vraie [1].

A la 4ᵉ. — L'objection tombe devant les faits, car si elle était vraie il n'y aurait pas de maladies contagieuses, pas d'épizcotie due à la contamination par l'air. Si les cas de guérison sont plus rares que les cas d'infection, c'est que les forces du bien sont inférieures à celles du mal; une petite quantité de remède a une action moins énergique qu'une petite quantité de poison. Il y a de

---

1. Pomponazzi renvoie ici à son traité *De actione reali* [1525] qui contient déjà, comme je l'ai dit dans la préface la théorie de l'auteur. Elle y est exposée aux pages 38-40 de l'édition de 1525 : *Quaestio an actio realis immediate fieri potest per species spirituales.*

même des causes qui expliquent que ces forces agissent *ad intra* plus efficacement que *ad extra* la plupart du temps.

A la 5e. — Il est faux de conclure que tous les hommes seraient capables de faire les mêmes prodiges. Les médecins n'ont pas tous la même habileté, les hommes n'ont pas tous la même imagination, ni un tempérament également apte à la magie.

A la 6e. — En parlant de cette magie — si magie il y a — il faut considérer l'opération naturelle qui demande des herbes, pierres, et autres causes qui concourent à ce résultat; le temps aussi et l'attention exigés pour sa réalisation; et d'autre part il faut examiner la façon dont les hommes acquièrent cette science, si c'est par leur industrie (par l'étude ou par leurs expériences), sans immixtion d'êtres surnaturels bons ou mauvais. A nous placer au premier point de vue, il ne fait de doute pour personne que c'est une vraie science, pratique et dépendant de la physique et de l'astronomie, comme la médecine et beaucoup d'autres sciences. En soi elle est bonne, puisqu'elle apporte un perfectionnement à l'intelligence; et celui qui la possède s'est, en ce sens, perfectionné; et à ce point de vue encore elle ne fait pas que celui qui la possède soit mauvais : autrement Dieu et les anges ne seraient pas bons, eux qui la connaissent à la perfection, comme on le voit par la religion. Mais si l'on considère la façon dont les hommes l'acquièrent, je dis que si c'est par industrie et étude, ou par l'intermédiaire des bons anges qu'ils l'apprennent, comme on le croit de quelques saints personnages, dans ces conditions elle demeure une science réelle et bonne; elle ne contient rien de mal, ni n'est prohibée. Si au contraire on l'acquiert par invocation des esprits immondes, alors, en tant qu'elle est l'art de se servir des forces naturelles elle est encore science,

mais le mode d'acquisition n'est pas scientifique et il est en
soi pestilentiel et criminel. C'est en effet de l'idolâtrie, le plus
grave de tous les péchés puisqu'il va contre un précepte de
la première table, et en soi défendue non pas dans son objet,
mais dans la façon d'en acquérir la connaissance. C'est de
cette science que parle saint Augustin au VIIIe livre de la
Cité de Dieu, comme il est évident à qui regarde ses paroles;
c'est elle que défendaient les lois romaines des douze tables,
et que les républiques bien organisées exterminent d'entre
les hommes.

Je dis pourtant que bien que cet art soit en soi une
science, un perfectionnement de l'intelligence et donc bon en
soi, en supposant même qu'il ne soit pas acquis par invocation diabolique mais par une voie honnête, il est convenable
et utile de chasser de tels hommes d'un Etat bien ordonné
et d'exterminer absolument cet art lui-même, non pour lui,
mais accidentellement. Si en effet il était purement spécu-
latif, peut-être ne faudrait-il pas le proscrire; mais il est
pratique, et l'action n'est bonne que si elle a une intention
droite et conforme à la raison. Or ces arts sont presque
toujours occasion d'abus pour les hommes. Les uns s'en
servent pour tenter de passer pour dieux, ce qui est le plus
grand péché. D'autres en usent en vue d'amours défendus,
de vols, d'avortements, et d'autres crimes. C'est pourquoi, à
mon avis, les bonnes législations et républiques ne les tolè-
rent pas. Si l'on disait que là où un ou plusieurs hommes les
posséderaient (par des procédés permis) et les exerceraient
avec intention droite, il ne faudrait pas le leur interdire, je
réponds à cela que, s'ils étaient honnêtes, qu'ils n'en abuse-
raient pas, qu'ils s'en serviraient pour le bien, ils ne de-
vraient pas pourtant l'enseigner à d'autres, ni en laisser les
règles par écrit. Car la plupart des hommes sont adonnés
aux passions. Aussi les législateurs, considérant le général

et non les exceptions, font des lois pour le bien de tous et non pour les cas particuliers. C'est pourquoi Galien disait que si quelqu'un connaissait une herbe pour tirer le sang, il faudrait le tuer, de peur qu'il ne l'enseigne aux autres.

On dira peut-être que dans ce cas, il n'y aurait pas de science bonne, ni même presque rien de bon sauf la vertu elle-même, car on peut abuser de toutes les sciences et de tous les arts, sauf de la vertu. Pour celle-ci on ne peut en abuser, la vertu n'étant vertu qu'à condition d'être régularisée par une intention droite, comme il est dit au VI⁰ livre de l'*Ethique*. Mais nous pouvons abuser des arts et des sciences : on peut faire servir la théologie, qui est la principale science, au lucre ou à la vaine gloire ou à quelque vice, et ainsi de la rhétorique et des autres sciences, comme il est dit au Ier de la *Rhétorique à Théodecle*. Je réponds alors que cette objection est vraie mais que l'assimilation est très approximative. Car les autres sciences ne sont pas aussi pernicieuses. Ou bien elles restent dans la spéculation et n'ont point pour but l'action; ou si elles visent à la pratique, l'usage en est nécessaire et l'abus plus visible; ceux qui en abusent peuvent donc plus facilement être punis. Ainsi de la médecine qui est nécessaire et dont l'abus volontaire peut être puni sévèrement. Mais de cet art dont nous parlons ni l'usage n'est nécessaire ni l'abus contrôlable : ils opèrent la plupart du temps insensiblement. Donc l'objection n'a pas de force.

Et pour ce qu'on ajoutait, qu'il ne faudrait pas empêcher ces magiciens, puisqu'il ne paraît rien de mal en eux, leur art se ramenant à des causes naturelles, il est évident que si cela est vrai pour les deux premières explications[1], cela est

---

1. Pomponazzi applique sa doctrine sur la magie aux trois explications qu'il a proposées des miracles de Paniza, au chapitre IV.

rare; la plupart du temps leur art est mêlé de superstition : c'est pourquoi la loi considérant la pluralité des cas, l'interdit complètement. D'où j'estime que s'il était évident pour le législateur que certains ont acquis leur habileté par l'étude ou l'ont reçue des bons anges, et qu'ils sont de bonne volonté, on ne les empêcherait pas. C'est ainsi qu'il n'est pas défendu aux rois de France de guérir les écrouelles, parce qu'on croit que c'est là œuvre des bons anges ou don de Dieu ou de la nature, comme les philosophes le croient des Psyles et des Marses. On croit en effet que ce pouvoir a été donné par Dieu aux rois en question pour leurs bienfaits envers l'Eglise : seuls ils ont le titre de rois très chrétiens.

Quant à la troisième méthode, elle ne peut s'employer sans superstition semble-t-il, puisqu'elle exige des sujets crédules, ayant grande foi aux formules et aux caractères, comme le rapporte même le *Concilialor*. différ. 156. On a donc tout à fait raison de l'interdire absolument.

Et puisque la première méthode est objet de science, il ne reste à étudier que la seconde. Elle n'est pas réductible à la science, parce que la science s'occupe du général et non des cas particuliers. La médecine même, dit Averroès, est impuissante en face des cas occultes. La troisième méthode non plus ne relève pas de la science parce qu'elle suppose chez l'opérateur un ensemble de qualités rarement réunies : elle ne relève que de l'empirisme. On ne peut déterminer qui en particulier a le pouvoir de guérir l'érysipèle; mais seulement que l'imagination très excitée peut, en général, guérir des maladies.

A la septième objection, il faut nier la proposition avancée, que ces thèses font crouler la religion du Christ et de Moïse. Car bien qu'on puisse en apparence ramener à des causes naturelles certains faits rapportés dans l'histoire des religions mosaïque et chrétienne, il reste beaucoup de choses absolument irréductibles à une telle explication : la résurrection de Lazare mort depuis quatre jours et déjà fétide, celle de l'aveugle-né, de la multiplication des pains, du boiteux de naissance guéri par saint Pierre et saint Jean, du jaillissement de la fontaine à la seule parole de Moïse, et ainsi d'une infinité d'autres faits dont aucun ne peut être ramené à une cause naturelle ni attribué sans intermédiaire à un être créé. En second lieu, d'après saint Thomas, il n'est pas impossible que deux effets soient de même espèce, bien que l'un soit miraculeux, l'autre naturel. Car comme lui-même le rapporte d'après saint Augustin *Super Genesi*, les serpents faits par les mages du Pharaon furent faits par des causes naturelles, avec l'aide des démons; tandis que ceux de Moïse furent faits, sur la prière de Moïse, par la puissance divine : et pourtant ces serpents étaient tous les mêmes. C'est pourquoi, même si l'on trouve dans l'une et l'autre religion des prodiges qui peuvent être expliqués naturellement, quand les religions affirment qu'ils sont miraculeux, il faut croire fermement que ce sont des miracles. Pour décider si les uns sont miraculeux, les autres de même espèce non, il suffit de l'autorité de l'Église catholique qui est gouvernée par le Saint-Esprit et la parole de Dieu, selon cette promesse du Sauveur : Je serai avec vous jusqu'à la consommation du siècle. Et il ne faut point écouter Pline qui, au second livre, chapitre 1 [1], de son *Histoire naturelle*, affirme que Moïse fut un magicien et un enchanteur; encore moins faut-il faire cas de Suétone qui, au livre des *douze Césars*, dans la *Vie de Néron* [2], écrit: « On supplicia les

____

1. En réalité, XXX, 2. Est et alia magica factio, a Mose. et Jamne et Jotape, Judaeis, pendens.
2. *Nero*, XVI. Afflicti suppliciis christiani. genus hominum superstitionis novae ac maleficae.

chrétiens, race d'hommes qui pratiquent une superstition
nouvelle et dangereuse. »

Des faits que j'ai rapportés, pourrait-on en trouver qui
peuvent être exécutés par des forces naturelles? plusieurs
oui; plusieurs non; qui cherchera avec soin en pourra facilement faire le discernement. Si quelqu'un tombe ensuite
dans le même doute que ce ne sont pas les vœux qui guérissent les hommes miraculeusement, mais leur véhémente
imagination et leur confiance dans le médecin ou quelqu'autre cause de ce genre, même par une méthode autre
que celles que j'ai exposées, il faut dire de même que si cela
est fréquent, ce n'est pas toujours vrai : par exemple dans
les maladies incurables en soi ou en raison du remède qui
ne pourrait y être appliqué en supposant la guérison possible, comme furent les cas rapportés et vus par saint Augustin (c'est lui qui nous le dit dans plusieurs chapitres du
XXIIe livre de la *Cité de Dieu* [1]); et bref, tout ce qui aura
été tenu pour miracle par l'Eglise, il faut le croire fermement miraculeux; ce qu'elle affirme non miraculeux, il faut
aussi le croire non miraculeux, car rien n'est décrété par
l'Église catholique si ce n'est sous l'action de la parole de
Dieu et du Saint-Esprit.

La huitième objection comporte la même réponse que la
septième; bien que ces impressions puissent être faites dans
les cœurs par une ardente imagination et ces stigmates
naître sur les autres parties du corps, comme on le lit au
sujet de saint François d'Assise, cependant si l'Église de
Dieu juge que ces faits sont miraculeux, il faut le croire fermement pour la raison ci-dessus donnée. Qu'ils puissent
arriver naturellement, cela est dans les possibles très éloi-

---

1. *De civit. Dei*, XXII, 8. Miracles divers constatés par lui à Milan
(aveugle), à Carthage (chancre, paralysie, etc.).

gués : en effet que le fétus dans le sein de sa mère reçoive de telles marques, cela n'a rien d'étonnant, étant donné la docilité de la matière qui est très tendre et facilement impressionnable; mais dans les cas en question, elle est très indocile et rebelle. C'est pourquoi la première réponse est meilleure et plus précise.

Je vais répondre à la *neuvième objection*, et d'abord à ce qu'on a dit des formules, charmes, etc. Si les paroles ne peuvent d'abord et en elles-mêmes affecter que l'ouïe, éventuellement cependant et secondairement elles peuvent produire des effets admirables et principalement changer les esprits des hommes. Plutarque dans la *Vie de Démosthène* dit que la puissance de la parole réalise et arrange tout et il montre de quelle importance est le débit oratoire. Dans la *Vie de Cicéron* aussi il démontre encore cette vérité, par exemple dans ce plaidoyer pour Quintus Ligarius prononcé devant César et qui, dit-on, mit César hors de lui et lui fit perdre l'esprit, au point que tremblant de tout son corps, les tablettes qu'il tenait en mains, il les laissa tomber [1]. Et dans cet autre plaidoyer que le même Cicéron prononça en faveur de Lucius Flaccus pour concussion et pour Murena que Caton accusait de briguer. De même pour d'autres innombrables discours et orateurs rapportés par Plutarque et d'autres auteurs. Les bêtes brutes même ne sont pas moins sensibles à la voix : les oiseaux trompés se laissent prendre; les chants favorisent l'incubation des œufs et leur éclosion. Les serpents s'adoucissent à la voix des Psylles et des Marses; et mille autres opérations. Que dire des musiciens et des chanteurs? On sait que par leurs voix et leurs instruments, ils amènent les hommes, même contre leur gré, à la colère, à la pitié, aux armes, à la danse et ainsi de suite

---

1. PLUTARQUE, *Cicéron*, XLI, 3.

comme on le raconte d'Orphée, de Timothée et de beaucoup d'autres [1]. Il n'est donc pas contraire à la nature ni à la raison que des paroles changent et forcent les esprits : or ce changement de dispositions de l'esprit, amène un changement dans les corps, cela est évident. La joie, la tristesse, la colère, la douceur et les autres sentiments sont engendrés par le chant, et de ces sentiments peuvent naître la santé et la maladie, la vie et la mort. Pourtant, s'il est vrai que la parole a selon notre thèse le pouvoir de faire ces prodiges, je ne crois pas qu'elle ait cette efficacité dans le cas présent; car il est certain que ces prestidigitateurs n'ont point un discours éloquent, souvent même leurs paroles sont fort ridicules et n'ont pas de sens. Ils ne les accompagnent point de chant pour insinuer la joie ou la tristesse. Seulement je pense qu'il faut mettre en cause la grande foi donnée à ces formules par le sujet et par l'opérateur : cette foi produit un meilleur et plus efficace fluide de la part du magicien et une meilleure disposition de la part du sujet. Pourtant beaucoup d'entre eux prononcent ces formules et tracent ces caractères dans un but de tromperie pour qu'on ait plus de confiance en eux et pour mieux abuser le public. Il faut dire la même chose des caractères et figures; bien que la figure ne soit pas une qualité active, elle fait beaucoup pour l'action.

Elles ont le même pouvoir que la voix pour tromper et attirer la confiance.

Quant à savoir si les figures ajoutent beaucoup aux artifices et aux caractères, si par exemple un anneau gravé de

---

1. Cet hymne à la puissance de la parole est développé dans C. Agrippa (*De occulta phil.*, I, 69-72) qui célèbre le pouvoir magique des mots, de noms propres, des incantations.

la figure de Jupiter ou de Mercure donne à celui qui le porte un influx plus puissant qu'une autre figure, nous le dirons ailleurs d'une façon précise. En tout cas, il ne s'agit ici que de magie naturelle et non de magie démoniaque où ces détails sont nécessaires [1].

10° *réponse*. — Si l'on peut prendre le germe d'une maladie par contact des vapeurs, on peut par le même moyen être guéri. Cela répugne à la doctrine d'Aristote pour qui la maladie implique mouvement, la santé équilibre (*Problèmes*, XXIX, 5). D'où il résulte qu'un homme en bonne santé ne peut communiquer cette santé; que la santé ne dépend pas des vapeurs comme la maladie; que la joie et la tristesse ne peuvent pas causer la santé ou la maladie. Cela est réfuté par Aristote lui-même (*De Historiis Animal*, IX), par les médecins, par Galien qui estime (*Ars parva*, III) « que la fréquentation des gens bien portants est très profitable aux malades; c'est pourquoi on nous ordonne dans certaines maladies d'embrasser des enfants joufflus » [2]. Cela est du reste contraire à la raison et à l'expérience qui nous démontrent et nous montrent que les gens sains rendent des vapeurs agréables comme les malades des désagréables. [Alexandre, cité plus haut d'après Plutarque] Aristote a donc voulu dire seulement que l'influence de l'homme sain est moindre que celle du malade.

---

1. Cf. C. Agrippa, *De occulta philosophia*, I, 33 (de signaculis et characteribus rerum naturalium); 73 (de virtute scripturae et imprecationibus et inscriptionibus faciendis); 47 (de annulis et eorum compositionibus): Messie, *Diverses leçons*, V, 1, 2.

2. On ne peut se tenir de penser ici à l'anecdote racontée par MONTAIGNE, *Essais*, I, 21, où l'on voit le jeune Montaigne invité à « amender » « un riche vieillard pulmonique » avec la « vigueur de son adolescence ».

Voici la première : il a été dit dans l'une des réponses que bien qu'une très grande partie des miracles rapportés dans l'Ancien et le Nouveau Testament puissent être ramenés à des causes naturelles et que des opérations semblables puissent être faites naturellement (telles celles que je rapporte selon nos trois thèses qui, à mon avis du moins, ne contrarient point l'enseignement de l'Eglise romaine), il a donc été dit cependant que certains de ces faits ne peuvent aucunement recevoir une explication naturelle, par exemple la résurrection de morts, la guérison de l'aveugle-né, le rétablissement d'un boiteux, et beaucoup d'autres. Mais cela ne semble pas vrai. D'abord Pline, livre XXV, chap. 2 [1], écrit : « L'historien Xantus dans la première de ses histoires rapporte que le petit d'un dragon fut rappelé à la vie par son père à l'aide d'une herbe qu'il appelle balis, et que par la même herbe Thylon tué par un dragon, fut aussi ramené à la vie. Juba aussi raconte qu'en Arabie un homme fut rappelé à la vie grâce à une herbe. » Le même Pline peu après, s'appuyant sur de nombreux et très sérieux auteurs, dit qu'il n'y a rien qui résiste à la puissance des herbes. Beaucoup d'histoires des païens

----

1. *H. N.*, XXV, 5 dans les éditions actuelles.

assurent que de nombreux hommes ont été ramenés des enfers. Ainsi Platon au dixième livre de sa *République* dit qu'un nommé Pamphile [1] en fut ramené et racontait des choses incroyables de ce qu'y font les dieux. Il y a d'autres historiens qui racontent la même chose : ainsi si cela est vrai, non seulement Dieu peut ressusciter un mort, mais l'herbe et les démons, contrairement à ce que nous avons dit.

Il ne paraît pas moins vrai que la seule puissance des démons et conséquemment les forces naturelles suffisent à donner la vue à un aveugle-né et à redresser un boiteux : Suétone au volume qu'il a composé sur les *douze Césars*, livre 10, dans la vie de Vespasien [2], au chapitre des miracles accomplis par lui, écrit ceci : « Là, il entra seul dans le temple de Sérapis pour prendre les auspices sur la durée de son règne et renvoya tout le monde. Après avoir prié le dieu, il se retourna et crut voir l'affranchi Basilidès qui lui présentait, selon la coutume de ce temple, des branches de verveine, des couronnes et des gâteaux. Personne n'avait introduit cet affranchi; une maladie de nerfs l'empêchait de marcher depuis longtemps et on le savait loin de là. Et aussitôt, arriva une lettre annonçant que les troupes de Vitellius avaient été défaites à Crémone et leur chef tué à Rome. L'autorité, l'espèce de majesté qui manquait à ce prince improvisé et encore nouveau, voici comme il les acquit. Deux hommes du peuple, l'un aveugle, l'autre boiteux se présentèrent ensemble à son tribunal, lui demandant de les guérir; ils avaient reçu de Sérapis, en songe, la promesse de leur guérison, au premier si Vespasien lui mettait

---

1. C'est le mythe d'Er.
2. *Vespasien*, ch. VII.

de la salive sur les yeux, à l'autre s'il daignait le toucher de
son pied. Ne pouvant croire au succès, Vespasien n'osait
même l'essayer. Sur les instances de ses amis il tenta cette
guérison et réussit. Dans le même temps les devins ordon-
nèrent de faire des fouilles à Tégée, en Arcadie; on y trouva
enfouis dans un lieu consacré des vases antiques sur lesquels était gravée une figure qui ressemblait à Vespasien. »

Or, ces deux faits semblent bien être des miracles. Le
dernier se rapporte à la connaissance de l'avenir qui semble
réservé à Dieu, selon cette parole du Sauveur : « Il ne nous
appartient pas de connaître le temps, ni le moment », etc.
L'histoire de l'affranchi est de même nature : ce sont deux
cas du même ordre que ceux que nous voulons prouver.

Le second doute, c'est que d'après ce qui précède, il
semble admis que tout ce qui est fait dans la magie par les
démons peut être fait aussi par les hommes, sans secours
des démons, puisque nous avons dit que les démons réalisent
ces prodiges en appliquant l'actif au passif selon les lois
naturelles. Et puisqu'il n'est pas impossible que les hommes
connaissent ces lois par les moyens ordinaires; puisque
l'intellect agent est apte à tout faire et l'intellect patient à
se transformer en tout, il en résulte que les hommes peuvent
opérer de la même façon que les démons et que la magie
peut être ramenée aux lois naturelles, comme l'y a réduite
Zoroastre si on en croit Albert le Grand au cinquième livre
des *Minéraux*.Mais cela me semble peu soutenable : car il y
a beaucoup de choses qui sont impossibles à l'homme,
quelque savant que l'aient rendu ses recherches personnelles
ou les livres; et qui, sans le secours de Dieu, des démons ou
des anges sont tout à fait impossibles. Il y en a beaucoup
de preuves : d'abord les oracles et réponses des dieux des
gentils qui ne peuvent être attribués ni aux herbes ou
pierres sans intelligence, ni à l'intelligence humaine puisque

souvent c'étaient des statues inanimées qui donnaient ces réponses. De plus ils prédisaient l'avenir, rappelaient le passé, annonçaient des événements à grande distance, dévoilaient les secrets, ce qui est tout à fait impossible aux hommes. Et encore selon l'histoire, non seulement des gentils, mais de la religion de Moïse et du Christ, il s'est souvent trouvé des bêtes pour prononcer des paroles humaines, dans un langage déterminé : Valère Maxime, Eutrope, Tite Live et d'innombrables auteurs latins et grecs l'affirment. On ne voit pas à qui attribuer ces prodiges, sinon aux démons et aux anges, la parole étant propre à l'âme raisonnable, et l'âme humaine, au moins en même temps qu'elle est dans l'homme, ne pouvant être dans un animal pour faire ces opérations. C'est pourquoi je vais parler de ceux qui ont apparu subitement sous forme humaine et leur ont parlé puis ont disparu. Les exemples en sont innombrables, pourtant pour le moment, je rapporte seulement ce qui arriva à Brutus et à Cassius. Voici ce qu'écrit Plutarque dans la *Vie de Brutus* : « Celui-ci donc, tout à la réflexion et pensif à part soi, crut s'apercevoir que quelqu'un entrait chez lui; et regardant vers la porte, il vit la forme horrible et monstrueuse d'un corps sévère et terrible, silencieuse devant lui : Brutus eut le courage de lui demander : Qui es-tu? homme ou dieu? Que veux-tu; quel est l'objet de ta visite? A quoi l'autre murmura : Je suis ton mauvais génie, ô Brutus, tu me reverras à Philippes. Et Brutus sans se troubler reprit : c'est bien, au revoir » Et un peu plus loin il écrit : « Mais on dit que pendant la nuit ce noir fantôme apparut à Brutus, et que après lui avoir montré le même visage il ne lui dit rien, mais s'en alla bientôt. »

De Cassius il rapporte une histoire non moins extraordinaire. Et celui qui veut en peu de mots plus de détails sur ces faits n'a qu'à lire Valère Maxime.

On raconte partout que les jours derniers, à Aquila, ville riche des Abbruzes, les gens éprouvés par des pluies extraordinaires, ont fait des prières continuelles et humbles à saint Pierre Célestin patron de la cité (son corps est conservé très religieusement par les fidèles et une très grande abbaye d'hommes lui est dédiée). Aussitôt, on a vu nettement les nuées chassées loin de la ville et le même saint Célestin, est apparu à plusieurs reprises, non en cachette, non à deux ou trois personnes, mais au peuple entier. Et qui, à moins d'être fou, nierait que cela soit fait par Dieu ou ses ministres? Que pourrait là l'esprit humain? Rien assurément. De plus qu'est-ce que les philosophes, avec leurs imaginations, pourraient dire des augures et des présages? Si les augures peuvent par leur moyen annoncer l'avenir et l'inconnu, les oiseaux et les autres signes de ce genre sont la cause de ce qui est annoncé, ou ils en sont le signe; il n'y a pas d'autre manière de les expliquer. Mais certes personne ne dira qu'ils sont les causes de ces événements, car on ne peut rien dire ni penser de plus sot. Si on dit qu'ils en sont les signes, on ne voit pas quel rapport il y a entre une corneille et la bataille de Marius, de César ou de tout autre : car il ne semble pas y avoir de dépendance entre ces signes et la chose signifiée. Que peut-on dire alors si ce n'est que cela est dû à la ruse des démons qui veulent tromper les hommes et les amener à l'idolâtrie? Que dire de la géomancie, la plus vaine des sciences. Quel rapport entre deux points pairs ou impairs et la navigation de Socrate, alors que les points mathématiques n'ont aucune influence ni signification en cette chose? Qu'est-ce que les caractères, les formules prononcées pour lier quelqu'un de l'amour d'un autre, ou pour rompre des amours, alors que les paroles et caractères n'ont ni rapport ni lien avec ces sentiments? Il ne semble pas qu'on doive de nouveau recourir à l'imagination, puisqu'on est certain que ceux pour qui les magiciens font ces cérémonies sont très éloignés. Que dire des possédés du démon, qui souvent, bien qu'illettrés, parlent grec, latin, et d'autres diverses langues? Certes les philosophes n'ont aucune explication vraisemblable à en donner jusqu'ici. Il est donc nécessaire de recourir à Dieu, aux anges et aux démons.

CHAPITRE VIII. — RÉPONSES A CES OBJECTIONS

A ces objections il n'est pas difficile de répondre, à mon avis, d'après ce que j'ai dit dans les chapitres précédents.

A la première, donc, comme nous l'avons dit (et c'est l'avis de nos théologiens), on répond qu'aucune puissance créée ne peut ressusciter quelqu'un; cela n'appartient qu'à Dieu [1]. Pour les faits allégués par Pline, d'abord Pline ne les prouve pas, comme il est manifeste à qui le lit. Le même Pline au chapitre V du septième livre non seulement a dénié ce pouvoir aux bêtes et même aux hommes, mais plus loin à tout ce qui est mortel. On répond en second lieu que ces historiens furent peut-être trompés. Car si cela a été réellement vu par certains et n'est pas une fable, ces animaux n'étaient morts qu'en apparence, comme cela est arrivé souvent même de notre temps : par exemple le voleur pendu à Bologne, des femmes enceintes, des épileptiques, et surtout des cas d'apoplexie [2]. Dans ces cas, il n'est pas impossible que ces herbes soient efficaces, ainsi que beaucoup d'autres remèdes préparés par la nature.

---

1. La question est examinée par Tiraqueau, *De nobilitate*, nᵒˢ 407-409.

2. Trithème expliquait ainsi par une illusion diabolique les résurrections des païens. *De miraculis infidelium*, édition de 1605, Moguntiae, p. 462, 474.

Pour ce qui est ajouté de Pamphile et de beaucoup d'autres, rapportés par les païens, on peut répondre d'abord que ce sont des fables, des fictions poétiques destinées à instruire les hommes. Telle est, je crois, cette histoire de Pamphile. Socrate en effet a donné là une leçon au peuple et au vulgaire, qui n'est amené au bien que par la crainte du châtiment; c'est un cas où, selon Socrate, au second livre de la *République*, il est permis de mentir et de feindre. Scévola disait en effet : en matière de religion il est bon que les peuples se trompent, comme le rapporte saint Augustin au chapitre XXVII du quatrième livre de la *Cité de Dieu* [1]. Ou bien on répond que si ce ne sont pas des fables, il n'est pas vrai pourtant que ces animaux fussent morts : on les croyait morts et par quelque moyen on les fit revivre. Troisième réponse : si ce fut une vraie résurrection, elle a été l'œuvre non des démons, mais de Dieu. Il n'importe qu'il s'agit de païens et de gentils. Pour saint Thomas (art. 5 de la *questio de miraculis*) appuyé sur saint Augustin, Dieu a fait parfois des miracles, même parmi les gentils, dans l'intérêt de la vérité.

Quant aux miracles attribués à Vespasien, on répond d'abord avec saint Augustin, au chapitre 6 du XXIe livre de la *Cité de Dieu*, que nous ne sommes pas obligés de croire ce que contient l'histoire des gentils [2]. On dit secondement que cet homme n'était pas vraiment aveugle, ni l'autre vraiment boiteux, en sorte que leurs infirmités étaient guérissables par les forces naturelles : il y a en effet des gens qui

---

1. *Civit. Dei.* Scévola reconnaissait trois catégories de traditions religieuses : les dieux des poètes, ceux des philosophes, ceux des politiques. Il ne voulait pas que l'on répandît dans le peuple les notions philosophiques sur l'essence divine car cela nuit à la religion et au peuple : Expedire igitur existimat falli in religione civitate.

2. *Civit. Dei*, XXI, 6.

naissent avec, dans les yeux, une humeur comme la cata-
racte ou un épanchement, ou avec une claudication dont la
cause est guérissable par la nature; et il faut croire que les
« miraculés » de Vespasien étaient dans ce cas. Cela n'est
point contraire à l'expérience; on le voit souvent. L'historien Hérodote rapporte [1] que le fils du roi Crésus, muet de
naissance, craignant de voir tuer son père, rompit les liens
de sa langue et acquit le pouvoir de parler. C'est que son
infirmité n'était pas incurable de nature. Quant aux deux
autres miracles, relatifs à l'autorité de Vespasien et à son
affranchi, nous répondons que ce sont des opérations des
démons qui ont le pouvoir de faire ces prodiges.

A la seconde objection, nous répondons que cette thèse
est vraie pour les cas invoqués, c'est pourquoi nous avons
dit au début que si les philosophes semblent avoir écarté
l'intervention des démons dans certains cas, ils ne l'ont pas
fait pour tous, comme les faits invoqués le prouvent. Toute
la magie n'est pas naturelle, mais cette partie seulement de
la magie qui traite des opérations secrètes de la nature : on
l'appelle magie parce qu'elle n'est comprise que des gens
très savants; les choses les plus secrètes sont en effet le
domaine des savants, comme il est dit dans la préface de la
Métaphysique, et le mot mage en Perse signifie savant.
L'autorité de Zoroastre en ces choses n'est pas recevable,
puisqu'elle est directement opposée à l'autorité de Dieu qui
passe infiniment celle de l'homme.

---

1. *Hist.*, I, 85.

CHAPITRE IX. — QUESTIONS IMPORTANTES QUE
SOULÈVENT LES THÈSES PRÉCÉDENTES : ARIS-
TOTE A-T-IL IGNORÉ L'EXISTENCE DES DÉMONS
ET DES ANGES?

Mais ce que j'ai dit fait lever en moi un grand doute.
Plût au ciel que je pusse le résoudre! Du moins je
veux l'exposer parce que le doute n'est pas absolument inutile à la science : celui-là n'a pas la vraie science,
qui n'a pas d'abord douté. Au second livre des *Seconds Analytiques* on lit : « autant de notions acquises, autant de
problèmes posés »; et bien que nous ne prétendions pas satisfaire en entier à ce doute, nous espérons que nos successeurs y répondront mieux : la science se fait par apports
successifs, disent le second livre de la *Métaphysique* et le
second de l'*Éthique* [1].

Voici donc la question : on a dit à la fin du précédent
chapitre que tout ce qui a été rapporté prouve clairement
et efficacement l'existence des anges et des démons, et
(comme il a été dit à propos de la résurrection) que Dieu
agit immédiatement de nouveau; or, il est surprenant et
monstrueux qu'un philosophe, dont toutes les nations
d'une seule bouche chantent la gloire, ne l'ait pas vu et l'ait
ouvertement nié. Cela paraît incroyable, alors que savants
et ignorants proclament que ces preuves suffisent à nous

---

1. *Métaph.*, II, 1, 3. Texte repris à la fin du traité de Pomponazzi.

assurer de l'existence des démons. Et Aristote ne semble pas
pouvoir invoquer comme excuse que cette vérité était
inconnue de son temps ou que lui-même n'en avait pas idée.
Cela est insoutenable. D'abord parce que lui-même cite
parmi les poètes Homère, Euripide, Pindare, Simonide,
Hésiode, et une infinité d'autres dont les livres sont tout
pleins d'oracles, de divinations, d'autres prodiges. Même
les histoires des grecs, des latins, des barbares racontent
des faits de ce genre; bien plus, Platon, qui, dit-on, suivit
les leçons d'Aristote pendant vingt ans et plus, parle sans
cesse des démons, suivant en cela son Socrate; tous les
platoniciens sont de son avis, et Aristote lui-même n'a pas
complètement négligé cette question. Au troisième livre de
l'Histoire des Animaux, chapitre 20 [1], où il fait mention du
bouc qui allaitait, il parle des oracles et des divinations; il
en parle aussi très clairement au troic.ème livre de la *Rhétorique* et en plusieurs autres lieux; il cite les sortilèges dans
le même ouvrage, livre VI, chapitre 22, les charmes et enchantements au chapitre 24 du VIIIe livre, les augures au
chapitre 1er du IXe livre; au 17e chapitre de ce même
IXe livre il attribue un caractère augural à la sittelle [2]. Au
9e chapitre du livre I du même ouvrage, il admet que l'éter-
nuement est un signe augural saint et sacré; les sibylles,
devins et démoniaques sont étudiés de même au 1er problème de la XXIe section et dans d'autres endroits si nombreux qu'il serait impossible de les citer. Ainsi donc cette
excuse ne peut être invoquée en faveur d'Aristote, et il ne

---

1. III, xx, 4. Prodige cité par Aristote et relevé à plusieurs reprises
de ce traité par notre auteur.

2. Les références de Pomponazzi sont exactes. Mais Aristote est
bien moins affirmatif que Pomponazzi sur la valeur de ces faits et leur
portée. Il n'est pas loin d'y voir des fables. — Pour la sittelle ou
torchepot, l'identification est faite après longue discussion par Belon,
oyseaux, article *sitta*. Belon ne signale pas cette vertu du torchepot.

sert de rien de dire avec la plupart, qu'il n'a pas traité ces questions parce qu'il les a méprisées comme ridicules et vaines.

D'abord, de son propre aveu, ce qui est très célèbre ne saurait disparaître totalement, comme il le dit dans le traité *De somno et vigilia*. Or ces phénomènes furent toujours extraordinaires en tout temps, comme on le voit chez les Hébreux, les Égyptiens, les Syriens, et chez toutes les nations; et ces faits sont très difficiles à expliquer, et donc ne sont point méprisables pour un physicien. De plus, selon le dilemme souvent posé par Aristote aux anciens : ou ces faits sont exacts, ou ils sont controuvés. S'ils sont authentiques, il devait en rendre raison; sinon, étant donné leur vogue, il devait au moins détruire ces légendes, montrer leur origine et la raison de l'illusion universelle. C'est en effet un phénomène naturel et qui demande explication que de savoir pourquoi, s'il n'y a pas de démons, les hommes presque unanimement y croient. Voilà un problème aussi digne de ses recherches que n'importe laquelle des questions étudiées dans ses *Problèmes*, et peut-être plus urgent. Car c'est là l'essentiel des choses humaines et en le laissant de côté, Aristote semble ne pas pouvoir éviter un grave reproche.

J'AI quelque crainte, en abordant un si grand sujet, d'être noté de témérité et que l'entreprise ne paraisse au-dessus de mes forces. Mais l'amour et le respect que depuis ma tendre enfance j'ai professé pour Aristote me poussent à présenter ces quelques réflexions pour sa défense. Si elles ne font pas disparaître entièrement la difficulté, du moins montreront-elles mon affection et mon respect pour lui.

Donc j'ai l'intention de traiter trois questions :

1º qu'est-ce qui a poussé Aristote à nier les démons ou esprits immondes et même toute substance surnaturelle sauf celles qui meuvent les astres (pour le moment, laissons de côté l'âme humaine puisqu'en soi elle n'est pas hors de la nature); — 2º comment, sans recourir aux démons, Aristote peut expliquer les prodiges; — 3º pourquoi Aristote n'a point parlé de ces sujets ou les a traités assez superficiellement.

I. — En abordant la première question, nous disons qu'Aristote s'avançant du monde visible à l'invisible, et voyant que les choses sensibles ne pouvaient prouver les invisibles, que de plus ces dernières allaient contre les principes naturels, alors témérairement il nia les démons; il n'avait en effet aucune raison tirée des choses sensibles pour prouver leur existence; mais plutôt leur existence telle du moins que l'admet le vulgaire, lui paraissait contraire à la raison. En effet, il n'est pas nécessaire de les admettre pour expliquer l'existence et les opérations des corps célestes, puisque les Intelligences, formes de ces corps, y suffisent : et même si on admettait leur existence à cause des corps célestes, ils seraient gênants, comme si pour un seul homme on admettait deux âmes. On ne peut non plus les admettre pour quelque autre être immatériel, comme le font les religions qui disent qu'il y en a une multitude innombrable au service de Dieu : cela n'est pas démontrable par l'expérience ni par la raison naturelle. Elles y croient à cause de certains faits constatés en ce monde sublunaire et dont j'ai parlé : oracles, divinations, présages, augures, et autres phénomènes de ce genre, comme l'avouent ceux qui y croient. Mais cette manière ou cette nécessité de les admettre est assez irrationnelle, vaine et sans poids, car on parle de ces substances immatérielles comme si c'étaient des hommes, ce qui est très peu philosophique, évidemment. En effet, les hommes sont mortels, changeants dans leur corps et dans leur âme, en perpétuelle transformation pour ainsi dire dans l'une et l'autre partie. Aucun de ces défauts n'est attribuable aux substances immatérielles, comme il est démontré au huitième livre de la *Physique* et au second du *Ciel.* Comment, en effet l'immatériel, l'éternel a-t-il de nouvelles idées et de nouveaux désirs? Comment peut-il être touché par les choses, sujet à la joie ou à la tristesse? et ainsi de tout ce qui suppose passion et corruption. Comment même ces êtres peuvent-ils nous parler, entendre nos voix, voir nos œuvres? et ainsi des autres propositions qui nous paraissent des rêveries, comme dit, rapporte-t-on, *Brutus* à *Cassius*, lorsqu'il lui parla du mauvais génie qu'il avait vu. C'est pourquoi tant à cause de ce que nous avons rapporté que de beaucoup d'autres passages que l'on peut tirer de l'œuvre d'Aristote, ces esprits immondes, ni même les bons, sauf ceux qui meuvent les corps célestes, ne sont reçus par les

péripatéticiens. Voilà pour la première de nos propositions.
Cela doit s'entendre à condition qu'on ne fasse pas des
démons des êtres sensibles et raisonnables, comme le fait
Apulée dans son livre *du Dieu de Socrate*[1]. Avec cette définition, en effet, les raisons invoquées n'ont plus de force.
Mais Aristote, au livre IIIe *de l'Ame*, la repousse, et l'Eglise
la condamne, puisque Lucifer est la première ou du moins
l'une des premières parmi les créatures. Ainsi, si les Intelligences sont incorporelles, les démons aussi.

II. — Mais puisque les péripatéticiens rejettent l'existence des démons, comment expliqueront-ils les faits?
C'était notre second problème. Il ne me paraît pas sûr ni
convenable de dire avec la plupart des incrédules que ces
faits sont imaginés par les hommes comme les fables d'Esope
pour l'instruction du peuple; ou que ce sont des ruses des
prêtres pour soutirer de l'argent et en imposer; que s'il y a
quelque chose d'évident dans ces opérations, c'est que ce
sont des escamotages et des illusions comme nous en montrent tous les jours ces bohémiens et ces prestidigitateurs
qui ont l'air de faire des miracles, mais en réalité ne font
que soustraire de l'argent aux gens simples et crédules.
Pour moi, dis-je, je ne suis pas de cet avis, puisque des
hommes très sérieux, très savants, anciens et modernes,
grecs, latins et barbares, affirment la réalité de ces faits.
Ainsi ceux qui soutiennent cette thèse, il ne faut pas les
croire. Mais ces incrédules sont trompés par ce fait que parfois on s'est aperçu que des récits étaient fabuleux, que
c'étaient des illusions. Ils passent de cas particuliers à
l'universel, ils ne connaissent pas la dialectique, cela est évident. Car s'il se trouve que certains de ces faits sont faux,

---

1. XII, 148. La définition entière est reprise plus loin.

ce n'est pas à dire qu'ils le soient tous, ni, si certains sont vrais que tous soient authentiques. L'une et l'autre de ces deux thèses procèdent du même vice de méthode.

Supposé donc que ces faits soient vrais parfois, et surtout ceux qui sont rapportés par des auteurs dignes de foi, il faut essayer d'y ajouter une explication. Je veux seulement tout d'abord déclarer, ou pour user d'un mot plus usité, protester, que je ne crois pas du tout cette solution vraie, que je me contente de dire ce qui peut être dit sur ce sujet, à mon avis, d'après les principes d'Aristote. Auparavant, cependant, il faut d'abord établir quelques hypothèses pour servir de base à nos réponses.

Supposons premièrement que Dieu est la cause universelle du monde matériel et immatériel et qu'ainsi il joue le rôle de cause finale, efficiente et exemplaire, ce qu'on entend ordinairement par cause formelle. L'hypothèse s'appuie sur Aristote, au douzième livre de la *Métaphysique* et au premier *du Ciel* où il est dit : « Du premier être est descendu tout ce qui est ». Pour les uns cela est plus clair; pour les autres plus obscur, et Dieu est proposé comme archétype du monde et par Aristote et par Platon. C'est ce qu'a chanté en vers Boèce au IIIe livre de sa *Consolation* [1].

> *Tu cuncta superno*
> *Ducis ab exemplo : pulchrum pulcherrimus ipse*
> *Mundum mente gerens similique in imagine formans*

Mais le monde, éternel selon Aristote, a-t-il une cause efficiente ou plutôt un gardien, cela n'est pas dans notre sujet [2].

-----

1. III, ix.
2. Pour les vrais Aristotéliciens Dieu n'est plus créateur et père, mais « servator et custos » du monde, ainsi que le dit en propres termes Vicomercato (H. Busson, *op. cit.*, p. 219).

On suppose secondement que de tous les êtres corporels,
au moins de ceux qui naissent et meurent, l'homme est le
plus parfait et le plus noble. Cela n'est pas moins bien établi,
de l'aveu de tous les philosophes. Aristote en effet au second
livre de la *Physique* dit : « Nous sommes en quelque sorte la
fin de tous les êtres; et tout le monde matériel a été ordonné
par le premier architecte, pour le service de l'homme. » On
en conclut que le monde matériel entier dépend de l'homme:
ce qui est ordonné en vue d'une fin est dans la dépendance
de cette fin, cela est évident.

Troisième hypothèse : de même que ce qui est en dessous
de l'homme dépend de l'homme, ainsi dans l'humanité
certains hommes dépendent des autres, et une multitude
est ordonnée en vue d'un seul ou d'une petite élite. Cette
hypothèse repose sur l'expérience et la raison. Nous voyons
dans l'univers d'un côté les empereurs, rois, ducs, princes,
nobles et autres personnages qui gouvernent et commandent; tandis que les autres servent et obéissent et cela à peu
près par tout le globe. La raison le démontre de son côté
puisque l'homme est un animal sociable et « grégaire » [1].
Nous voyons que la nature a donné des chefs à plusieurs
autres êtres : aux abeilles, aux grues, aux cailles, et à
d'autres animaux de ce genre. Combien plus à l'homme qui
est raisonnable. C'est pourquoi elle lui a donné aussi la
parole qu'elle a refusée aux autres animaux. Et puisque
l'homme, comme il est dit au second livre du *Ciel*, a entre
les êtres mortels le plus d'opérations et de puissance, il
avait aussi besoin de plus de facultés. Et puisque, selon
Aristote et Platon dans leurs *Politiques*, des travaux d'es-

------

1. ALBERT LE GRAND, *De Animal.*, I, 3. Homo... animal gregale et
civile.

pèce différente sont mieux faits par des spécialistes différents que par un seul, comme cela se voit pour les outils (le ressemelage par exemple est exécuté par un savetier mieux que par celui qui ferait le ressemelage et la chaussure de luxe) c'est pourquoi, pour la conservation du genre humain, il faut que les hommes soient chacun affectés à des travaux divers, et même les nations : les italiens donnent certains produits aux allemands et aux français, et réciproquement, et ainsi de suite. C'est ainsi que le monde progresse et demeure dans sa beauté. S'il survenait un changement, la beauté et la perfection de l'univers se corrompraient, comme cela est connu et pourrait se prouver d'une infinité d'auteurs, que j'omets.

Quatrième hypothèse : bien que les hommes s'aident ainsi réciproquement, le roi étant utile au sujet, le sujet au roi, et ainsi des autres (car le roi ne saurait subsister sans sujets ni les sujets sans le roi) ils sont pourtant inégalement utiles l'un à l'autre : car le sujet a plus besoin du roi que le roi du sujet. L'hypothèse peut être mise en évidence par les textes de Platon et d'Aristote dans leurs *Politiques*; mais on peut très facilement l'illustrer par la fable que Menenius Agrippa raconta au peuple, comme le rapporte Plutarque dans la *Vie de Martius Coriolan*[1]. Il compara la nation a un homme entier, le sénat étant le cœur, le reste, les autres membres selon leur dignité : d'où il est évident que le cœur ne peut — ou du moins ne peut bien — exercer sa fonction sans les autres membres ni les autres membres sans le cœur. Mais il est manifeste aussi que, malgré cela, les autres membres, selon Aristote, dépendent plus du cœur que le cœur des autres membres. C'est pourquoi le cœur est

---

1. VI, 3-5; VALÈRE M. VIME, IV, 2.

ce qui vit le premier et meurt le dernier, comme il est dit au chapitre 4 du III⁰ livre des *Parties des Animaux*. Si donc la comparaison est juste, les sujets dépendent plus de leur maître que le maître des sujets. D'où on infère que Dieu, puisqu'il est le gouverneur et le conservateur de tous ceux-là, a plus de soin des rois que des sujets, des maîtres que des esclaves, des bons que des méchants, des savants que des ignorants, bien qu'il ait soin de tous et veille sur tous. S'il veut la fin et les moyens ordonnés à cette fin, tout en veillant à l'une et aux autres, il veut cependant plus encore la fin, car il ne veut les moyens que pour la fin et ce qui s'y rapporte, et cela au contraire il le veut avant tout.

Cinquième hypothèse : bien que Dieu soit ainsi cause de tout, chez Aristote cependant il ne veut rien faire en ce monde sublunaire sans l'intermédiaire des corps célestes comme instruments nécessaires en soi à l'exécution et à la conservation des choses sublunaires.

Preuves : Aristote [1], qui croit cet ordre essentiel et estime qu'un être absolument immatériel ne peut agir, sans l'intermédiaire des corps célestes, sur le monde de la matière; et surtout les histoires suivantes qui prouvent que les corps célestes sont causes totales ou partielles, nécessitantes ou disposantes de nos opérations.

Comment l'aruspice Spurinna put-il avertir J. César « de prendre garde au péril qui le menaçait jusqu'aux ides de Mars »? [2] D'où Julius Marathus avant la naissance d'Au-

---

1. Au VIII⁰ livre de la *Phys.* et au II⁰ du *Ciel*, FEYENS (*De virib. imaginat.*, p. 40, 78 [*quaest. VII*, An phantasia possit vim ullam acquirere ab influxu cœlorum] cite d'autres sources : Avicenne, Avicembron, Algazel entre autres.
2. SUÉTONE, *Julius*, LXXXI, 2.

guste, prédit-il au sénat et au peuple romain que la nature allait enfanter un roi pour le peuple romain? [1] D'où P. Nigidius voyant l'horoscope du même Auguste affirma-t-il que le maître du monde était né? [2] D'où l'astrologue Scribonius sut-il prédire à Tibère que Galba régnerait un jour, alors que Galba n'était pas de la famille des Jules et que rien ne permettait de faire cette conjecture sur son compte? [3] D'où l'astrologue Seleucus promit-il l'empire à Othon, du vivant de Néron? [4] D'où les astrologues, voyant l'horoscope de Vitellius, effrayèrent-ils ses parents au point qu'ils craignirent pour leur fils la fin très malheureuse qu'il eut? [5] D'où Josèphe, connu entre les Juifs, annonça-t-il à Vespasien qu'il régnerait à Rome et qu'il le délivrerait lui, Josèphe, de prison? [6] D'où l'astrologue Asclétarion prédit-il à coup sûr à Domitien sa fin sanglante, et la sienne propre? [7] Infinis sont les exemples que je pourrais citer de Plutarque, Tite Live, Justin, Valère Maxime et d'autres auteurs très sérieux.

Donc les astres sont les intermédiaires de Dieu pour diriger les hommes, leur annoncer l'avenir par des songes, des animaux, des phénomènes aériens, aquatiques, terrestres. Il y a donc une science de la divination, comme le disent Plutarque, Suétone, Platon.

Sixième hypothèse : elle est liée à la précédente. S'il y a des hommes qui ont appris l'astrologie, la science des

---

1. Suétone, *August.*, XIIIC, 3.
2. *Id.*, XIIIC, 5.
3. *Id.*, *Tib.*, XIV, 2.
4. *Id.*, *Othon*, IV, 1.
5. *Id.*, *Vitellius*, III, 2.
6. *Id.*, *Vespasien*, V, 6.
7. *Id.* *Domitien*, XV, 3.

augures, des songes et de toutes ces choses par les livres,
l'expérimentation, leur culture, ou tout autre moyen, par
contre, on en trouve parfois qui par un don des dieux et des
corps célestes, sans exercice ni travail, possèdent cette connaissance et font des merveilles. Le peuple et ceux qui ne
connaissent pas les raisons des choses les croient démoniaques, ou saints, devenus tels dès le sein de leur mère ou
hors du sein maternel. Mais pour dire vrai, ces hommes tiennent ce don des dieux, mais par l'intermédiaire des corps
célestes.

Cette hypothèse, bien qu'incroyable aux ignorants, est
connue des philosophes. Platon dans le *Ménon*[1] dit que l'on
naît poète : la preuve en est que souvent les poètes parlent
sans comprendre ce qu'ils disent. Dans le *Phèdre*[2] il dit la
même chose des devins, sibylles, augures, et autres de ce
genre, et qu'ils sont soulevés par une sorte de fureur et sont
sujets à l'extase. Dans l'*Ion* où Platon traite de la fureur
poétique, il fait ainsi parler Socrate à Ion[3] : « Je vois et je
vais te faire voir ce que c'est à mon avis. C'est que ce don
que tu as de bien parler d'Homère n'est pas, je le disais
tout à l'heure, un art, mais une vertu divine, qui te meut,
semblable à celle de la pierre qu'Euripide appelle pierre
magnétique, mais que le vulgaire appelle pierre d'Héraclée.
Et en effet, cette pierre non seulement attire les anneaux
de fer, mais encore elle leur communique sa vertu, de sorte
qu'ils peuvent faire ce que fait la pierre, attirer d'autres
anneaux, si bien que parfois on voit, pendus, attachés les
uns aux autres, une longue suite d'anneaux de fer, et tous
tirent leur pouvoir de cette pierre. C'est ainsi que la muse

----

1. *Ménon*, 99, c-d.
2. *Phèdre*, 244, b.
3. *Ion*, V, 534.

inspire elle-même les poètes, et, ceux-ci transmettant l'inspiration à d'autres, il se forme une chaîne d'inspirés. Ce n'est pas en effet par art, mais par inspiration et suggestion divine que tous les grands poètes épiques composent tous ces beaux poèmes; et les grands poètes lyriques de même. Comme les corybantes ne dansent que lorsqu'ils sont hors d'eux-mêmes, ainsi les poètes lyriques ne sont pas en possession d'eux-mêmes quand ils composent ces beaux chants que l'on connaît; mais quand une fois ils sont entrés dans le mouvement de la musique et du rythme, ils sont transportés et possédés comme les bacchantes qui puisent au fleuve le lait et le miel sous l'influence de la possession, mais non quand elles sont de sang-froid. C'est le même délire qui agit dans l'âme des poètes lyriques, comme ils l'avouent eux-mêmes. Les poètes nous disent bien, en effet, qu'ils puisent à des sources de miel et cueillent les poèmes qu'ils nous apportent dans les jardins et les vallons boisés des muses, où ils voltigent çà et là comme des abeilles; et ils disent la vérité. Car le poète est chose légère, ailée, sacrée, et il ne peut créer avant de sentir l'inspiration, d'être hors de lui et de perdre l'usage de sa raison. Tant qu'il n'a pas reçu ce don divin tout homme est incapable de faire des vers et de rendre des oracles. » Et, plus loin, Socrate dit : « Et si le dieu leur ôte le sens et les prend pour ministres, comme il fait des prophètes et des devins inspirés, c'est pour que nous, qui les écoutons, sachions bien que ce n'est pas eux qui disent ces choses si admirables, puisqu'ils sont hors de leur bon sens, mais que c'est le dieu même qui les dit et qui parle par leur bouche. Et la meilleure preuve de ce que j'avance est Tynnichos de Chalcis, qui n'a jamais fait d'autre poème digne d'être retenu que le péan que tout le monde chante, le plus beau peut-être de tous les chants lyriques, une vraie trouvaille des Muses, comme il l'appelle lui-même.

Il me semble en effet que, précisément en la personne de ce
poète, le dieu nous a prouvé, de manière à ne laisser aucun
doute, que ces beaux poèmes ne sont ni humains ni faits par
des hommes, mais divins et faits par des dieux, et que les
poètes ne sont que les interprètes des dieux, puisqu'ils sont
possédés, quel que soit le dieu particulier qui les possède.
Afin de le prouver, le dieu a choisi le poète le plus médiocre
pour chanter par sa bouche le chant le plus beau », etc. [1].

Avec cette théorie concordent les dires d'Aristote dans la
30ᵉ section des *Problèmes*, problème premier, *des sibylles,
bacchantes, et universellement de ceux que l'on croit inspirés
d'un souffle divin* [2]. Il donne un exemple semblable à celui
de Tynnichos de Chalcis, celui du Maracos, citoyen de Syra-
cuse, qui était meilleur poète lorsqu'il était fou. Cette hypothèse tire encore de la force des prophètes qui sont admis
non seulement dans notre religion, mais dans toutes les
nations, comme le savent ceux qui connaissent l'histoire.
Même évidence si l'on considère ceux qui ont parlé et prophétisé dès leur naissance, comme il arriva d'un enfant né
au moment du sac de Sagonte par Annibal [3]. Si l'on répond

---

1. Les derniers commentateurs de ces textes connus sont, je pense,
H. Brémond et R. de Souza dans la *Poésie pure*, p. 26, 279-280 et
dans un tout autre sens que les poètes et que Pomponazzi. M. Colin
dans la *Revue des Et. grecques*, XLI, 189.

2. P. Crinito avait déjà exposé cette théorie sur les mêmes sources
(*Honesta discipl.*, III, 6 : De viribus atrae bilis): avant lui M. Ficin (*De
tripl. vita*, I, 4) et après Huarte (*Examen des Esprits*, trad. fr. de 1581,
p. 50). Mais il y a aussi sur cette question une tradition médicale qui
remonte à Galien (*De atra bile*). P. Valleriola, d'Arles, partant toujours
des sources de Platon et Aristote citées dans les pages qui précèdent,
consacre à la mélancolie toute une étude en appendice de ses *Enarra-
tiones medicinales* (Lyon, Gryphius, 1554). Thomas Eraste a présidé le
5 octobre 1577 des thèses de médecine sur la mélancolie (*Theses de
Melancholia*, Bâle, 1581, dans *Comitis Montani V librorum de morbis
... anatome* t. I. p. 241-246). Zacutus consacre aussi à ce sujet une longue étude dans le *Medic. princip. historia* (Lyon, 1642). Voir aussi
Manardi, *Epistol.*, II, 9, xvii, 5 et passim.

3. Tite Live, XXI, 62.

que cela fut le fait des démons, que dire de Haly Abenragel,
qui en examinant les astres, prédit à la naissance d'un enfant qu'il aurait la puissance prophétique, comme le rapporte le *Conciliator* dans l'exposition du 27e problème de la
XIe section, et de beaucoup d'autres? N'a-t-on pas rapporté souvent que des bœufs avaient prophétisé, et d'autres animaux, comme Plutarque le raconte dans la *Vie de
Marcellus*? [1] Et cela est arrivé souvent. Comme le rapporte
Albert le Grand dans ses *Minéraux* [2], les pierres sont souvent gravées de figures d'animaux, et l'une a une puissance
divinatrice, l'autre le pouvoir d'ouvrir les endroits secrets,
et d'autres propriétés rapportées par Albert le Grand sur la
foi d'hommes très sérieux. Combien plus alors, peut-on
attribuer ce pouvoir à l'homme, intermédiaire entre les
êtres éternels et les corruptibles et plus apte à de pareilles
impressions? De plus, que dirons-nous des songes, qui sont
des avertissements très évidents des dieux? Il y en a tant
et de si importants, que si l'on voulait les décrire en détail,
tout le papier de l'univers n'y suffirait pas. A leur propos,
Plutarque dans la *Vie de Lucullus* [3] rapporte que Lucullus
disait, répétant une pensée de Sylla, qu'il n'y a rien de plus
certain, de plus digne de foi que les avertissements donnés
en songe. En voici la raison : pendant le sommeil, nos âmes
reçoivent l'empreinte d'innombrables figures, qui nous
avertissent du présent et du passé, sans que notre pensée ni
le hasard y soient pour rien. A l'état de veille, les apparitions
sont non moins fréquentes que pendant le sommeil, comme
l'a décrit, entre plusieurs, Valère Maxime [4]. Combien sou-

---

1. En réalité : vie de *Lucullus*, XXIV.
2. *De mineral.*, II, viii. Le texte est cité plus loin par Pomponazz
3. PLUTARQUE, *Vie de Sylla*, VI. Pomponazzi a fait une confusion,
c'est Sylla qui exhorte Lucullus à se fier aux songes.
4. I, 7.

vent l'air est bigarré de figures, d'êtres vivants ou non vivants, de façon à nous montrer des armées, des boucliers, des armes de toute espèce, comme on le lit dans la vie de Marius, au second livre des *Météores* et dans beaucoup d'autres endroits? Et personne ne doute que cela soit produit par les corps célestes. Est-ce que les fontaines de Manassé ne donnaient pas du sang; est-ce que des statues n'ont pas sué des gouttes de sang? N'a-t-il pas plu parfois une espèce de laine? et d'innombrables autres prodiges que l'histoire nous rapporte et dont nous ne doutons pas, qui annonçaient de grands événements, puisque les grands événements sont la fin des petits et que la nature a plus de souci de la fin que de ce qui y conduit. C'est pourquoi un homme, qui n'est le second de personne de notre temps, Jacques Lefèvre d'Étaples, dans un scholion de la lettre de saint Denys à l'évêque Polycarpe dit que chez les Egyptiens, presque toujours à la naissance et à la mort des grands rois et dans les grandes révolutions des états il apparaît de grands prodiges. C'est que les dieux et la nature gouvernent ce monde inférieur et y disposent tout à leur gré pour le mieux de l'univers. Ainsi ils envoient parfois de bons princes, parfois des tyrans « châtiment des peuples » comme le dit Plutarque dans les Vies de *Caligula* et de *M. Brutus* [1]. Il n'est donc pas choquant que ces hommes soient produits par le ciel, pour la perfection et le besoin de l'univers.

Septième hypothèse: dans les questions difficiles et mystérieuses, les réponses les moins susceptibles d'inconvé-

---

1. La vie de Caligula est perdue et le seul fragment qui en a été conservé par Syncellus n'a aucun rapport au texte de Pomponazzi. La vie de *Brutus* contient plusieurs sorties contre les tyrans; mais je n'y ai pas trouvé l'expression citée ici.

nients, les plus conformes au bon sens et à la raison doivent avoir la préférence...

Ces hypothèses posées, il faut répondre aux faits objectés en écartant l'intervention des anges et des démons. Et puisque, selon le second livre du *Ciel*, des contradictions naît plus de lumière, à chaque genre de faits nous rapporterons l'explication de ceux qui admettent l'action des démons, et celle qu'il faudrait à notre avis donner dans l'esprit d'Aristote.

· La première question portait donc sur les oracles et les réponses des faux dieux. Nous laissons de côté les astrologues parce que le fait qu'un astrologue, se basant sur l'horoscope des hommes et beaucoup d'autres données, sur la connaissance de l'astrologie, sache prédire beaucoup de choses, la pluie, la sécheresse, l'abondance et la stérilité, la paix et la guerre, la vie et la mort, même les actes humains en tant qu'ils dépendent du corps, non nécessairement, mais par inclination, la religion même ne le nie pas, comme on le voit par saint Augustin (chapitre VI du V⁰ livre de la *Cité de Dieu*; II *super Genesim ad litteram*, et II *de religione Christiana*). La difficulté porte non sur les réponses dues à la connaissance de l'astrologie ou d'une autre science, mais sur celles que l'on prête à Dieu ou aux anges par exemple pour les saints et les prophètes; aux démons chez les gentils selon notre religion.

La réponse des chrétiens donc, c'est que ces oracles sont faits soit par Dieu même, soit par ses ministres les anges quand il y a pieuse et sainte intention; par les démons lorsque l'intention est impure, en cas d'idolâtrie par exemple, Mais Aristote, à mon avis, n'admettait pas que Dieu intervienne en personne, sans intermédiaire, dans notre monde inférieur (bien que certains, en ce qui concerne par exemple la création de l'âme humaine, soutiennent le contraire); et d'après Aristote cela ne prouve pas imperfection ou impuissance en Dieu, puisque selon ce philosophe au second livre de la *Métaphysique*, Dieu est acte pur en qui il ne peut y avoir mélange de puissance; sinon il ne serait plus l'acte très pur. Ainsi en lui il n'y a pas de défaut, mais il est la perfection, la plénitude absolue de l'être en dehors de qui il n'y a rien et ne peut rien y avoir, comme le dit le Commentateur au commentaire 21 du IIIe livre de la *Métaphysique* et au 5e du IIIe livre de l'*Ame*. Il est le seul être en qui il ne peut y avoir aucun mélange de défaut ni de puissance. Mais cela vient du défaut de l'effet inférieur, qui à cause de l'imperfection qu'il porte en lui, ne peut être réalisé. Car selon Platon dans le *Timée* il ne convient pas que le pur soit touché par l'impur. Aussi de même qu'un œil faible ne peut pendant le jour voir le soleil, mais le voit seulement dans une faible lumière, ainsi un effet inférieur n'est pas l'œuvre de Dieu immédiatement, mais de ses intermédiaires. Dieu ordonne tout et dispose tout avec ordre et à propos [1], il impose aux choses une loi éternelle qu'il est impossible de transgresser. Que Dieu n'agisse pas sans intermédiaire en ce monde, cela ressort du VIIIe livre de la *Physique*, du second du *Ciel* et du second de la *Métaphysique*. C'est qu'Aristote a craint que Dieu ne subît un changement, s'il intervenait personnellement : alors il ne serait plus Dieu, puisqu'en Dieu, pour les religions, pour les vrais philosophes, il ne peut y avoir ni changement ni vicissitudes... La première solution ne serait donc pas acceptée par Aristote.

Voyons maintenant les autres, les anges et les démons. Je dis qu'il faut chercher comment les anges et les démons donnent ces réponses, si c'est en instruisant les devins,

---

1. *Sap.*, VIII, 1.

ou en se servant de leur corps comme d'instruments comme un trompette joue de son instrument.

La première méthode suppose ou l'instruction de vive voix qui est impossible, car elle suppose une altération impossible aux esprits surnaturels; ou des images qui produisent les espèces dans l'intellect. Mais alors qui empêche que ces images soient produites par les corps célestes? Cela paraît naturel. Le second moyen, qui suppose que le devin est un instrument pour l'ange ou le démon comme le clairon au musicien, se heurte aussi à des difficultés. Si le devin a conscience du rôle qu'il joue, on retombe dans la première objection; s'il est purement passif, il y a d'autres difficultés aussi grandes : la première l'invraisemblance, le devin ayant mémoire et imagination ; la seconde que le mouvement local que suppose le son peut très bien être attribué lui aussi aux corps célestes. De dire que l'esprit est dans le devin et non l'Intelligence céleste, ce n'est pas vraisemblable, car il ne peut y être inné comme la forme, ni ajouté comme le moteur.

Il paraît donc plus raisonnable de dire que les devins ont cette puissance par une disposition des corps célestes; la preuve c'est que les astrologues en voyant leur horoscope peuvent prédire d'après les astres qu'ils seront prophètes et devins, comme le fit Haly, mentionné plus haut; et souvent, avant la naissance de ces hommes, les astrologues prédisent qu'il naîtra des devins et prophètes, comme nous l'avons dit d'Auguste. Plutarque aussi rapporte dans la *Vie de Romulus* [1] que Tarutius adonné à la philosophie et aux mathématiques, Marcus Varon lui ayant donné la

---

1. XII, 5-9.

vie et le caractère de Romulus, put dire l'heure de sa naissance, l'heure à laquelle il fonda Rome et celle de beaucoup de ses actes, ce qui serait impossible si Tarutius n'avait connu cela par les astres. Ces devins ont en effet une cause matérielle, le tempérament. Ils sont, dit Aristote, à la 30ᵉ section des *Problèmes*, mélancoliques, sans soins, comme fous, extatiques; et lorsqu'ils prédisent, ils s'agitent comme des bacchantes et des furies. Virgile nous a dépeint cet état à propos de la sibylle de Cumes (*Enéide*, VI, 47-51 et 77-80).

C'est pourquoi, comme l'ont rapporté Platon et Aristote de ces deux poètes devenus de sanguins mélancoliques, ils devinrent de poètes sanguins et durs, les plus célèbres des poètes. Mais les démoniaques, une fois leur fureur purgée, ne font plus aucune merveille; le *Conciliator* déclare l'avoir expérimenté, dans l'exposé du problème cité; et moi-même j'ai été témoin que Galgerando, médecin très célèbre de notre Mantoue de mon temps, guérit la femme d'un certain cordonnier F. Magreto, atteinte de cette maladie (elle parlait plusieurs langues) et il la guérit parfaitement. Autre argument : ceux qui font profession de chasser les esprits par invocation des saints et aspersion d'eau bénite, purgent d'abord les malades de leur mélancolie. Bien plus, on lit au troisième chapitre du IVᵉ livre des *Rois* qu'Elisée ne put prophétiser au roi cherchant Elisée lui-même qu'après avoir posé la main sur le psautier. Ces devins ont pour raison d'être la consolation et la beauté de l'univers : sans eux l'univers ne serait pas en bon équilibre. Platon dans le *Phèdre* écrit ceci : « Les prédictions des oracles de Delphes, des prêtres de Dodone ont procuré beaucoup de grands bienfaits aux Grecs ». Si nous rapportions par combien de prédictions les sibylles et les autres devins ont été utiles à la postérité, nous étendrions trop cette démonstra-

tion et démontrerions une chose évidente à tous. Bien
plus, Platon a en telle considération la science de la divination et des augures que dans le *Phèdre*, dans le *Timée*, dans
la *République*, il estime que la république serait incomplète
sans ces arts, et il n'a pas craint de les mettre au rang des
sciences. C'est pourquoi le ciel étant l'instrument universel des Intelligences, il doit concourir comme instrument
à l'exercice de ces arts.

Ajoutons que l'instrument immédiat de l'immatériel doit
être immatériel, comme cela est dit au VIII° livre de la
Physique. Que si les anges et les démons peuvent mouvoir
sans les corps célestes, il ne sera pas nécessaire de recourir
à ceux-ci, cela est évident, car ces êtres créés n'ont pas
besoin de l'intermédiaire des corps célestes. Par conséquent,
ce qui a été dit ici ne compte plus ; sur la prédiction de
l'avenir, la révélation des secrets, la science du passé, la
vision de ce qui se passe au loin. Car pour ceux qui croient
à ces esprits, ces faits sont leur œuvre et ne dépassent pas
leur puissance. Nous, de notre côté, nous affirmons que
ces faits sont en la puissance d'Intelligences immatérielles,
mais non de celles qu'ils disent, puisque le nombre des
Intelligences établi par Aristote suffit, comme je l'ai montré; et encore en la puissance des Intelligences par l'intermédiaire des corps célestes comme instruments nécessaires,
la nature procédant avec ordre et ne joignant jamais les
extrêmes sans intermédiaires.

Voici encore un argument pour montrer que les corps
célestes concourent à ces effets : c'est que beaucoup des
prodiges dont il a été question, ceux qui sont du domaine
de la divination, sont faits par des animaux et par des êtres
inanimés. Le corbeau, selon Aristote [1], prévoit les carnages

---

1. *De animal. hist.*, IX, 31.

et les guerres; beaucoup de poissons et d'oiseaux annoncent
les tempêtes, donnent des indices remarquables de l'avenir,
du présent et du passé; comme on le sait par les oracles
et les augures. Les histoires grecque, latine et barbares sont
pleines de ces faits. Même les choses inanimées ne semblent
pas incapables de prodiges. L'amandine, selon Albert le
Grand, au second livre de ses *Minéraux* [1], donne le pouvoir
de vaincre ses ennemis, d'interpréter les prophéties et les
songes, et même les énigmes. La quirite [2] livre les secrets
et excite l'imagination. La silénite [3], toujours d'après
Albert le Grand, est utile pour la divination le premier
jour de la lune. C'est une chose connue. Je pourrais aussi
citer certaines herbes que je passe sous silence; il en résulte
qu'il n'est nullement étonnant si ces pouvoirs sont donnés
aux hommes par les corps célestes.

Mais pour ce qu'on disait ensuite de bêtes monstrueuses
qui auraient parlé comme des hommes, de fantômes même
qui l'auraient souvent fait, de statues qui auraient versé
des gouttes de sang, ou qui auraient changé de place : tous
prodiges que l'on trouve à foison chez Tite Live, Valère
Maxime, Plutarque, et autres auteurs semblables, ils sont,
selon les religions, l'œuvre des anges ou des démons. Mais
pour ce qui concerne les animaux et les êtres inanimés
(statues ou non) qui ont parlé, puisque ces paroles ont
toujours été entendues dans l'air et que l'on n'a pas su
d'où elles venaient, et qu'on les a attribuées à des esprits,
il faut recourir aux mêmes principes et à la même argu-

---

1. *Miner.*, II, ii, 1. Amandinus lapis. Je ne trouve pas cette pierre
dans les recueils de Pannier ni de Langlois.
2. *Ib.*, cap. XV. Quiritia lapis.
3. *Ib.*, cap. XVII. Silenites lapis. Cf. MARBODE, *De Gemmis*,
XXVI; PANNIER, *Lapidaires*, p. 54, 107, 135, 165; LANGLOIS, *Conn.
de la nature*, p. 30.

mentation que plus haut : comment des esprits ont-ils pu parler? Et il n'y a aucun moyen vraisemblable d'attribuer ces paroles à des esprits, qu'il ne soit encore plus vraisemblable de soutenir qu'ils sont dus aux Intelligences par l'intermédiaire des corps célestes, selon le raisonnement tenu plus haut. Il faut donc faire la même réponse.

Quant à ce que des statues ont émis des gouttes de sueur, des larmes, du sang, ont changé de place, et ainsi de suite, mes adversaires trouvent évident que cela a été fait par des esprits. Mais, avec Aristote je prétends (bien que ce soient souvent des tromperies des prêtres — Albert le Grand le rappelle et nous en avertit souvent au second traité des *Minéraux* [1] — et que de notre temps même cela est arrivé) je prétends donc, ajoutant foi tout de même aux auteurs sérieux, que selon mes réponses précédentes, c'est là le fait des Intelligences, par l'intermédiaire des corps célestes. Il faut bien savoir que jamais ces prodiges ne se sont produits que pour quelque grand changement, par exemple la chute des royaumes, un nouvel état, la mort ou la naissance de quelque personnage important et extraordinaire, en bien ou en mal, une nouvelle religion, etc. comme il apparaît dans les histoires qui rapportent ces faits : il n'est donc pas déraisonnable de les attribuer aux corps célestes. Plutarque, en effet, dans la *Vie de Sylla* [2] écrit ceci : « Les hampes des aigles émirent d'elles-mêmes du feu qu'on eut de la peine à éteindre. Trois corbeaux ayant amené leurs petits sur la route, les dévorèrent et emportèrent leurs restes dans leurs nids. Des rats ayant

---

1. *De mineral.*, II, 1, 1. Alexandre parle de ceux qui doutent des propriétés occultes des pierres. Je ne vois pas qu'il parle des ruses des prêtres à ce sujet.
2. PLUTARQUE, *Sylla*, VII.

rongé de l'or sacré dans le temple, les gardiens en prirent un (une femelle); elle fit cinq petits et en mangea trois. Mais le plus terrible, c'est que par un temps serein et absolument sans nuages, retentit un son de trompettes aux voix si aiguës et lugubres que tout le monde, tant fut grande la terreur, en demeurait coi. Les devins étrusques déclarèrent que c'était l'avènement d'un nouveau genre de vie et d'une nouvelle ère; qu'il y avait en tout huit époques, différentes entre elles de mœurs et de manière de vivre; chaque genre avait son temps fixé par Dieu, pris sur le cycle de la grande année. A la fin de chaque année, et au début de la suivante, il se produisait au ciel et sur la terre un signe extraordinaire de façon à montrer clairement à ceux qui connaissent ces choses que les hommes doivent changer leur manière de vivre et seront plus ou moins que leurs devanciers objets de la sollicitude divine. Au reste, à chaque mutation il se fait de grandes révolutions; la divination est plus considérée et l'on obéit à ses indications à cause des nombreux et éclatants prodiges que Dieu fait pour les annoncer. Mais le nouvel état de choses est d'ordinaire obscur et dur et c'est à travers l'incertitude et l'obscurité que l'on réalise l'avenir. Voilà ce que disaient les Etrusques qui devançaient les autres en raison et en sagesse. Tandis que le Sénat siégeait dans le temple de Bellone, écoutant les devins sur ce sujet, un moineau entra à la vue de tous, tenant dans son bec une cigale dont il laissa tomber une partie et emporta l'autre avec lui. Cela annonçait, pour les augures, une sédition des campagnes contre la population des villes. Celle-ci en effet est, disaient-ils, harmonieuse et élégante comme la cigale, celle des champs, rustique. Voilà ce que dit Plutarque en cet endroit; il cite en d'autres endroits et d'autres vies, beaucoup de faits de ce genre, que j'omets pour abréger. Albert le Grand aussi, chapitre 9 de son livre des *Animaux* écrit : « Josèphe raconte que lors du changement de la loi des sacrifices au temple de Jérusalem, une génisse qui était entre les mains des sacrificateurs mit bas une agnelle; ce qui fut l'indice que la génisse se changerait en agnelle : c'est que le Sauveur est le véritable agneau qui a enlevé les péchés du monde, comme on chante dans la préface pascale, en sorte qu'il est comme un agneau innocent et sans tache ». De plus, je ne me souviens pas d'avoir jamais lu l'histoire d'une révolution ou la vie d'un homme célèbre, par ses vertus ou par ses crimes, dont la naissance ou la fin n'ait été marquée par de grands prodiges. C'est pourquoi, ces prodiges étant constants ont donc une cause naturelle.

Une raison de croire encore qu'ils sont dus à la puissance des corps célestes, c'est que (on le voit dans l'histoire) les astrologues les prédisent et les expliquent par l'étude des astres. Pourquoi m'attarder? Ne trouve-t-on pas dans le peuple, chez des gens de rien, des signes qui annoncent leur mort ou quelque autre événement de la vie humaine? N'en remarque-t-on pas jusque chez les animaux? Car les gens expérimentés prévoient la fécondité et la mortalité des animaux mêmes, tant terrestres qu'aquatiques, sauvages que domestiques : ainsi, comme le raconte Aristote au chapitre 20 du IIIe livre des *Histoires des Animaux*, puisque le bouc avait du lait c'était le signe, d'après l'oracle de Delphe, que le troupeau s'accroîtrait beaucoup. Que dire des récoltes, observées surtout par les fermiers? Que dire des tempêtes et des indications nombreuses et variées que donnent les marins à leur sujet? Que tout cela soit l'œuvre de la puissance divine, nous n'en doutons pas. Pourquoi ne pourrait-on pas voir aussi ces présages dans la personne des hommes, surtout chez les rois, princes, hommes illustres de tout art et conditions? Ils sont, en effet, le principal souci des dieux, ce que montre ce mot du très savant Jacques Lefèvre d'Étaples à propos des prodiges que l'on remarque dans les révolutions et à la naissance et à la mort des rois : Les rois sont les ministres des dieux, soit bons (ce qui est très rare), soit méchants (comme ils le sont très souvent, presque toujours). Les bons sont pour le bon gouvernement et le bien des peuples; et les mauvais, mieux nommés tyrans, sont les bourreaux universels des dieux, pour les venger des peuples pécheurs; et comme la plupart des bourreaux de nos rois, ils ne valent pas leurs victimes, selon ce mot le Diogène le Cynique : les grands voleurs pendent les petits. Ainsi les rois qui tyrannisent les peuples pour les punir sont pires que les peuples eux-mêmes, pour mieux châtier les péchés de ces peuples, et de beaucoup plus malheureux qu'eux. Comme les herbes médicales et salutaires, Dieu produit les bons rois; les tyrans, comme des herbes vénéneuses et comme des basilics très venimeux; et comme le venin chasse le venin, les peuples pécheurs sont sur le globe chassés par le venin des tyrans, afin qu'après le venin vienne le miel et après le tyran le roi légitime : selon la sentence d'Aristote au second livre de la *Rhétorique* : Dieu donne le malheur afin que vienne le bonheur. C'est pourquoi il faut honorer et vénérer grandement les rois, princes et hommes illustres : car ils sont des dieux ou ils participent beaucoup de la divinité. Aussi, de même que le fer aimanté attire à lui un autre fer (comme cela est clairement exposé par Platon dans le *Phèdre*) ainsi les rois portant en leur personne une divinité, qu'ils ont reçue des dieux, peuvent la communiquer à d'autres. C'est pourquoi on peut croire ce que Suétone raconte d'Auguste : un jour qu'il se mit à parler, dans une propriété à la campagne, les grenouilles l'assourdissant, il leur ordonna de se taire : et depuis, dit-on, ces grenouilles ne coassaient plus.

Et pour en revenir à ces miracles racontés par le même
Suétone sur Vespasien : l'aveugle guéri par un peu de salive
et le boiteux guéri par l'attouchement de son pied : est-ce
que Vespasien si éloigné de l'empire, dans une condition
assez médiocre, n'a pas reçu quelque divinité des dieux pour
s'être élevé tout à coup à un pouvoir si grand et si inat-
tendu? Il n'est donc pas étonnant s'il a montré sa divinité
en faveur de ces deux infirmes. Pour l'affranchi dont nous
avons parlé, il n'y a rien là de merveilleux, puisque cela
fut fait par les dieux lorsqu'ils portaient Vespasien même
à l'empire : Dieu en effet donne la fin et les moyens et ce
qui suit la fin puisqu'il est très libéral [1]. Même ce qui était
ajouté là, d'une statue de ce prince déterrée près de Tégée
en Arcadie sur l'indication des devins, cela n'est pas hors
de notre théorie; car les rois et les grands changements sont
prévus de loin par les prophètes, grâce à la puissance des
corps célestes : en effet, cette statue fut trouvée par le flair
des devins. Nous lisons les mêmes choses des descendants
de Jule. Dans la *Vie de Jules César*, le même Suétone
raconte ceci : « Des colons envoyés dans la colonie de Capoue
par la loi Julia, renversaient de vieux tombeaux pour
construire des fermes, et mettaient d'autant plus de souci
à leur travail qu'en creusant ils trouvaient quelques petits
vases d'un travail ancien; ils trouvèrent dans le tombeau
que l'on disait être celui de Capys, fondateur de Capoue,
une tablette d'airain où était gravée en grec cette inscrip-
tion : Quand les os de Capys auront été découverts, le
descendant de Julus sera tué par la main de ses parents

---

1. L'augure était dans le « nom royal » de Basilidès, comme le dit
Wier qui a recopié le récit de Suétone cité par Pomponazzi au chapitre
précédent (Wier, *Histoires ...des diables*, V, 19). Wier attribue ce
miracle au démon qui voulait empêcher Vespasien de se faire chrétien.

et il sera bientôt vengé par les grands désastres de l'Italie. Et pour que personne ne croie qu'il s'agit d'une fable ou d'inventions, celui qui la rapporte est Cornelius Balbus, ami intime de César ». Voilà ce qu'il dit [1]. Au début de la *Vie de Sergius Galba* empereur, on voit la même chose; voici ce qu'il écrit [2] : « Tandis que Livie, peu après son mariage avec Auguste, allait à sa villa de Véies, un aigle la survolant, laissa tomber sur ses genoux une poule blanche portant un rameau de laurier dans son bec. Elle fit nourrir la poule et planter le laurier et il survint tant de poussins qu'aujourd'hui encore on appelle cette villa «Les poules». Et d'autre part le laurier poussa si bien que les Césars dans leurs triomphes y cueillaient leurs couronnes, et ils prirent l'habitude, le triomphe terminé, de les replanter au même endroit. Et l'on remarqua qu'à l'approche de la mort de chaque empereur, le laurier dépérissait. Aussi la dernière année de Néron, toute la plantation sécha entièrement, et toutes les poules périrent : et bientôt le palais des Césars fut frappé de la foudre; les têtes de leurs statues tombèrent ensemble; et le sceptre d'Auguste lui fut ravi des mains. »

On trouve en nombre infini des faits de ce genre dans les historiens illustres, qui ont pour but de montrer que ce sont les dieux et les corps célestes qui font les hommes illustres et les grandes choses; les prophètes qui les annoncent; les bêtes, les herbes et les éléments qui les symbolisent et que donc ces événements s'annoncent avec force au point qu'il est difficile de les empêcher. Souvent les hommes s'y essaient de toutes leurs forces : plus ils font d'efforts, plus ils poussent à la réalisation de ce qu'ils veulent éviter:

---

1. Suétone, *César*, LXXXI, 1-2.
2 *Id.*, *Galba*, 1.

en fuyant le destin, ils tombent dans le destin. Ainsi de la chute de Troie prédite par tant de devins, de prédictions et de présages. Ainsi, selon Justin, de Romulus et son frère et de beaucoup d'autres. C'est pourquoi Plutarque répète souvent que l'on peut prévoir le destin, mais non l'éviter... C'est pourquoi encore Plutarque dit une vérité très certaine dans la *Vie de Romulus* : que le sort est un ouvrier et architecte de grandes choses; et rien de grand n'arrive qui n'ait une origine divine. Mais pourquoi insister, alors que nous voyons de notre temps la fortune et le ciel dominer beaucoup d'événements, en particulier à la cour de Rome? Des hommes dont on ignore la patrie et les parents, qui n'ont ni science ni conscience, sans prestige, sans vertus, enfin sans valeur, parviennent parfois au sommet des honneurs et une fois parvenus, ils sont pires que les autres. Cela ne peut avoir aucune explication, sinon que c'est la volonté des dieux, et des corps célestes. Tout cela seulement pour montrer la valeur de l'argument et de la riposte.

Quant à ce qui suivait, que ces apparitions sont vues visiblement par tous et ensuite s'évanouissent, comme l'histoire de Brutus, de Cassius, du miracle arrivé les jours derniers à Aquila, d'après les religions cela est arrivé sur l'ordre de Dieu par l'intermédiaire de ses bons ministres, ou avec la permission de Dieu par les malins esprits, pour le bien des hommes ou leur châtiment, ou pour toute autre raison. Mais même selon cette théorie, on doit avouer que ces prodiges sont faits par Dieu et ses ministres qui sont les Intelligences qui meuvent les cieux, et par l'intermédiaire des cieux; et il n'y a pas moyen de retenir les explications qu'en donnent les religions sans que du même coup on ne donne des raisons de les attribuer aux Intelligences : en effet, que ce soient des esprits ou des Intelligences, ce ne sont pas les formes des corps que nous voyons, mais seulement leurs moteurs comme nous le montrons irréfutablement dans ce chapitre.

> Les dieux et les corps célestes se servent pour diriger l'homme d'instruments qui sont les songes (ainsi Esculape montre en songe à un malade l'herbe qui le guérira), les apparitions, en informant l'air des figures qu'ils veulent faire apparaître.

C'est pourquoi le miracle d'Aquila a une cause naturelle et il n'est point besoin de recourir aux anges ou aux démons pour l'expliquer. Voici : les habitants d'Aquila, effrayés et crédules, ont fait des prières à Dieu et à saint Célestin pour qu'ils chassent les pluies, comme le malade dont j'ai parlé pria Esculape; Dieu envoya à celui-ci pendant son sommeil l'image d'Esculape avec l'herbe qui devait le guérir. Mais chez les habitants d'Aquila, la puissance du ciel fut plus grande : non seulement l'image de saint Célestin s'imprima dans leur imagination, mais dans l'air lui-même, ce qui fait qu'elle fut aperçue de tant de gens. Ainsi de toutes les apparitions. Si on admet qu'elles peuvent se produire en songe, il est nécessaire de croire qu'elles peuvent se produire aussi dans l'atmosphère. Mais elles disparaissent très vite, parce qu'elles sont formées dans l'air.

On en conclut qu'il n'est pas tout à fait faux que certains hommes aient apparu après leur mort et qu'ils aient parlé; non pas que ce fût eux réellement, puisqu'ils sont morts; mais leur image, leur fantôme étaient dans l'air et ont parlé ou semblé parler : car pour les songes cela est évident. Nous lisons que certains défunts ont apparu en songe à des vivants et leur ont appris des choses cachées. Il me souvient à ce propos du fils de Dante, à qui, dit-on, son père apparut pendant son sommeil pour le renseigner sur un poème perdu par lui, Dante. Ce poème, son fils, suivant les instructions reçues dans cette vision, le retrouva. Or, si la puissance céleste avait été assez forte pour informer l'air, certes son fils aurait dit qu'il avait vu son père réellement et lui avait parlé ; et pourtant cela n'aurait pas été vrai.

Autre conséquence : si la nécromancie consiste à évoquer les âmes des enfers, Aristote ne reconnaît pas de nécromancie, car pour lui, il n'y a point d'âmes humaines aux enfers, ni, si par hasard il y en avait, elles ne pourraient en être ramenées. Mais si on entendait par nécromancie quelque chose d'approchant, que par exemple, l'on y évoque quelque chose qui ressemble au mort, comme ce fut le cas pour le fils de Dante, alors Aristote l'admet, et qu'elle est l'œuvre des dieux, et peut-être qu'elle serait possible à l'homme par la vertu d'herbes, de pierres ou autres choses semblables : mais ceci je ne l'affirme pas. Il y a en effet beaucoup de choses possibles que nous nions parce que nous les ignorons. Celles-là ne me paraissent pas impossibles. Mais il faut savoir que ces apparitions aériennes se produisent plutôt la nuit que le jour, tant parce qu'au jour la lumière fait voir plus facilement les supercheries, selon la parole du Sauveur : « Celui qui fait le mal hait la lumière » ; que parce que la nuit l'air est plus épais, rendant ainsi plus facile l'apparition. En jour, on les voit plutôt matin et soir qu'en plein midi, toutes choses égales d'ailleurs et lorsqu'il y a plus de vapeurs. C'est pourquoi, selon le III* livre des *Météores*, dans les averses d'été en plein jour, il n'y a pas d'arc-en-ciel, pour la même cause. Peut-être d'ailleurs ces apparitions se produisent elles plutôt quand l'air est humide que quand il est sec ; l'arc-en-ciel en effet se fait dans une nuée humide. De là l'on voit assez si l'apparition de saint Célestin a des causes naturelles, étant donné que l'air était très humide et sensible, étant assez épais à cause de l'abondance des pluies. On voit par là qu'il y a plusieurs occasions où l'on peut s'imaginer voir réellement des hommes, des anges ou des défunts ou quelque chose de semblable. D'abord dans l'extase, une fois revenus de ces accès, ils racontent qu'ils ont vu des choses incroyables et parlé à Dieu; même pendant leur extase, ils s'abandonnaient à de grands transports. Cela peut arriver aussi à l'état de veille, si les puissances internes émettent des espèces et envoient des esprits aux sens extérieurs, comme le dit Avicenne dans le *De Memoria et reminiscentia* et au second livre des *Collectanea*.

Troisièmement cela peut arriver à l'état de veille, et rarement, par des fantômes produits dans les sens externes par les corps célestes. Car de même que les corps célestes peuvent imprimer ces visions dans l'âme humaine pendant le repos ou le sommeil, ainsi à l'état de veille; surtout si ces hommes sont délivrés des soucis humains et des tracas d'esprit : alors ils peuvent prophétiser bien des choses vraies; ils sont en effet très semblables aux animaux qui pressentent l'avenir : le coq les changements do temps, le corbeau les massacres, le dauphin les tempêtes, et beaucoup d'autres de cette sorte. Les avis et présages de ces animaux ne sont point méprisables : on les appelle des astres de second rang, et leurs prédictions sont plus sûres que celles des étoiles du ciel parce qu'ils sont plus près des effets à venir. C'est pourquoi les marins et les laboureurs expérimentés jugent par ces signes plus sûrement que les savants astrologues.

Quatrièmement cela peut arriver, selon que nous l'avons dit, de ce que l'air est ainsi disposé par les corps célestes [qu'il s'y imprime des figures, par exemple des armées. De tels signes annonçant de grands événements]. Il n'y aurait donc pas d'impiété à dire que l'apparition de saint Célestin a précédé la sécheresse. C'est un événement de ce genre que raconte Valère Maxime en son 1er livre, de Publius Vatinius : Dans la guerre de Macédoine, P. Vatinius, soldat de la préfecture de Rieti, gagnant la ville pendant la nuit crut voir venir au devant de lui deux hommes très beaux, assis sur des chevaux blancs, qui lui annoncèrent que ce jour qui était passé, le roi Persée avait été pris par Paul-Émile. L'ayant raconté au Sénat, il fut jeté en prison, pour avoir attenté à sa majesté par un récit inutile. Quand la lettre de Paul-Émile eut annoncé la capture de Persée, il fut délivré de prison et de plus gratifié d'une charge et d'une dispense [1]. On peut encore en conclure que tout n'est pas fable dans ce que racontent les poètes, que des hommes aient parlé aux dieux, comme le chante Virgile au IV° chant de l'*Enéide* : « Moi-même j'ai vu le Dieu dans une puissante majesté, très reconnaissable, entrer dans nos murs, et j'ai entendu sa voix de mes oreilles »; qu'ils aient vu les Mânes comme dans ce passage : « Moi toutes les fois que de ses ombres la nuit couvre la terre, quand se lèvent les astres de feu, mon père Anchise m'avertit en songe et son apparition inquiète m'effraie [2]. »

Non que ce soient réellement les dieux qui parlent, ni les âmes des défunts, mais des fantômes produits par les corps célestes par un des moyens que nous avons indiqués. Et même, pour cette explication, il semble qu'on doive l'adopter d'après la doctrine de l'Evangile. Il est dit des apôtres dans le récit de la Résurrection du Christ [3] : « Ils furent attristés et effrayés, car ils pensaient voir un esprit

1. VALÈRE MAXIME, *I, VIII.*
2. *Æneid.,* IV, 357-358 et 351-353.
3. *Luc,* XXIV, 37.

(spiritum) ». A propos de quoi Théophraste fait cette glose : spiritus, c'est-à-dire fantôme : c'est pourquoi l'Evangéliste ajoute : Et il leur dit : « Pourquoi êtes-vous troublés et pourquoi pareilles pensées s'élèvent-elles dans vos cœurs? Voyez mes mains et mes pieds, c'est bien moi; touchez-moi et voyez : un esprit n'a ni chair ni os, comme vous voyez que j'ai. » Rapprochons de ce texte les vers de l'*Enéide* sur Enée [1] : « Trois fois j'essayai de l'embrasser, trois fois mon étreinte vaine vit s'échapper son ombre, semblable aux vents légers et à un songe rapide ». On voit donc qu'il n'est pas en contradiction avec l'Evangéliste que de tels fantômes apparaissent à l'état de veille. Pour Bède, cependant, le mot *spiritus* ne signifie pas fantôme. Il écrit : « Ils croient voir l'esprit qu'il rendit dans sa passion lorsqu'inclinant la tête il rendit l'esprit »...

Pour les augures et les présages, on fait la même réponse que pour les précédents prodiges. Mais nous aussi nous apportons le même argument et nous répétons qu'il est étonnant, si ce sont là des supercheries, que Platon, Aristote, les sages grecs et romains les aient observés avec tant d'attention et de soin : au rapport de Valère Maxime, Tite Live, Plutarque et les autres célèbres historiens, ceux qui les observaient avaient du succès, ceux qui les négligeaient, des revers.

Platon en fait une science. Aussi il faut croire que c'est un des moyens par lesquels la providence divine gouverne les hommes; elle a à sa disposition beaucoup de moyens que nous ignorons.

----

1. *Æneid.*, II, 792-795 et VI, 700-702

C'est pourquoi à la naissance d'Auguste, tous les signes pour ainsi dire se trouvèrent réunis : oracles, prédictions d'astrologues, prodiges dans le règne animal et dans les éléments. Nous lisons la même chose pour la naissance d'Alexandre le Grand, d'Evagoras et de beaucoup d'autres dans Plutarque. Même la naissance de notre Sauveur, que d'oracles et de prodiges l'ont précédée !

Ces présages sont donc voulus par Dieu et la nature à la fois, comme des signes qui prédisent l'avenir à l'homme, et comme des causes ou des conséquences de ce qu'ils annoncent. Leur autorité vient précisément de ce qu'ils sont liés à l'événement annoncé par un lien de causalité ou par un symbolisme naturel. On parlait ensuite de la chiromancie et de la géomancie. La première est une science sérieuse qui fait partie de la physionomie. Aristote (*De Nat. Anim.*, I, 15; *Problem.*, X, 49) l'a prise au sérieux. L'observation des jours fastes et néfastes peut ainsi reposer sur une *loi* naturelle; la science des nombres peut aussi se soutenir parce qu'il y a des nombres et des figures plus parfaits que d'autres : la sphère, le triangle, figures parfaites; le nombre ternaire étant le plus parfait. Cela ne doit pas s'interpréter mathématiquement du reste, ni sans discernement : ce qui est favorable à l'un est funeste à l'autre. La raison humaine étant courte à nous guider, il faut parfois nous confier aux indications des corps célestes, mais à condition de bien connaître toutes ces sciences.

Ici, je veux raconter une histoire que beaucoup de mes amis ont vue eux aussi; et Dieu sait si je mens. Après la mort du pape Jules, pendant le conclave, circulaient ici à

Bologne comme d'habitude des rumeurs diverses selon la diversité des désirs au sujet du futur pape. J'avais pour voisin un vieillard nommé Mechanio avec qui souvent pour me délasser, je causais. Tandis que nous parlions du futur pape, il me dit qu'il savait qui ce serait et m'avoua qu'il excellait en cet art dont je parle. Mais moi, pour bien des raisons, je n'ajoutai aucune foi à ses paroles. A plusieurs reprises pourtant, je l'interrogeai sur le futur pontife par manière de jeu. Eh bien, sans mentir, pendant quatre jours, il me prédit avec constance et certitude que ce serait le cardinal Jean de Médicis, maintenant Léon X, qui sans aucun doute le deviendrait. Est-ce art, est-ce hasard, je ne sais; mais ce que je sais, c'est qu'il en fût ainsi. Et ce qui m'étonna le plus, c'est que personne n'y pensait ni ne parlait de ce candidat; même la plupart des gens songeaient à chacun des autres cardinaux. C'est pourquoi cet art ne me paraît pas absolument déraisonnable pourvu qu'il soit exercé par un homme habile.

Pour ce que l'on disait ensuite des démoniaques et de ceux qui parlent diverses langues sans les avoir jamais apprises, on en a parlé suffisamment lorsqu'il a été question des oracles et des réponses des dieux. Il faut en effet y faire la même réponse, car ils ont la même cause.

Mais pour ce qu'on disait ensuite, que les paroles et des caractères forcent à l'amour ou en délient, cela me paraît très douteux, que l'on admette l'action des démons ou celle des hommes. C'est une croyance que l'on peut être forcé à aimer ou à haïr et, selon l'opinion commune, être lié au moment du coït de façon à ne pouvoir avoir de relation intime avec une femme déterminée si l'on n'est délié par des formules magiques, comme l'a chanté Virgile [*Enéide*, IV, 487-488] :

> *Haec se carminibus promittit solvere mentes*
> *Quas velit, ast aliis duras immittere curas*, etc.

et [*Bucol.*, VIII, 109] :

> *Parcite, ab urbe venit, jam parcite, carmina, Daphnis.*

Beaucoup de poètes l'ont cru, des philosophes même semblent de cet avis. Pour Platon, cela est certain, par de très nombreux textes; et Marsile Ficin au XIIIe livre de la *Theologia Platonica* a longuement traité ce sujet. Mais Aristote lui-même, hostile pourtant à ces pratiques, au chapitre XIV du second livre *De natura animalium* écrit : « Certains ont par erreur dit que la rémora a des pieds : elle n'en a pas, mais comme elle a des nageoires semblables à des pieds, elle paraît se tenir sur des pieds : c'est un petit poisson qui fréquente les rochers, mauvais à manger; il tire son nom de ce qu'il arrête les bateaux; il est utile pour les jugements, pour les filtres d'amour, selon certains. » Au livre VI, chapitre 22 *De natura animalium*, parlant de l'hippomane [1], il écrit : « C'est pourquoi il est recherché par les magiciennes et est pris par les femmelettes. » Il le répète au VIIIe livre et dans beaucoup d'autres endroits.

La religion chrétienne elle-même tient cela pour très certain. Saint Thomas au XIe livre de ses *Qollibeta*, art. 10, écrit sur les maléfices : « Il faut savoir que certains ont nié

---

1. Sur l'Hippomane, cf. C. Agrippa. *De occulta philos.*, I. 42. Wier (*De l'Impost. des diables*, III, 39, t. I, p. 472-4) définit l'hippomane « une louppe... grosse comme une figue, longue et un peu large, de couleur noire, aparoissant au front des jeunes poulains, lorsqu'ils naissent, et qui est avalée par les jumens à force de lecher et nettoyer leur front ». Elle avait des vertus amoureuses. Wier cite les autorités sur ce sujet, on les trouvera aussi, avec une très abondante dissertation dans Bayle, à la suite de son *Dictionnaire* (édit. de 1820, t. XV, p. 189-204).

le maléfice : cela venait de leur mécréance : ils soutenaient que les démons ne sont rien que des imaginations des hommes, c'est-à-dire que les hommes les imaginent et que cette imagination les effraie et leur fait du mal. Mais la foi catholique soutient que les démons sont des êtres réels et peuvent par leurs opérations empêcher la copulation charnelle. » Et dans l'article suivant, exposant la cause de cet empêchement et la différence entre l'impuissance et le maléfice, il dit : « L'impuissant est impuissant absolument; le maléficié l'est non par rapport à toutes les femmes, mais à l'égard d'une seulement. » Albert le Grand aussi, dans le XXIIe livre de ses *Animaux* [1], au chapitre du loup, dit : « Si la verge du loup est liée au nom d'un homme ou d'une femme, le coït leur est impossible tant que ce nœud n'est pas délié. » Cela semble avoir une cause rationnelle que suggère M. Ficin au passage cité : c'est que si les pierres et les herbes peuvent engendrer la folie, comme le rapporte Plutarque d'une plante dans la vie *Vie de Marc Antoine*, et qu'au contraire certaines donnent la sagesse (et d'autres merveilles qui sont rapportées par Albert le Grand au second livre de ses *Minéraux* [2]), il n'est pas impossible qu'il s'en trouve pour donner l'amour ou le chasser. C'est pourquoi le même Plutarque dans le même endroit dit de Marc Antoine : « L'esprit vaincu par des charmes magiques et des philtres amoureux, ayant perdu sa liberté, il restait les yeux fixés sur Cléopâtre, beaucoup plus avide de revenir que de vaincre. »

Si donc, dis-je, nous admettons ces faits, œuvre des démons selon les religions, de la nature, selon les philoso-

---

1. En réalité : *De animal.*, lib. XXII, tract. II, cap. I, de lupo : Si Virga lupi in alicujus nomine viri vel mulieris ligetur, non poterit coire donec nodus ille solutus fuerit.

2. Lib. II, tract. I en entier.

phes; selon moi il n'est pas facile de soutenir ni l'une ni l'autre explication. Si l'on admet en effet que cela est l'œuvre des démons, surgit une question : puisque l'amour et la haine sont des actes de la volonté qui ne peut être forcée (sinon, elle perd sa puissance et son libre arbitre), comment donc les démons peuvent-ils forcer la volonté à l'amour ou à la haine? Que si l'on répond que les démons ne forcent pas la volonté (car la forcer est impossible à une puissance créée) mais la poussent c'est-à-dire l'excitent et la persuadent, comme le dit saint Thomas [*Quollib.*, XI, 11; *Sentences*, II, dist. 25; *Quollibeta*, I, art. 2] il s'élève une difficulté. D'abord les hommes dans ce cas ne seraient pas liés puisqu'ils seraient encore maître d'eux; en effet la persuasion n'est pas nécessitante. Cela n'est pas en accord avec l'opinion commune ni avec celle de saint Thomas : en effet en faisant une différence entre l'impuissant et le maléficié, il dit que le maléficié ne peut avoir commerce avec une femme déterminée, bien qu'il le puisse avec les autres. De plus, il ne serait pas nécessaire d'un tiers pour le délier; il est inutile de chercher secours chez un autre quand on a en soi le pouvoir nécessaire. De plus il ne semble pas que cet enchantement soit dû à une suggestion qui ferait fuir ou rechercher la personne en question : car les moyens rapportés par Aristote : rémora, hippomane, verge de loup sont des êtres sans vie, morts, qui donc ne peuvent faire cette démonstration à la volonté, ni la persuader, à moins que l'on n'admette qu'ils altèrent l'imagination en y engendrant les espèces de l'objet du désir ou de l'aversion. Mais cela aussi ne va pas sans de grands doutes.

Il est impossible d'attribuer ni aux objets employés pour jeter le maléfice, ni au magicien, ni au démon le pouvoir de restreindre la portée du maléfice et de déterminer celui ou celle à l'égard de qui il s'exercera.

Le démon dans cette opération n'a pas plus de pouvoir que celui qui applique un instrument à son objet, et cela peut être fait par un homme, puisqu'il y a des herbes, des pierres ou d'autres instruments de cette sorte qui ont cette puissance, qui pourraient être connus de l'homme, et qui lui sont connus en effet : la détermination pourrait donc être l'œuvre de l'homme aussi bien que du démon. Si l'on répond, comme semble le faire saint Thomas, que ce ne sont pas les herbes ou les plantes qui font ces prodiges, mais que ce sont des illusions et tromperies pour entraîner les hommes à l'idolâtrie, cela est vrai en ce sens que les démons informent l'intellect et y provoquent les espèces de l'admiration ou de la répulsion, et alors la volonté poursuit l'objet ou le fuit.

Mais on revient toujours à la même objection : cette illusion provoquée dans l'esprit est une altération que le démon ne peut produire immédiatement, mais par des instruments, et alors l'homme peut tout aussi bien la produire. Ainsi il faut conclure que si cela peut être l'œuvre du démon, ce peut être aussi bien l'œuvre de l'homme.

C'est pourquoi il s'en trouvera peut-être pour nier la réalité de ces faits. Ovide me semble de cet avis, au livre des *Héroïdes*, dans la lettre d'Enone à Paris [1] : « Toute herbe salutaire, toute racine qui, dans le monde entier, peut guérir, je la connais. Malheureuse que je suis, puisque l'amour

---

1. *Héroïdes, Ænone Paridi*, 147-148.

n'a de remède dans aucune herbe. Toute savante que je suis, me voilà privée du secours de ma science. » Et de nouveau au 1er livre des *Métamorphoses*[1] : « Et le pouvoir des herbes qui m'est soumis! Malheur à moi puisque l'amour n'a de remèdes dans aucune herbe. »

Il est vraisemblable que si cela était possible, Médée l'aurait fait, qui passe pour une des premières magiciennes. Et pourtant elle fut liée de l'amour de Jason, et elle criait : « Si je pouvais je serais plus raisonnable; mais une puissance nouvelle m'entraîne malgré moi. » La beauté de Jason l'emporta sur les maléfices de Médée. Circé, la plus célèbre des magiciennes, ne put retenir Ulysse près d'elle, et même Ulysse sans ruse la trompa et l'enchaîna, plus qu'elle ne réussit avec toutes ses ruses à vaincre Ulysse. Ainsi le chante Ovide dans le premier livre du *Remède d'Amour*[2]. Il faut avouer pourtant, pour être vrai, que la beauté et les douces paroles de l'homme sont un lien et induisent à l'amour, comme chacun sait. C'est pourquoi François Pétrarque a dit[3] : « Et moi qui aurais juré de me défendre d'un homme d'armes, des signes et des paroles m'ont enchaîné. » Et si violemment que souvent les hommes en deviennent fous, parfois malades, comme le rapporte Plutarque, dans la vie de Démétrius d'Antioche, fils de Séleucus; parfois ils en meurent ou en éprouvent d'autres inconvénients, qui tous sont très connus. Et au contraire, la laideur et la maladresse du langage engendrent la haine et la répulsion; de même la contrariété des humeurs. Et on trouve chez les hommes beaucoup de causes, en nombre infini, qui font naître l'amour chez les uns, la haine chez les

---

1. *Metamorph.*, I, 522-523.
2. *Rem. Amor.*, 259-290. Je passe ces 32 vers.
3. PÉTRARQUE, *Trionfo d'Amore*, cap. III, 91-93.

autres, la répulsion chez d'autres, au point que personne ne saurait avoir commerce avec eux; mais c'est chose évidente et très connue que les raisons qui portent à l'amour ou qui en écartent.

Il arrive en effet qu'une qualité remarquée chez la personne aimée met le comble à l'amour de l'amant; une autre chose remarquée dans la même personne engendrera l'effet contraire. C'est ainsi que les paroles enchaînent et délient les cœurs. Mais au début elles ne sont pas nécessitantes, très persuasives seulement, comme il est naturel chez des hommes sages, selon ces vers de l'épître d'Hélène à Paris : « Tandis que l'Amour est nouveau, combattons-le à ses débuts. » Et au livre du *Remède d'amour*, le poète propose de très puissants remèdes. Mais s'il se crée des habitudes, il est très difficile ou impossible de s'en délivrer. Et Aristote n'appuie pas nettement l'efficacité de ces charmes et philtres, mais il a dit, à ce qu'on rapporte, et semble bien dire — au VIII° livre des *Histoires des Animaux*, chapitre 24, — que ces enchantements sont des imaginations de bonnes femmes. Mais puisque l'Église tient pour les maléfices, que Platon et beaucoup d'autres très grands auteurs les admettent aussi, je vais tâcher de répondre aux raisons précédentes en suivant la voie de la nature et en excluant les démons; et que si ces faits sont l'œuvre des démons, ils peuvent aussi bien s'expliquer sans eux.

Partant de ce principe, je réponds à la première raison : à savoir que l'amour et la haine sont des actes de volonté et que la volonté ne peut être forcée mais seulement poussée; je réponds donc que l'un et l'autre peuvent arriver. Parfois en effet les magiciens ne sont pas assez puissants pour forcer la volonté elle-même, parce que la raison n'est pas encore enchaînée; ils se contentent de la faire pencher vers la persuasion. Mais parfois aussi, ils arrivent à forcer la volonté,

par exemple quand la puissance de la raison est enchaînée :
alors les hommes sont comme des brutes, guidées par le
désir, et ne sont plus maîtres de leurs actes. Alors en effet
la volonté n'est plus maîtresse, mais bestiale et esclave.
Cela n'est pas étonnant. Beaucoup par amour deviennent
fous et comme brutes. C'est que si la volonté et l'intellect ne
sont pas liés aux organes, ils en dépendent pourtant par
leurs opérations, du moins tant que l'âme est unie au corps.
Aussi si les mauvaises humeurs peuvent empêcher complètement l'usage de la raison, il n'est pas étonnant qu'il se
trouve d'autres causes à cet empêchement, comme la raison
et l'expérience l'enseignent et le démontrent.

Pour le moyen dont on a parlé, ce peut être celui
qu'indique saint Thomas, la représentation dans l'imagination des espèces de la répulsion, de la recherche,
du plaisir ou de la douleur. Pour la détermination de
l'objet aimé ou haï, c'est la volonté du magicien qui la
fait par émission de vapeurs ou d'esprits. Les objets
eux-mêmes (la verge de loup par exemple) peuvent fort
bien avoir le pouvoir d'opérer cette détermination. Il y
a dans les choses des sympathies et des antipathies :
les toisons des brebis dévorées par les loups sont plus
sujettes à engendrer des poux [1]; le sang de la linotte,
du bruant et du serin ne peuvent se mêler [2].

---

1. Aristote, *De anim. nat.*, VIII. 10; Albert le Grand, *Animaux*,
XXII, II, 1, de lupo : les cordes en boyaux de brebis unies à des cordes
en boyaux de loups ne résonnent pas, l'antipathie survivant aux
animaux.

2. Arist., *De animal. hist.*, t. ix, 10. J'ai déterminé les noms français à l'aide de Belon, *Oyseaux*, p. 357 366. 354 [éd. de Paris. 1555].
Belon ne parle pas de cette merveilleuse propriété de leur sang.

Les sympathies et les antipathies des choses et des êtres, des astres
mêmes entre eux, font partie de la cosmologie et de l'idée que l'on

Il peut même arriver que le même talisman ait un pouvoir magique contraire selon les circonstances : la verge de loup selon qu'elle est nouée ou dénouée porte à la haine ou à l'amour. Mais cela est chose naturelle et s'explique sans recourir aux démons : l'amour et l'antipathie s'expliquent par les qualités ou les défauts que nous remarquons chez ceux qui en sont l'objet. Que les charmes ou la répulsion opèrent inégalement sur des hommes différents, c'est affaire de caractère et non de philtres.

C'est pourquoi il arrive souvent qu'un amour injustifié ou excessif nous l'attribuons aux incantations, et au contraire la répulsion à des maléfices. Et de même que nous voyons que le maléfice pousse les uns, force les autres, au point de les faire devenir insensés, en rend certains fous, parfois gravement malades, ou même les fait mourir; de même l'amour, sans qu'il y ait de maléfices, nous voyons qu'il est pour certains une force impulsive, pour certains une force nécessitante, une cause de folie, de maladie, de mort : mais de distinguer entre ces deux causes cela est fort difficile, puisque les effets sont identiques.

Puisque donc on a vu comment répondre en détail à chaque objection, nous conclurons que si l'on considère les opérations merveilleuses et occultes de la nature, la puissance des corps célestes, Dieu et les Intelligences qui veillent sur l'homme et le monde inférieur, on verra qu'il n'est nullement besoin des démons ni d'autres Intelligences. Car on comprendra que tout cela peut être l'œuvre des forces

---

se fait du monde au moyen âge et au xvi⁰ siècle. Voir par exemple C. Agrippa, *De occulta philos.*, I, cap. 17-18; Messie, *Div. leçons*, III, 4, qui y consacre 10 pages; Posta, *Magie naturelle*, I, ch. IX, qui y consacre 13 pages de l'édition de 1650.

susdites; et c'est pourquoi il n'est pas besoin de recourir aux génies ni aux gardiens particuliers des hommes. Les génies ne sont que l'horoscope. Ceux qui sont nés sous une bonne étoile ont un bon génie; ceux qui sont nés sous une mauvaise, un mauvais génie : tels ceux de Brutus et de Cassius. Et le génie d'Auguste l'emportait sur celui de Marc Antoine parce qu'il eut une naissance plus heureuse, comme le prédirent les devins ; car les devins, ou astrologues le savent par l'examen des astres de leurs naissances. De plus les gardiens de l'homme sont sa raison et ses sens, qui continuellement luttent l'un contre l'autre.

Quant à la résurrection, peut-elle s'expliquer par une cause naturelle? Il me semble que pour ceux qui admettent l'immortalité et la multiplicité des âmes, la résurrection est naturelle et peut être réalisée artificiellement. C'est pourquoi nous voyons que Platon, Zoroastre et tous les mages ont cru à la résurrection, comme le rapporte Marsile Ficin (IV, 2 et XV, 12 de la *Theologia Platonica*). Il n'est donc pas invraisemblable pour ceux-là que quelqu'un puisse ressusciter un homme d'entre les morts [1]. C'est pourquoi Apollonius de Tyane, appelé mage ou sage même par saint Jérôme, en a ressuscité quelques-uns, d'après Philostrate dans la *Vie d'Apollonius*. Mais comme il est évident qu'Aristote a nié la résurrection, il est donc très certain que pour lui l'âme humaine est mortelle, à moins que nous n'acceptions la rêverie d'Averroès, la plus grande des fictions : qu'il y ait une seule âme pour tous les hommes; ce qui est inintelligible.

---

1. Tiraqueau, l'ami de Rabelais, examine encore et résout négativement la question de savoir si les médecins ont le pouvoir de ressusciter les morts (*De nobilit.*, n° 402, éd. 1549, p. 185). Garasse accuse de cette prétention blasphématoire Raymond Sebond, Pierre d'Abano et Gentili de Foligno (*Somme des vérités chrét.*; III, 17, p. 920-921).

D'où il suit que la magie et la nécromancie sont bien des sciences, selon qu'en témoigne Albert le Grand au second livre de ses *Minéraux*[2], selon que le soutiennent Zoroastre, Avicenne et plusieurs autres illustres philosophes cités par Albert le Grand. Peut-être est-ce parce qu'on en abuse plus qu'on n'en use que ces sciences ont été dites démoniaques et leur invention attribuée aux démons afin qu'on ne les recherche pas et qu'elles soient odieuses. C'est ainsi que Mahomet, d'après le *Coran* voulant interdire le vin, surtout le rouge, à ses peuplades, prétendit que dans chaque grain de raisin il y a un diable. On a pu prétendre cela aussi afin de mettre en plus grande considération, de faire passer pour des dieux, ceux qui pratiquent ces sciences. Peut-être encore ces démons ou anges ont été allégués lorsqu'on a constaté tant de prodiges, comme ceux que nous avons rapportés, oracles, présages, apparitions aériennes, dont le vulgaire ne peut saisir les vraies causes. Car ces hommes qui ne sont pas philosophes, sont en réalité comme des bêtes; ils ne peuvent comprendre que Dieu, le ciel, la nature, puissent faire ces merveilles et pensent qu'il en est des Intelligences comme des hommes (car ils ne comprennent que ce qui est corporel).

Ainsi c'est pour le peuple que l'on a inventé les anges et les démons, bien que leurs inventeurs sussent bien que leur existence est impossible. En effet, même dans l'ancienne loi, il y a beaucoup d'expressions qui ne sont pas croyables au sens littéral : quand il y est dit par exemple que Dieu parle, que son visage était porté sur les eaux. Mais elles ont un sens mystique et sont employées à cause de l'ignorance du vulgaire qui ne peut saisir ce qui n'a pas de corps. Le lan-

----

2. ALBERT LE GRAND (*Mineral.*, II, 1, 2-3), cite Alexandre d'Aphrod., Platon, Hermès, Avicenne.

gage des religions, comme dit Averroès, est, dans sa poésie, semblable à celui des poètes. Car bien que les poètes imaginent des fictions, qui, à les prendre à la lettre sont impossibles, à l'intérieur pourtant elles contiennent une vérité, comme le rapportent souvent Platon et Aristote. Ces fictions sont destinées à nous amener à la vérité, à instruire le peuple qu'il faut porter au bien et détourner du mal à la manière des enfants, c'est-à-dire par l'espoir des récompenses et la crainte du châtiment; et par ces notions grossières le mener à la science spirituelle, comme les enfants passent de la nourriture plus délicate à une nourriture plus solide [1]. C'est pourquoi il n'est pas loin de ma pensée ni de la vérité, que Platon ait enseigné l'existence des anges et des démons, non qu'il y ait cru, mais parce qu'il avait pour dessein d'instruire les ignorants. De même en effet qu'Esculape fut le médecin du corps des hommes, Platon fut le médecin de leurs âmes.

Boèce et Thémistius assimilent en effet sur ce dogme Aristote et Platon.

III. — Il reste à traiter la troisième question : pourquoi n'avons-nous d'Aristote sur ces questions que peu ou point de doctrine précise?

Sans pouvoir en donner de raison certaine, voici ce que j'en pense. Peut-être approcherai-je de la vérité. Je dis d'abord qu'il est possible que la mort l'ait empêché d'écrire beaucoup de traités. Il était encore dans une verte vieillesse quand il quitta la terre, à soixante-douze ans, selon Diogène Laerce. Secondement, il est possible qu'il se soit abstenu

---

1. Sur l'interprétation allégorique de l'Écriture au xvie siècle, on trouvera des précisions dans le beau *Castellion* de M. Buisson.

intentionnellement d'écrire sur ces sujets, par crainte pour
sa vie. Une tradition, rapportée par le même Laerce, dit
qu'il se retira à Calcis et quitta Athènes, parce qu'il était
accusé près des magistrats athéniens de mal penser des
dieux : c'est à ce propos qu'il aurait dit : « Je ne veux pas
que les Athéniens pèchent une seconde fois contre la philosophie. » Auparavant, ils avaient mis à mort Socrate. Et
comme cette thèse (nous l'avons vu) supprime complètement les dieux, il n'eût pas été sûr, dans la religion païenne
pas plus que dans les autres, de publier ces idées qui détrui-
raient l'État et annihileraient l'influence des prêtres. Ceux-
ci ont toujours eu un grand pouvoir; c'est pourquoi les philosophes ayant toujours été suspects en matière religieuse,
comme le dit Platon dans l'*Apologie*, ont toujours été
objets de dérision ou de haine. Plutarque, en effet dans la
Vie de Nicias écrit : « Le premier qui saisit la cause de
l'ombre et de la lumière de la lune et osa l'écrire fut Anaxagore, qui était connu depuis peu et dont l'opinion n'était
pas encore répandue dans le peuple. Il n'avait que peu de
disciples et n'osait avancer sans crainte de telles idées. Il
n'était pas facile, en effet, de faire admettre au peuple des
discussions sur la nature : ceux qu'il savait adonnés à ces
études, il jugeait qu'ils perdaient leur temps en vains efforts,
puisqu'ils cherchaient à expliquer des faits qui à son avis
n'ont pas de causes en eux-mêmes et sont imprévisibles
aux hommes. Ils suspectaient d'impiété ceux qui s'adon-
naient à ces recherches, comme essayant d'imposer des
bornes et des lois à la puissance divine. C'est pourquoi
Pythagore fut chassé d'Athènes, et Anaxagore conduit en
prison ne dut qu'à Périclès, et à grand peine, et après de
longs efforts, d'éviter la mort. Socrate, bien qu'il ne pro-
fessât pas la doctrine des précédents, fut pourtant, à cause
de sa philosophie, condamné à mort. Dans la suite la

renommée excellente et universelle de Platon, due tant à
son admirable sainteté de vie qu'à ce qu'il disait que les lois
de la nature sont soumises à la volonté divine plus forte
qu'elles, fit cesser les calomnies contre les philosophes et
ouvrit à ses disciples pour ainsi dire tous les secrets de la
nature »[1]. Voilà ce qu'il dit.

On y peut voir la raison pour laquelle Aristote n'a pas
parlé ouvertement. C'est que la façon de parler par énigmes,
métaphores, fictions, chère à Platon, fut condamnée et
absolument rejetée par Aristote. Il n'est donc pas étonnant
que le peuple et les prêtres aient exalté Platon, repoussé et
rabaissé Aristote.

En troisième lieu, Aristote a pu croire que les réponses
éparses dans son œuvre suffiraient à reconstituer l'ensemble de sa pensée. Quant à traiter ces questions en
exposés complets, il ne l'a pas voulu, pour ne pas livrer
au public les secrets de la philosophie; comme on en
peut juger par une lettre d'Aristote à Alexandre mise
par Plutarque dans la *Vie d'Alexandre* et par une
lettre de Platon à Denys, que Pomponazzi copie en
partie[2]. Peut-être aussi a-t-il donné ses idées dans un
livre dont Albert le Grand rappelle le titre et le sujet
dans son *De libris licitis et illicitis* : le *De morte animae*,
dirigé contre les dieux, les religions et les prêtres. Ce
livre aurait été détruit par l'Eglise.

---

1. PLUTARQUE, *Nicias*, XXIII. La dernière phrase est fausse. Le
grec porte : et donna aux sciences entrée chez tous les hommes. Aux
sources indiquées par Pomponazzi on peut joindre le *Manuel* d'Epic-
tète, ch. XX, trad. Rivaudeau, éd. L. Zanta, p. 109.
2. *Lettres de Platon*, II, 314, *a*. Apocryphe probablement (édit.
J. Souilhé, p. LXXV).

CHAPITRE XI. — OBJECTIONS AUX THÈSES PRÉCÉDENTES POUR UNE PLUS COMPLÈTE INTELLIGENCE DE CES THÈSES.

1º Il paraît contraire à la doctrine d'Aristote de soutenir que Dieu s'occupe des hommes et spécialement des grands hommes. Si Dieu s'occupait de notre monde, ce serait par son intelligence et sa volonté, d'une providence particulière ou générale. Ces deux hypothèses impliquent contradiction, la raison ne pouvant expliquer pourquoi la providence générale s'intéresse au particulier, pourquoi une providence particulière s'intéresse à un individu plutôt qu'à un autre.

2º Il est contraire à Aristote et à la raison de dire que Dieu et les Intelligences ne s'occupent de l'homme et du monde sublunaire que par l'intermédiaire des corps célestes. Avicenne semble plus vraisemblable quand il soutient que la volonté humaine est mue par Dieu directement.

3º Les devins, prophètes, démoniaques ont les astres pour cause effective de leur puissance prophétique et les dispositions de leur corps pour cause matérielle. Cela est impossible car si ces prophètes sont toujours dans ces dispositions, cela est contraire à l'expérience qui constate que cet état prophétique est conditionné par la présence de Dieu (Virgile, *Enéide*, VI, 77 et suiv.)

De plus, selon saint Thomas [*De occult. nat. operibus*]
les propriétés naturelles permanentes se trouvent chez
tous les hommes plus ou moins. Si au contraire ces
thaumaturges ne sont que par moments disposés à produire des miracles, cela est encore inacceptable. Saint
Thomas dans le même livre dit que ni les thaumaturges,
ni les anneaux magiques, ni les reliques des saints (s'ils
produisent quelques guérisons) n'agissent par une vertu
qui soit en eux, mais par une force divine. Une force
naturelle en effet s'étendrait à tous les êtres de la même
espèce, et produirait dans les mêmes conditions des
effets identiques, ce qui est contraire à l'expérience.

4° Ce que l'on a dit de l'apparition de saint Célestin
paraît insuffisant; et donc aussi pour les cas semblables.
D'abord si ce sont les prières des gens d'Aquila qui ont
écarté la pluie, on ne voit pas dans quel genre de cause
ranger ces prières : il n'est pas possible de soutenir que ces
prières ont chassé la pluie comme le soleil chasse les nuages;
cela serait une pure fiction. On ne peut dire non plus que
ces prières aient touché les corps célestes et les aient amenés
à chasser la pluie : cela est encore moins à propos et plus
sot, c'est évident. Il ne reste qu'une explication : c'est
qu'ils ont touché et fléchi les Intelligences, comme des
serviteurs et des inférieurs touchent, par leurs supplications,
des supérieurs : c'est là l'opinion des gens religieux, mais
elle ne peut se concilier avec les opinions émises qui supposent les Intelligences inflexibles et animent les corps
célestes d'un mouvement nécessaire, thèse insoutenable.
Le même argument démontre que les prières des gens
d'Aquila n'ont pu provoquer l'apparition de saint Célestin
qu'en amenant les anges ou plutôt saint Célestin lui-même
à se manifester de cette façon miraculeuse : c'est bien là

la thèse de l'église romaine. De plus, on voit pourquoi notre explication est insuffisante. C'est qu'il aurait pu arriver un cas semblable à Bologne si les Bolonais s'étaient adressés à saint Pétronius, patron de leur ville. Mais saint Célestin ayant été pape aurait dû apparaître avec d'autres insignes que saint Pétronius qui fut seulement évêque. Peut-être aussi que l'un fut petit, l'autre grand, etc. Mais si les corps célestes sont les mêmes, l'air identique ou à peu près, d'où vient alors une si grande différence dans l'apparition? Et pourquoi saint Célestin n'est-il pas apparu à Bologne, et saint Pétronius à Aquila? On n'y peut trouver d'autre raison vraisemblable que celle que lui assigne la religion : ce sont les bons anges qui ont fait ces prodiges ou les saints eux-mêmes, et non les corps célestes.

5° L'assimilation des génies à l'horoscope détruit le libre arbitre. On ne peut non plus soutenir que les maléfices viennent des Intelligences ou des corps célestes, très bons et incapables de mal. Il faudrait supposer deux dieux : celui du bien et du mal, ce qui est le manichéisme.

6° Il est contraire à Aristote et immoral de dire que les maléfices puissent forcer la volonté à consentir au mal.

7° L'auteur n'a pas examiné tous les genres de magie. Virgile en cite d'autres qui paraissent irréductibles à des causes naturelles (Les compagnons de Diomède, Circé, les Arcadiens changés en loup, dont le cas sera discuté plus loin).

8° Il n'est pas vrai, comme l'a dit Pomponazzi, que les oracles anciens fussent l'œuvre des corps célestes, et non des démons; car ils ont cessé à l'avènement du Christ. S'ils avaient été rendus sous l'influence d'une cause naturelle comme les corps célestes, cette cause n'ayant pas changé, ils subsisteraient encore. Ils étaient donc l'œuvre du démon, dont la puissance a été abolie à la venue de Jésus.

9° Quelques-uns me reprocheront de mêler à la philosophie l'histoire, et même, chose plus grave, la poésie.

L'AUTEUR n'écrit pas pour le vulgaire qui incapable de comprendre la philosophie, calomnie, persécute, tue et exile les philosophes. Trop heureux si dans des questions si ardues il arrive à satisfaire les philosophes. S'il n'y réussit pas, il compte sur l'avenir pour compléter son œuvre.

A la première objection : Dieu et les Intelligences étant donc la cause du monde sublunaire, le connaissent parfaitement. C'est leur science même qui est la cause des phénomènes, et c'est en quoi, selon Averroès, elle diffère de la nôtre, qui est causée par les phénomènes. Ils connaissent donc le monde sublunaire. La détermination est l'effet des astres et du mouvement, puisque les êtres sublunaires sont soumis au lieu et au temps.

A la seconde : La thèse qui consiste à faire mouvoir la volonté humaine directement par Dieu est contraire au VIIIe livre de la *Physique*. Il s'appuie sur ce principe que du moteur immobile ne peut venir de mouvement nouveau que par l'intermédiaire d'un mouvement ancien. De plus si la volonté doit avant d'agir être disposée par l'intellect, et celui-ci éclairé pour la disposer, comme toute connaissance lui vient de l'imagination, que celle-ci est organique et dépend des astres, donc Dieu se sert des astres pour mouvoir la volonté. Aristote et Averroès ont donc raison. L'intellect et la volonté relèvent des corps célestes dans la mesure où ils sont dépendants du corps. Et cela ne compromet pas la liberté de l'homme, car sa volonté, si elle a besoin du corps pour s'exercer, s'en passe fort bien pour choisir le sens de son activité; étant à la fois matérielle et immatérielle. La difficulté sérieuse est de savoir ce qui détermine la volonté. Elle sera résolue ailleurs.

A la troisième : Pour ce qui est des devins, sibylles, et démoniaques, on peut dire que ces sortes d'hommes tiennent de leur naissance le pouvoir éloigné de faire des merveilles; mais que l'exercice de ce pouvoir est subordonné à une disposition prochaine : la sibylle de Virgile n'entrait en extase et ne donnait des oracles que sous l'influence d'un dieu. Cela explique l'intermittence de leurs inspirations : les conjonctions ou oppositions des astres suffisent à expliquer ces variations.

Le vulgaire attribue cela à la clémence ou à la colère de Dieu; il croit que lorsqu'ils ne peuvent prophétiser c'est que le démon est irrité, lorsqu'ils prophétisent en abondance, qu'il est joyeux : comme si les esprits avaient des sentiments humains, tantôt des joies, tantôt des tristesses. C'est ce qui arriva à Élisée, qui prié par le roi de prophétiser ne le put pas avant d'avoir imposé les mains sur le livre des psaumes, afin de parvenir à la disposition prochaine. Car bien qu'Élisée eût par nature un tempérament de prophète, il ne pouvait l'exercer sans cette disposition prochaine. C'est comme certains hommes portés par nature aux actes vénériens et qui pourtant avant d'y venir tâtent les seins, donnent des baisers, pour s'échauffer les esprits et le sang et provoquer la disposition prochaine nécessaire à ces actes.

Lors donc que l'on demande par quelle disposition ils

prophétisent, il faut répondre que les causes matérielles
éloignées et prochaines sont celles que nous avons dites.
Quant à la cause formelle et effective, c'est la connaissance
des choses reçue des corps célestes. De même que les autres
hommes sont avertis pendant leur sommeil du passé, du
présent, de l'avenir par les Intelligences mêmes, par l'intermédiaire des corps célestes, ainsi ces prophètes et tous ceux
qui leur ressemblent sont avertis par ces mêmes Intelligences. Les deux phénomènes ont les mêmes explications.
Or il est manifeste pourtant que cela arrive souvent dans
le sommeil. Il est certain par exemple que bien des expériences médicales ont été trouvées ainsi, de même que
beaucoup d'arts et de notions utiles à l'esprit humain. Il
n'est donc pas invraisemblable que cela arrive aux Prophètes, comme le dit Platon dans l'*Ion*, qu'ils soient dor-
mants ou voyants.

Tous ces prophètes ont des dispositions semblables :
presque tous en effet sont mélancoliques, plus ou moins.
Quelques-uns d'entre eux parlent seulement sans comprendre ce qu'ils disent: ils ressemblent aux animaux, corbeaux, corneilles, pies et autres de ce genre. D'autres non
seulement parlent et voient mais ont le don d'interpréter
leurs songes et leurs oracles. D'autres enfin n'ont que le
don d'interprétation sans avoir celui de voir ou de parler :
tels furent, dit-on, Joseph et David.

On naît donc prophète; on le devient aussi. Témoins
les deux poètes dont parlent Platon dans l'*Ion* et Aristote dans les *Problèmes*, (XXX, 1, cité plus haut). Infinies
sont les manifestations de ces phénomènes, selon la
position des astres et le tempérament du sujet. Le sujet
lui-même peut par l'exercice se perfectionner et diversi-
fier ses moyens, mais non au point de se soustraire à la

dépendance des corps célestes. C'est de ces corps célestes que vient la fausseté de certains oracles, fausseté que le vulgaire attribue à la colère divine.

C'est la coutume du vulgaire de mettre au compte des démons ou des anges les phénomènes dont il ignore les causes.

Pour l'objection que l'on faisait, que les corps célestes étant semblables, un même prophète ne devrait pouvoir donner plusieurs sortes d'oracles, elle est réfutée par ce fait qu'il y a au contraire un changement continu dans les positions respectives des astres, dans la disposition présente du prophète et dans le sujet des consultations qu'on lui adresse. D'où la variété de ses réponses.

On objectait ensuite, en s'appuyant sur saint Thomas, que ce ne sont pas les devins, ni les hommes, qui font ces prodiges, mais les démons, bien que l'on croie que ce sont les hommes; de même que les reliques des saints guérissent beaucoup de malades, alors que ce ne sont pas ces reliques qui rendent la santé. Car il n'y a rien dans les reliques qui puisse rendre la santé; sans quoi toutes les reliques guériraient, ce qui est faux. Mais ce sont les serviteurs de Dieu, qui, sur les prières de leurs fidèles, par la puissance divine font ces miracles. D'où l'on prête aux reliques ces miracles, encore qu'elles soient sans aucun effet. Ainsi, dit-on, dans les oracles, ce ne sont pas des hommes qui parlent, mais les démons par suite de l'idolâtrie de ceux qui consultent ces oracles.

A cela, on répond que en ce qui concerne les reliques l'explication donnée est fausse. Ces guérisons peuvent se

faire par l'une des deux manières suivantes. D'abord par
l'imagination du croyant : on a vu plus haut en effet, et
les médecins et les philosophes le savent, ce que peuvent
produire la foi et la croyance que l'on guérira ou que l'on
ne guérira pas. Aussi si c'étaient des os de chien et qu'on y
eût autant de confiance, la guérison s'en suivrait aussi bien.
Bien plus, beaucoup de corps sont vénérés sur terre, dont
les âmes souffrent dans les enfers, selon la pensée d'Augustin. La seconde explication, c'est que les hommes, spéci-
fiquement semblables, diffèrent ou même s'opposent dans
leurs dispositions. De même il y a des animaux, des plantes, etc., qui sont de la même espèce et qui pourtant dans
des climats différents produisent des effets contraires :
l'un tue, l'autre guérit : ainsi cet homme a une bonne odeur,
un autre pue. Il n'est donc pas invraisemblable que les
reliques aussi aient des propriétés contraires. Un animal
venimeux ou contaminé (un veau par exemple) donne la
mort ou la maladie; engraissé il est très bon. Et de même
qu'un homme (nous l'avons dit) peut être spécialisé dans la
guérison d'une maladie, un autre dans une autre, leurs
reliques aussi pourront être efficaces pour une maladie et
non dans une autre. C'est ainsi que le gros doigt de pied du
roi Pyrrhus passait pour divin, étant donné que personne
ne put le brûler [1].

Quant à l'objection avancée par saint Thomas, elle est,
ne lui en déplaise, de nulle valeur : que si certaines reliques
guérissaient par une vertu interne, alors toutes les reliques
guériraient. Cela est mal déduit. Car cette propriété ne suit
pas toute l'espèce, ni la forme, mais la seule matière, comme
le savent les médecins, et les philosophes.

---

1. Déjà cité plus haut au chapitre IV.

Pomponazzi doute que ce livre soit de saint Thomas, étant donné les choses inintelligibles qu'il y trouve. Le même saint Thomas estime sans action sur l'avenir, ni sur les influences célestes, les figures gravées sous certaines constellations. En cela il contredit Ptolémée et les sages anciens qui n'ont pas dû croire cela sans l'avoir expérimenté [1]. Et nous-mêmes nous regardons sous quelle constellation tailler nos arbres, semer, etc., à cause de certaines relations qui existent entre des plantes ou métaux et certaines planètes. En ajoutant à ce métal la figure d'un astre (par exemple la figure de Jupiter sur un anneau) on a chance d'augmenter les vertus que ce métal tire de la constellation qu'il représente. On a discuté ailleurs — et on y reviendra — la puissance des formules magiques niée par saint Thomas.

Il faut répondre à la *quatrième objection*, la plus grave à mon avis. On y disait que les oraisons et prières des gens d'Aquila à saint Célestin, ou bien ont été pour quelque chose dans la cessation des pluies, ou pour rien. Si l'on accepte la seconde hypothèse, la cessation fut l'effet du hasard. Mais cela paraît faux : dans ce cas en effet les prières faites à Dieu seraient vaines, ce qui est non seulement

---

1. On trouve dans tous les livres d'occultisme la forme et la vertu des figures que l'on doit graver sur les anneaux magiques. Ronsard a mentionné ces anneaux dans son *Hymne de la philosophie* et son commentateur Pantaléon Thévenin nous prévient que la pierre « acquiert une nouvelle force et propriété par l'image qui y est gravée, sous l'influence de certaines estoilles, et par l'alliance qu'elle a avec le métal, auquel elle est enchâssée ». Il détaille ensuite les vertus qui correspondent aux diverses planètes et aux signes du Zodiaque (*L'Hymne de la Philosophie* de P. de R. commenté par P. Thévenin, 1582, p. 32-33). Montaigne avait une médaille « où estoient gravées quelques figures célestes, contre le coup de soleil et pour oster la douleur de teste, la logeant à point sur la cousture du test » (*Essais*, I, 21).

contraire à la croyance universelle, mais très impie et
non moins contraire à la raison. Car les prières étant chose
excellente, ne doivent pas être dépourvues de toute fin;
elles doivent même avoir une fin excellente. Si au contraire
on admet que ces prières ont été efficaces, on ne voit pas en
quoi ni comment.

A cela il faut répondre, ce me semble, que l'une et l'autre
hypothèse peuvent se soutenir sans grave inconvénient. Dans
l'hypothèse de l'efficacité, Avicenne fournirait une explication évidente : c'est que lorsque la volonté et surtout l'imagination de l'homme sont véhémentes, les éléments, les
vents, le monde matériel leur obéissent naturellement.
C'est pourquoi, si les âmes des fidèles d'Aquila ont été très
bandées, il n'est pas étonnant que les pluies aient été chassées.

Mais on peut aussi répondre selon les péripatéticiens,
d'après les principes exposés ci-dessus. Nous avons dit qu'il
y a des herbes, des arbres, des pierres, beaucoup d'autres
choses dont les unes amènent les pluies, les autres les font
fuir, d'autres influencent les grêles, le tonnerre et la
foudre, cela est manifeste. Telle herbe préserve de l'épilepsie,
telle autre la provoque; le laurier détourne la foudre, le
noyer a la réputation de l'attirer. Rien n'empêche donc
que des vapeurs de cette nature, si nombreuses et ainsi
affectées (car elles sont affectées de la même manière que
les esprits d'un malade) et en telle quantité, aient eu la
puissance de chasser les pluies. Car elles ont une certaine
antipathie avec la pluie. Si en effet elles peuvent amener
la santé et la maladie, il ne paraît pas y avoir d'obstacle à
ce qu'elles puissent chasser la pluie : la pluie est une sorte
de maladie, et en temps de sécheresse une sorte de guérison.
Mais rien n'empêche que le même homme provoque la santé
et la maladie en changeant d'instrument : les esprits sont

autrement disposés lorsqu'ils désirent la santé ou lorsqu'ils amènent la maladie. Même différence selon que l'on recherche la sécheresse ou la pluie. En effet les espèces produisent naturellement la pluie ou la sécheresse, mais sont parfois impuissantes à produire leurs effets ou contrariées par la nature. C'est pourquoi si les prières des gens d'Aquila n'avaient pas été si puissantes, si elles n'étaient pas sorties du fond du cœur, peut-être les pluies n'auraient pas été si rapidement écartées.

C'est pourquoi on a coutume de dire que les prières, pour être efficaces, doivent venir du fond du cœur et être ferventes : ainsi elles affectent mieux les esprits qui deviennent plus forts que la matière, non pour fléchir les Intelligences (elles sont tout à fait immuables), mais pour leur donner une plus profonde empreinte. C'est ainsi que le crachat d'un homme en colère ou le sifflement d'un serpent en colère sont plus puissants que si l'homme ou le serpent ne sont pas irrités. Cela de plus montre clairement comment put apparaître à Aquila et dans l'abbaye ou dans les environs de l'abbaye qui lui est consacrée, l'image de saint Célestin: c'est que ces vapeurs étaient empreintes de la représentation de saint Célestin et, ainsi empreintes, elles pouvaient imprimer dans l'air la même figure en réalité et en apparence, comme la femme lorsqu'elle imagine quelque chose au cours de l'acte vénérien, elle en imprime réellement l'image sur le fœtus. Si pendant sa grossesse, elle désire une grenade, elle marque son enfant d'une grenade, ou de quelque chose qui y ressemble.

Et cette apparition a pu durer longtemps parce que l'air était épais et impressionnable par suite de l'humidité. Elle a pu se mouvoir dans l'espace, parce que le vent pouvait la déplacer. Cela explique aussi comment ce n'est pas saint Pétronius qui apparut à Aquila, ni saint Célestin à Bologne, puisque les vapeurs et esprits des gens d'Aquila portaient l'effigie de saint Célestin, ceux des Bolonais de saint Pétronius.

Il en résulte encore que le vulgaire lâche, ignorant ces causes, lorsqu'ils voient leurs vœux réalisés, disent que les dieux ou les saints les ont exaucés et que leurs prières leur ont été agréables; si au contraire ils ne sont pas exaucés, que les dieux et les saints sont fâchés : alors que leur succès a pour cause celle que nous venons de dire.

On s'explique encore qu'il ne soit pas incroyable ni déraisonnable que le son des cloches éloigne les tempêtes et la grêle : en effet, d'abord elles poussent, divisent et chassent l'air, ce qui peut chasser la tempête (comme dans l'eau un bois en mouvement vers un point est repoussé en sens inverse par la seule agitation de l'eau, ainsi l'air repoussé par les cloches). Mais l'altération elle-même peut vraisemblablement produire ces faits : de même que l'on trouve des êtres qui ont le pouvoir de faire fuir les grêles et tempêtes, pouvoir que nous savons venir de la puissance des étoiles, ainsi dans la fabrication de ces cloches il arrive qu'elles soient fondues sous une semblable constellation dont elles gardent la propriété, en sorte qu'elles reçoivent largement une influence semblable à celle des herbes et des pierres qui chassent les tempêtes : alors, la cloche mise en branle chasse l'air et lui donne une qualité contraire à l'orage : si cette qualité induite par la cloche se trouve plus forte que la tempête, la tempête sera chassée; si elle est plus faible, la tempête a le dessus. La cloche pourrait encore avoir cette puissance non par l'influence des astres au moment de sa fabrication, mais par la nature de sa composition si on y a incorporé quelque métal qui a cette propriété.

Selon cette hypothèse il n'est pas incroyable qu'un homme soit né sous une telle constellation qu'il commande

à la mer, aux vents et aux tempêtes [1]. Car si une, herbe ou
une pierre ont cette puissance par l'influence astrale, comme
l'accordent les philosophes, si un poisson tout petit peut
arrêter un navire de deux cents pieds poussé par les rames
et les vents, pourquoi pas l'homme aussi? Non pas par le
moyen que propose Avicenne, mais par altération. Que
l'on considère les propriétés cachées des choses et l'on
verra que cela est possible. Ainsi il peut y avoir tel homme
qui par un don du ciel guérisse les démoniaques : beaucoup
d'herbes et de pierres ont reçu, dit-on, du ciel cette propriété. Il peut exister aussi deux hommes ainsi disposés
que l'un attire ce que l'autre repousse. L'aimant attire le fer
alors que le diamant y résiste : bien plus une friction d'ail
semble donner la même propriété. Aussi il peut y avoir
deux hommes qui commandent aux vents en sens opposés;
alors ils s'empêchent l'un l'autre, ou bien l'un chasse l'autre
et le vainqueur passera pour un bon ange et le vaincu pour
un mauvais. Si ce que rapporte Albert le Grand des deux
enfants dont nous avons parlé est vrai, et qu'il se trouve
des herbes et des pierres si puissantes, il n'y a rien d'étonnant à ce que je dis. Une raison d'y croire aussi, c'est que
les astrologues prédisent par la science des étoiles la naissance des enfants capables de faire des miracles : ils semblent donc être faits par la puissance des cieux. Seulement
il ne faut pas faire part de ces vérités au peuple : il n'est
pas capable de ces secrets et il ne croit que ce qu'il voit ou
ce qu'il est habitué à voir. Il faut prendre garde aussi de
parler de cela aux prêtres ignorants. La raison en est évi-

---

1. Allusion bien probable à J.-C. : Porro homines mirati sunt dicen-
tes : qualis est hic, quia venti et mare obediunt ei? (*Math.*, VIII, 27;
Luc, VIII, 25). Dans *Math.*, XIV. 33, c'est après la tempête apaisée
que les apôtres le proclament Dieu.

dente; c'est que souvent les philosophes ont été expulsés des villes, emprisonnés ou lapidés et suppliciés : et ainsi pour avoir voulu rendre service ils n'ont reçu que le supplice; voilà la première réponse.

Secondement on peut dire que les prières des gens d'Aquila n'ont ni chassé la pluie, ni fléchi les dieux; pourtant leurs prières n'ont pas été vaines : mais elles ont été d'elles-mêmes tendues et ordonnées à la meilleure fin. Comment cela se fait, il faut le déclarer, encore que les religions aient aussi leur explication. Pour cela, il faut savoir que, bien que les gens religieux attribuent aux prières le pouvoir de fléchir les anges et les démons et de les amener à changer d'intention, il serait impossible, d'après les philosophes, de dire cela de Dieu qui est immuable et ne peut être sujet à aucun changement. Admettons donc que les gens d'Aquila aient fait des prières à Dieu qui leur ont obtenu le beau temps, que Dieu seul ait agi à l'exclusion des anges et démons, (cette hypothèse est admissible puisque Dieu peut tout faire sans causes secondes), alors, les prières n'ont amené en Dieu aucun changement, cela est évident; elles n'ont pas non plus amené le beau temps, que Dieu seul, d'après notre hypothèse, a donné par sa toute-puissance sur les éléments. Et pourtant nous ne dirons pas que les prières ont été vaines et sans but. Dans ce cas, il faut dire que si quelqu'un veut bien réfléchir à la chose, il conclura que les prières ont été efficaces en ce que les prières sont le moyen prévu par Dieu pour obtenir le beau temps sans rien innover en Dieu, sans rien produire dans l'air, ni mouvement local, ni altération, réelle ou spirituelle.

Les fidèles d'Aquila ont donc seulement accompli la volonté et l'ordre de Dieu qui veut que cet effet soit pour eux le résultat de leurs prières; et alors on peut dire que ces

gens ont été exaucés puisqu'ils ont obtenu ce qu'ils vou-
laient sans rien innover en Dieu ni concourir effectivement
à ce résultat. Les prières, par conséquent, n'agissent pas
sur Dieu, ne produisent pas leur effet, ne sont utiles ni à
Dieu ni à l'effet à obtenir, mais aux seuls gens d'Aquila
pour obtenir ce qu'ils demandent, en raison de leur piété
envers Dieu. Dieu en effet pourrait produire ces effets sans
eux, mais comme il ordonne et dispose tout pour le mieux,
il a ordonné pour le bien des hommes ce moyen. Aussi,
bien que, selon les philosophes eux-mêmes, les Intelligences
gouvernent le monde inférieur et le gouvernent pour le
mieux, tout en restant elles-mêmes immuables, les prières
des habitants d'Aquila ont été bonnes et faites pour une
bonne fin et nullement au hasard. La conséquence tirée
plus haut était donc fausse : si les prières ne touchent pas
Dieu, si elles n'ont pas de rapport réel avec l'effet produit,
c'est le hasard qui le produit. Il fallait ajouter : si elles
ne sont pas des moyens pour obtenir cette fin. Ce qui est
manifestement faux. On ne peut donc rien en inférer.

Mais on dira peut-être, non sans raison, que l'exemple
a été mal choisi. Car les philosophes, tenant que le beau
temps est produit du ciel et que le ciel agit nécessairement,
concluent que le beau temps fut nécessité; tandis que les
prières étaient libres, sans quoi elles n'auraient pas eu de
mérite. Les religions au contraire soutiennent que le beau
temps était contingent tout comme les prières des gens
d'Aquila.

Les religions sont donc conséquentes en posant un
but, un résultat et des moyens contingents. Mais selon
les philosophes, si le moyen est contingent, le résultat est
nécessaire. Si on répond que les philosophes ont tort,
que les astres, encore qu'ils soient immuables, peuvent

être contrariés dans leurs effets par la volonté de l'homme (ainsi nous empêchons dans nos maisons l'action de la chaleur solaire), cela est de bien peu de poids. Cela est vrai quand nous concourons réellement à l'acte en question (faire obstacle à la chaleur). Mais les prières semblent ne rien faire aux nuages. Il faut donc répondre autre chose : c'est que le principe qu'un effet nécessaire doit avoir une cause et un moyen nécessaires doit être limité aux causes et aux moyens essentiels. Or, dans notre cas, philosophie et religion s'accordent pour reconnaître que les pluies peuvent être chassées autrement que par les prières et que nos prières peuvent ne pas réaliser cet effet. Il ne faut pas croire qu'elles soient pour cela sans but. Les lettres d'amour n'obtiennent pas toujours leur effet non plus. Et pourtant leur but est bien l'amour.

Même on doit savoir que, aux yeux des philosophes du moins, la prière n'est jamais inutile. La prière, comme à peu près toutes les vertus, a deux fins : l'une qui lui est intrinsèque et inséparable, l'autre presque accidentelle et séparable. Par exemple les prières faites aux dieux ont deux buts : le premier la réalisation d'un désir, la santé si vous voulez, et cette fin est secondaire et souvent manquée. La seconde est la piété et la religion : cette fin est inséparable de la prière et est toujours atteinte si la prière est faite d'un cœur fervent. Soit donc que nous obtenions, soit que nous manquions l'objet de notre désir, il ne faut jamais cesser de prier. Et même mieux vaut peut-être que nos vœux ne se réalisent pas. D'abord parce que la vertu en paraît plus pure : l'amour désintéressé est plus zélé que l'amour intéressé et celui qui persiste dans l'amour sans obtenir de faveurs aime mieux que celui qui y persévère pour les faveurs qu'il reçoit. C'est pourquoi les philosophes mettent le bonheur dans la vertu : plus grande est la vertu, plus grand est le bonheur. Et donc l'amour et le respect désintéressé étant supérieurs à l'amour récompensé, celui qui y persiste est plus heureux.

Secondement, l'objet de nos souhaits nous est souvent nuisible : ce que nous croyons nous devoir être utile nous est contraire, et inversement. Nous l'avons souvent expérimenté; un échec nous a souvent été plus utile qu'un succès, et la réalisation d'un vœu nous eût souvent été nuisible. C'est pourquoi la prière pour le philosophe n'est jamais inutile, mais bonne. Platon au *Second Alcibiade* [1] nous apprend à prier. Nous ne devons pas dire : Mon Dieu, donnez-moi ceci; parce que peut-être cela ne nous est pas utile. Mais il faut dire, selon le poète qu'il cite : « Jupiter (ou Dieu), donne-nous ce qui nous est le meilleur, que nous le demandions ou non; écarte de nous au contraire les maux, même si nous les demandons ». Cette recommandation est en accord avec la parole de notre Sauveur [2] : « Vous ne savez ce que vous demandez. »

On a donc tort d'accuser d'impiété les philosophes, et de dire que pour eux il est inutile de prier les dieux, qui sont inflexibles et sourds à nos prières. Il est évident au contraire que selon les philosophes, il faut prier les dieux et que la prière n'est jamais vaine, puisqu'elle a en elle sa fin inséparable d'elle et beaucoup plus pure que celle qui lui est accidentelle. Mais pour le peuple, la prière est vaine s'il n'obtient pas ce qu'il demande. Il met le bonheur dans les biens du corps et croit que la vertu et les biens de l'âme ont pour fin les biens du corps, parce qu'il n'estime que ceux-là. Ce

---

1. *Alcibiades* II, 143.
2. *Math.*, XX 22.

n'est pas la vraie religion qui professe ces mensonges, mais
le profane vulgaire. Et de fait, celui qui n'est pas philosophe
est une bête brute.

On pourrait encore répondre, et mieux peut-être, que
les prières des Aquilains furent utiles pour obtenir ce résultat, non qu'elles aient touché Dieu ou les corps célestes (cela
est impossible), ni qu'elles aient amené effectivement le
beau temps, mais parce que les fidèles d'Aquila reçurent le
beau temps des corps célestes en raison de leur bonne disposition : car les actes de l'agent sont dans le sujet bien disposés. Car les corps célestes penchant pour telle religion à ce
moment, et cette influence persévérant en faveur de cette
religion, ils ordonnent ce moyen vers cette fin : celui qui veut
la fin veut les moyens.

Mais lorsqu'on disait plus haut : pourquoi à Bologne apparaît saint Pétronius, à Aquila Célestin, alors que les prières
n'ont pas d'effet sur l'air et n'y produisent aucune diversité ; notre précédente explication donnait assez clairement
raison de cette diversité. On ajoute : pourquoi des armées
aperçues dans l'air au temps des Macchabées étaient-elles
équipées comme des Hébreux ? Tandis que celles que l'on
vit au temps de Caïus Marius furent conformes à la coutume
des Romains ? Et ceux qui ont des songes prophétiques,
pourquoi est-ce selon les usages de leur patrie respective
que chacun d'eux aperçoit les images d'une même chose.
Assurément on n'en peut donner d'autres raisons, selon
Averroès dans son livre *De divinatione per somnum*, si ce
n'est que Dieu dispose tout à son gré ; autrement il ne serait
pas bon et habile ouvrier. Cela provient aussi de la disposition du sujet : autre est le tempérament d'un Italien, autre
celui d'un Français. Ainsi chacun reçoit la vision selon le
mode qui lui convient et selon son tempérament. Nous
voyons aussi que la différence des climats amène des diffé-

rences extérieures chez les êtres animés. Car bien que les hommes en général aient la même figure, certains pourtant ont le visage plus large, comme les Tartares; d'autres l'ont allongé, et ainsi de suite. Cela ne peut venir que d'une zone céleste différente qui agit sur l'un et non sur l'autre. Les religions elles-mêmes supposent des anges gardiens pour les divers pays; et les philosophes aussi admettent des Intelligences différentes qui gouvernent les régions diverses du monde selon l'aspect différent des astres et qui en ont soin et les administrent pour le bien de tous. Il est possible pourtant que l'apparition d'Aquila n'ait pas du tout ressemblé à saint Célestin, mais que les fidèles, voyant cette apparition, l'aient prise pour celle de saint Célestin, et si les Bolonais avaient vu alors quelque chose de semblable, ils y auraient reconnu saint Pétronius. L'une et l'autre explication peut se soutenir et la seconde est plus conforme à la nature de ces apparitions : armées, saints, etc., qui ont eu lieu sans être demandées et même au grand effroi des assistants; et elle paraît plus vraisemblable que la première. Car que des vapeurs ou esprits empreints de l'image de saint Célestin aient effectué ces prodiges, la cause n'a guère de rapport à l'effet, surtout qu'elles se soient réunies de façon à apparaître sur un point du ciel plutôt que sur un autre. Mais un chercheur avisé pourra, si je ne me trompe, répondre à tout cela. Et voilà pour la quatrième objection.

A la cinquième objection, où l'on disait que si les génies ne sont que les horoscopes, alors c'en est fait du libre arbitre, etc.; il faut répondre que le mal, comme on le voit chez Denys dans le livre des *Noms divins*, n'est que le défaut du bien. Ce défaut ou bien vient de notre volonté, et ce mal s'appelle mal moral; ou bien il vient non de notre volonté, mais de la nature et on peut alors l'appeler punition ou mal physique.

Et il faut alors distinguer le mal métaphysique qui est celui de toute créature puisqu'à tout être créé il manque la plénitude de l'être qui n'appartient qu'à Dieu; et le mal individuel par lequel un homme par exemple se trouve privé d'une qualité essentielle à la nature humaine.

Et je dis alors que nier que Dieu, les intelligences et les corps célestes soient la cause du mal dans ce dernier sens, c'est détruire la beauté et l'ordre de tout l'univers.

Car la beauté de l'univers consiste dans la variété; et ce ne serait pas l'univers s'il n'était composé de tant d'êtres différents. Comme un homme ne serait pas complet s'il n'avait tous ses membres, si divers. Si un homme, en effet, n'avait que le cœur ou l'œil, ce ne serait pas un homme, cela est évident. C'est pourquoi il faut accorder que Dieu est l'auteur de tous les êtres, qui tiennent ainsi de lui leurs défauts, que ces êtres soient visibles ou invisibles; et que la si grande diversité des êtres visibles sublunaires, a pour origine les corps célestes. Ainsi les corps célestes par leurs parties différentes et leurs aspects divers mettent de la variété dans le monde inférieur. C'est pourquoi nous voyons que certaines années les animaux réussissent mieux, d'autres moins. Nous voyons même que les régions différentes du ciel agissent sur les divers animaux, plantes, pierres, etc. Cela est dans saint Augustin au Ve livre de la *Cité de Dieu*, et dans beaucoup d'autres endroits [1]. L'Église même le chante, puisque tout cela fait partie des œuvres du Seigneur. Donc pour parler du mal physique, il n'y a pas d'inconvénient à dire que Dieu est l'auteur du mal ainsi entendu.

---

1. *Civit. Dei*, V, 1, 7 et *passim*. Mais Augustin me paraît combattre la théorie de l'influence astrale plutôt que la favoriser.

Ainsi Dieu est l'auteur du serpent; ce serpent, autant qu'il est en lui, est bon, bien que sa morsure et son venin soient nuisibles aux hommes et aux autres êtres animés. Et même ce ne serait pas un bon serpent s'il n'était nuisible aux autres. Le basilic, si son sifflement ne tuait pas les autres animaux, nous ne dirions pas qu'il est un bon basilic, car il serait défectueux dans son espèce. Mais comme en dehors de Dieu il n'est rien qui ne participe par quelque côté de la perfection et n'en soit dépourvu en quelque part; comme il y a en cela du plus et du moins, nous avons pris l'habitude de dire que ce qui en manque le moins est bon et le plus, mauvais... Mais pourtant, nous disons que Dieu est l'auteur de tout et nous chantons dans l'hymne « que toutes créatures bénissent le Seigneur, louent le Seigneur », de la première à la dernière.

Mais si tous conviennent que Dieu est l'auteur des maux et défauts par manque d'être par exemple de l'homme en général, du lion, du loup, etc. tous ne s'accordent pas au sujet des défauts individuels, qu'un homme par exemple naisse aveugle ou boiteux. Les philosophes semblent dire que ces exceptions ne sont pas dans l'intention de la nature, mais des fautes de la nature; et qu'elles n'ont pas de cause par elles-mêmes. Mais Augustin, qui a beaucoup d'adhérents, semble dire le contraire au chapitre IX du XVIe livre et au chapitre VIII du XXIe livre de la *Cité de Dieu* [1]. Mais pour le moment ne discutons pas. Peut-être pourrait-on trouver un accord entre ces deux opinions. Lorsque j'ai expliqué le livre second du *De physico audilu*, j'ai parlé longuement sur ce sujet. Pour le moment qu'il

---

1. AUGUSTIN, *Civit. Dei*, XVI, 8 et XXI, 8: omnia portenta contra naturam dicimus esse. Sed non sunt... Portentum fit non contra naturam sed contra quam est nota natura.

suffise de dire que Dieu et les corps célestes sont la cause de
ces défauts et de ces maux. Il faut l'avouer et il ne s'en suit
aucun inconvénient. Dire le contraire est même une erreur
manifeste, du moins en parlant du mal métaphysique ou
défaut d'être. Il semble pourtant que les corps célestes
soient la cause du mal individuel (cécité, claudication) pour
cette raison que les astrologues prédisent souvent à l'examen des astres les années de monstres, ou même la naissance
prochaine de ces monstres (le mot monstre vient de *mons-
trare*, selon saint Augustin, *De civil. Dei*, II, 8). Cette hypothèse paraît donc plus sûre. Même la cause finale de ces
monstres est donnée par ce même Augustin, chapitre VIII du
XVI° livre de ce même ouvrage. Ainsi à leur avis et au mien,
Dieu et les corps célestes en sont la cause, il faut l'avouer.

Mais pour parler du mal moral qui proviendrait de notre
volonté, on le comprend de deux façons, soit que notre
volonté se trouve seulement disposée, inclinée, soit qu'elle
se trouve forcée. Ce second mode est encore double selon
que l'intelligence et le raisonnement demeurent libres sans
être liés, ou qu'ils sont liés. Dans le second cas, je dis que les
corps célestes en sont la cause; mais dans ce cas on ne peut
vraiment ni proprement l'appeler mal moral. Car il ne peut
y avoir faute là où la raison ne peut commander et se faire
obéir. Ceux qui agissent dans ces conditions agissent comme
des animaux et ne sont pas maîtres de leurs actes. Si la
raison est libre, alors je dis que ni Dieu ni les corps célestes
ne sont la cause de tels défauts puisque la volonté, la raison
restant libre, est libre et ne peut souffrir aucune contrainte.
Si Dieu manœuvrait les volontés, il les pousserait au bien et
non au mal; quant aux créatures, aucune ne peut ébranler
de force la volonté si la raison est libre. Ainsi dans cette
hypothèse ni Dieu ni les corps célestes ne sont ni ne peuvent
être la cause du mal.

Mais si nous parlons du tempérament [1], alors sans doute les corps célestes sont causes des maux : seulement ce mal n'est pas mal moral, mais mal physique, ce qui est le fait de Dieu et des corps célestes. On dira peut-être : Dieu et les corps célestes disposent donc au mal moral et semblent porter les hommes au péché; car si ce malheureux est porté par l'influence des astres aux actes vénériens ou au vol, bien qu'il n'y soit pas forcé par eux, il semble que le péché retombe sur ceux qui l'y poussent, comme on juge parmi les hommes lorsque quelqu'un en pousse un autre au vol ou à quelque autre faute. De plus, puisque nous voyons que ceux qui ont cette complexion agissent toujours selon cette complexion, que même, si des astrologues leur prédisent l'avenir, nous les voyons, en voulant l'éviter, le réaliser, comme beaucoup de récits en font foi; alors il ne s'agit pas seulement de penchant, mais de nécessité. En outre, nous avons dit que ceux dont la raison est liée, leur volonté est forcée et qu'ils sont comme des animaux. Mais dans quel but les astres lient-ils ainsi l'esprit des hommes, des fous par exemple? Cela paraît bien déraisonnable, étant donné que tous sont également hommes.

N'importe. On répond, à la première objection, que lorsque les dieux ou les corps célestes donnent à un homme un tempérament vénérien, sa volonté restant libre, soit qu'il pèche, soit qu'il ne pèche pas, c'est bien, et il n'y a pas lieu d'accuser les dieux ni les corps célestes. Car si cet homme pèche, c'est un mal pour lui assurément; c'est peut-être un bien pour autrui. Les bourreaux de Socrate péchèrent et ce fut pour eux un mal moral; ce fut pour la vertu de Socrate

---

1. Plusieurs des idées stoïciennes de ce chapitre sont traitées plus longuement par Pomponazzi dans le *De Fato*. Ainsi la thèse de ce paragraphe y est reprise au chapitre IV, p. 878.

un bien, parce que sa constance agrandie fit éclater davantage son courage. C'est pourquoi Aristippe, dit-on, interrogé sur la mort de Socrate répondit : « Puissé-je mourir d'une pareille mort! » Ainsi la faute des bourreaux de Socrate rejaillit en accroissement de vertu pour Socrate, et l'ensemble en fut plus parfait. C'est pourquoi la nature, méprisant le détail, considère l'ensemble et, négligeant le moindre bien, s'occupe du plus grand.

Que si celui qui a cette complexion vénérienne ne pèche pas, c'est qu'il peut s'abstenir : ainsi sa vertu brille bien davantage de s'abstenir malgré son tempérament, que s'il n'y était pas porté. Aristote parle ainsi (*Economiques*, II) de Pénélope et Aceste qui, parce qu'ils souffrirent beaucoup en devinrent plus célèbres et qui, s'ils n'avaient pas souffert ces maux, seraient restés sans gloire. Celui qui ne sent pas l'aiguillon de Vénus, quel mérite a-t-il à s'abstenir de ces plaisirs? La vertu, comme dit l'Apôtre, trouve sa perfection dans la faiblesse. Ces considérations sont longuement développées par Sénèque dans son livre de la *Providence, et du gouvernement du monde par Dieu* et dans beaucoup des *Lettres à Lucilius* qu'il serait trop long de rapporter.

Pour ce que l'on objectait, que, comme un homme qui en pousse un autre au péché pèche lui-même, les astres en disposant les hommes au péché, pècheraient eux-mêmes, je nie la conclusion. D'abord parce que les corps célestes veillent sur le tout, l'homme sur une partie : aussi les corps célestes font parfois pour un plus grand bien ce qui est moins bien, de la façon que nous l'avons exposé plus haut. Secondement et mieux, parce que l'intention n'est pas la même dans les deux cas. Les corps célestes mettent dans l'homme un penchant, non pour que l'homme le suive, mais pour qu'il le vainque et devienne plus célèbre, tandis que l'homme agit alors avec mauvaise intention, pour porter au péché. S'il le faisait pour éprouver autrui et le porter à plus de vertu, ce ne serait pas un péché, mais une vertu. C'est pourquoi saint Augustin dit au chapitre 32 du livre XVI de la *Cité de Dieu* : « La tentation ne doit pas être entièrement blâmée : on doit même se réjouir de celle qui n'est qu'une épreuve. Et la plupart du temps l'âme humaine ne peut s'acquérir de la gloire qu'en répondant de ses forces non par des paroles, mais par l'épreuve de la tentation. Si elle a reconnu là un don de Dieu, alors elle est pieuse, elle se sent affermie par la grâce et ne s'enfle point d'une vaine jactance ». Voilà ce qu'il dit.

Pour la *seconde objection*, que l'homme ainsi constitué semble agir par nécessité, on répond que tant que la raison est libre, cela est impossible. Mais chez la plupart, voici ce qui arrive : de même qu'une vertu mène à d'autres vertus, enchaînées qu'elles sont, de même un péché dispose à un autre; il se forme une habitude qu'il est difficile de détruire. Aussi ceux qui ne tuent pas les penchants qu'ils ont reçus des astres, tombent par suite de leurs nombreux péchés dans le destin à eux annoncé par l'examen des astres. C'est pourquoi Salluste dit dans son *Catilina* [1] que Catilina en arriva au projet de renverser sa patrie parce qu'il avait empoisonné son fils, par amour pour Orestila qui craignait cet enfant. Mais que le tempérament reçu du ciel ne soit pas nécessitant, cela ressort de ce que rapporte Albert dans le premier livre des *Animaux*, dans le traité de *La Physionomie* [2]. Reportez-vous-y. Plutarque aussi dans les *vies de Nicias et de Crassus*, au chapitre où il fait leur parallèle [3]

---

1. *Catilin. conjur.*, XV.
2. ALB. MAGNI, lib. I, *De animalib.*, tract. II, cap. II : Est autem haec (physiognomia) scientia necessitatem non imponens moribus hominum, sed inclinationes ex sanguine et spiritibus physicis ostendens quae retineri possunt fraeno rationis.
3. *Niciae cum Crasso comparatio*, V. 2.

s'exprime ainsi : « **Alors** que **Niclas** ne négligea jamais aucun présage, tandis que Crassus les méprisait à peu près tous, l'un et l'autre eurent enfin à peu près la même fin : chose difficile à expliquer », etc. Il en résulte que les astres nous poussent sans nous forcer. Auguste aussi évita beaucoup de dangers en prévoyant le destin; la même chose est rapportée par Valère Maxime au premier livre. C'est ce qu'entendait Ptolémée lorsqu'il dit : le sage commande aux astres. Bien plus, les prédictions et jugements astrologiques seraient inutiles si nous n'avions le pouvoir d'y résister.

Pour ce qu'on disait en troisième lieu que les cieux semblent faire mal en donnant la vie à un fou, etc., certes pour ceux qui croient l'âme humaine mortelle, cela souffre peu de difficulté : car cela contribue à la perfection de l'univers. Telle une voûte décorée de toutes sortes d'animaux est plus belle que celle où il n'y aurait qu'une figure, comme il est dit au livre *du Monde*. Les fous peuvent avoir encore d'autres utilités : ils servent aux sages pour les amuser ou les servir, pour leur permettre de disserter sur la variété de la nature ou sur quelque sujet de ce genre. Mais pour ceux qui croient l'intellect immortel et multiple, il est plus difficile de répondre. Et pourtant saint Augustin satisfait amplement à cette question au XVIe livre de la *Cité de Dieu* où il expose les raisons de la diversité des figures humaines et des monstres. Reportez-vous-y. Cela étant dit, il est facile de répondre à tous les doutes. Etant donnés les tempéraments reçus des astres, du moment que la raison demeure libre, le libre arbitre n'est pas détruit, il peut même se perfectionner. C'est pourquoi Brutus aurait pu éviter sa mort si malheureuse et Auguste devenir malheureux. Mais la raison pour laquelle cela arrive chez la plupart, outre celle que nous avons donnée plus haut, les péchés antérieurs, c'est que l'homme a trop peu d'intelligence et beaucoup de sens : il est donc gouverné par les sens et délaisse l'intelligence. Or les sens sont par nature soumis aux corps célestes. Cette raison, saint Thomas la donne dans son petit traité des *Sorts*. Peu en effet suivent l'intelligence, beaucoup les sens [1]. Aussi suivant la plupart du temps les influences reçues du ciel, ils vivent comme des bêtes.

Et puisque en dernier lieu on rapportait la réfutation de l'astrologie par Averroès, on répond que si Averroès condamne les astrologues au sens que j'ai expliqué, lui-même est condamnable. Du reste il n'a pas sur moi tant d'autorité que je ne puisse le contredire. Bien plus, les astrologues mêmes disent des choses justes et conformes au bon sens et à la raison; tandis qu'Averroès se trompe grandement et contredit le bon sens et la raison. Mais s'il a cru que les astrologues attribuent aux corps célestes le pouvoir de pousser les hommes au mal moral, il ne les a pas compris. Aussi plusieurs écrivains récents poursuivant les astrologues de longs discours fleuris, font la même erreur qu'Averroès [2]. Ou bien ils ne comprennent pas les astrologues, ou bien, s'ils les comprennent, ils se trompent gravement. Je ne vois dans leurs livres qu'arrogance et effronterie, et sauf l'art du style, rien de bon. Beaucoup estiment que la pensée n'est pas d'eux mais qu'ils y ont seulement ajouté la parure.

Plus loin, il est dit qu'il ne faut pas qu'il y ait deux dieux, l'un du bien, l'autre du mal, comme on l'inférait. Car tout le bien et tout le mal de la nature vient de Dieu, mais le mal moral vient de notre volonté. Ce mal, comme le démon-

---

1. Cette distinction du sens et de l'intelligence est courante. Cf. J. F. Pic de la Mirandole, *De Imaginatione*, cap. 1-2; Rhodiginus, p. 79*b*.

2. Pomponazzi vise ici le traité de Jean Pic de la Mirandole : *Disputationes adversus astrologiam divinatricem* (1495).

trent saint Augustin et Denys n'a pas de cause efficiente, mais une cause déficiente.

Cela nous donne la solution de la *sixième objection* : il n'y a aucun illogisme à ce que la volonté humaine soit nécessitée du moment que la raison est liée. Or, il est manifeste que la raison est liée. Car beaucoup de causes l'entravent : le délire, l'enfance, l'ébriété, l'extrême vieillesse; beaucoup d'herbes et d'autres produits rendent fous. Il s'en suit que l'âme est invincible tant que la raison est ferme; dans le cas contraire, non. La preuve, c'est que beaucoup d'hommes ne pouvant être amenés à changer de volonté, ceux qui veulent les faire changer les enivrent : comme on le voit dans les commerces infâmes et dans les pièges tendus aux femmes. Il ne s'en suit pas que nous soyons forcés à pécher. Si la raison est libre, il ne peut y avoir de nécessité ; si au contraire elle est entravée, elle ne se possède pas et donc il n'y a pas de péché. Un animal ne pèche pas, parce qu'il n'a pas la raison. Et le péché dont nous parlons ne peut exister que chez celui qui a l'usage de sa raison.

Quant à la *septième objection*, relative aux compagnons de Diomède changés en oiseaux, à ceux d'Ulysse changés en animaux, à des Arcadiens changés en loups au passage d'un marais, les avis sont partagés. Certains (tel Pline, *H. N* X, 44) [1] estiment que ce sont des contes et des fables de poètes, que l'histoire des compagnons de Diomède changés en oiseaux a été imaginée par les poètes parce que « les oiseaux appelés oiseaux de Diomède ou catarractes semblables à des foulques, ne se trouvent sur le globe que dans la seule île où est le tombeau et sanctuaire de Diomède, sur la côte de l'Apulie. Et comme ils poursuivent de leurs cris les barbares étrangers, et saluent au contraire les Grecs

---

1. PLINE. X 61 dans les édit. modernes; Virgile *Æneid.*, XI, 271

(admirable discernement!), comme s'ils avaient égard pour
les compatriotes de Diomède; et que chaque jour ils lavent
et purifient ce temple de leurs ailes ruisselantes et à plein
gosier, voilà d'où vient la fable de la métamorphose des
compagnons de Diomède en oiseaux ». Je pense que Pline a
dit la même chose des compagnons d'Ulysse et des Arcadiens changés en animaux, d'après quelque chose de semblable qu'il serait difficile d'expliquer, étant donné qu'on
ne peut savoir rien de cela. Car dans ces fictions et fables,
on parle de bien des façons. Aussi Aristote, au III* livre de
la *Métaphysique* [1] dit que les métaphores ne sont claires que
pour ceux qui les font. Et il rejette cette façon de philoso-
pher comme tout à fait étrangère à la philosophie et bonne
seulement pour les poètes et parfois pour les orateurs,
comme Aristote précisément le dit dans sa *Poésie* et sa
Rhétorique. Saint Augustin, lui, au chapitre 17 du XVIII* livre de la *Cité de Dieu* [2] estime que cela fut fait par l'habileté
des démons. Non pas qu'abandonnant leur âme raisonnable,
ils aient pris une âme d'animal, ou l'une et l'autre ensemble,
cela est impossible; mais seulement en apparence, en changeant leur aspect d'hommes en quelque corps d'un autre
aspect. Saint Thomas est du même avis dans la *Question sur
les miracles*. D'autres interprètent ces légendes dans le sens
figuré en disant par exemple que les Arcadiens devinrent
des loups, non qu'ils fussent en effet des loups ou en eussent
l'extérieur, mais parce qu'ils vivaient comme des loups, et
leur ressemblaient, comme des hommes voraces et cruels

---

1. *Métaph.* III, 4.
2. *De civit. Dei.* XVIII, 17-18. C'est la vraie source de Pomponazzi.
Il s'agit d'Arcadiens qui en passant un marais se trouvaient changés
en loups et redevenaient hommes au bout de neuf ans à condition
qu'ils n'eussent pas mangé de chair humaine. On expliquait ainsi les
noms de Pan Lycaeus et Jupiter Lycaeus. Voir aussi Pline, *H. N.*,
VIII, XXII.

qui se nourrissent de viandes crues et sont peut-être anthro-
pophages sont des loups non seulement de mœurs, mais
même d'aspect. Ainsi les compagnons d'Ulysse devinrent
des porcs ou des chevaux ou tout autre animal dont ils
avaient le masque et les mœurs. Car de même que l'aspect
extérieur porte à prendre les mœurs, de même les mœurs
changent la physionomie. Nous en voyons en effet qui
avaient d'abord la douceur et l'aspect d'agneaux et qui,
devenus cruels, ont pris des faces de lions ou de loups en
changeant de vie; bien plus, un seul et même homme, on le
voit en peu de temps changer ainsi de visage. Joyeux ils
paraissent avoir un visage digne et beau, mais la colère ou
quelque autre passion les fait changer à tel point qu'on a
peine à croire que ce sont les mêmes hommes. Telle est en
effet la force du caractère et des passions, comme Albert et
d'autres sages l'expriment au livre de la *Physionomie*. Mais
dans l'ensemble cela peut être éclairé par ce que l'on dit de
Nabuchodonosor roi de Babylone, au chapitre IV de *Daniel* :
« Rejeté de la société des hommes, il mangea du foin comme
un bœuf et son corps fut exposé à la rosée du ciel jusqu'à
ce que ses cheveux devinrent semblables aux crins de l'aigle
et ses ongles pareils aux serres des oiseaux. » Selon notre
méthode, on pourrait croire que ces merveilles furent faites
par l'habileté des démons, comme dit saint Augustin, qui
produisaient une hallucination chez les autres hommes; ou
selon notre seconde explication par un changement de leur
esprit, ces monstres se seraient crus devenus animaux et
vivaient en animaux. Cette explication me paraît plus plau-
sible, sauf toutefois l'autorité d'Augustin.

Mais en nous en tenant à notre interprétation, c'est-à-
dire en écartant l'œuvre des démons, on peut aussi bien
dire, ce me semble, que ce fut l'œuvre des hommes, de Circé
par exemple ou de tout autre qui connaissait le moyen

d'illusionner les hommes (selon la théorie d'Augustin) ou de changer les esprits, selon notre propre explication. Cela ne paraît pas incroyable : si les démons font ces merveilles par l'application des principes naturels aux patients, pourquoi les hommes ne pourraient-ils le faire avec l'aide des hommes? Et pour ce qu'on racontait des oiseaux de Diomède qui avaient toute prévenance pour les Grecs et des cris contre les barbares, il n'est, à mon avis, nullement besoin des démons pour expliquer cela. Nous voyons que les petits chiens caressent les gens de la maison, aboient contre les étrangers et veulent les mordre. J'ai même entendu raconter que dans l'île de Rhodes il y a des chiens de ce genre; ils caressent les Rhodiens, et poursuivent méchamment les étrangers. Moi-même j'ai eu une petite chienne qui ne pouvait voir les gens rustiques et mal vêtus et qui ne cessait de caresser les gens bien habillés. Or, l'île de Diomède était grecque. Mais le lâche vulgaire qui est ignorant, attribue cela aux démons et aux saints.

Ajoutons pourtant une troisième réponse, que je ne crois pas impossible, s'il faut ajouter foi aux histoires que racontent les écrivains et surtout Albert. Il écrit dans ses *Minéraux*[1] : « Très fréquemment les eaux engendrent des pierres. On a trouvé dans les Pyrénées des endroits où les eaux de pluie se changent en pierres et prennent une forme arborescente. Et parfois des plantes poussées dans ces eaux et ces mers sont si semblables aux pierres qu'à peine séchées à l'air elles en prennent la forme. Le type de ce genre de pierre est ce que l'on appelle le corail qui sans aucun doute vient de bois et de plantes. Une fois, en effet, de notre temps, sur la côte du Danemark, près de la ville de Lubeck, on a trouvé une grande branche d'arbre sur lequel était un nid; les

---

1. Albert le Grand, lib. I *De Mineral.*, tract. I, cap. VII.

oiseaux avaient péri dans le nid, ils étaient pétrifiés, un peu rouillés. Cela ne pouvait s'expliquer que parce que les tempêtes ou les eaux ayant arraché l'arbre au moment où il portait le nid et les oiseaux, ils tombèrent dans l'eau et par la propriété du lieu où ils churent, le tout fut changé en pierre. Il y a en Gothie une fontaine dont on raconte — et cela est très vrai — que tout ce qui y tombe se change en pierre, au point que l'empereur Frédéric y envoya son gant scellé afin de s'assurer de la vérité. Dès que la moitié du cuir et la moitié du sceau eurent passé quelques jours dans la fontaine, la moitié du cuir et du sceau furent changés en pierre, l'autre moitié restant de cuir. Il est rapporté aussi, avec sincérité, par des gens dignes de foi, que les gouttes qui par hasard giclent sur le bord de la fontaine se changent en pierre ayant la grosseur des gouttes, alors que l'eau qui coule ne se transforme pas ainsi, mais coule continuellement. » Et au chapitre dernier du même livre [1], il écrit : « Il paraît extraordinaire à tous que l'on trouve parfois des pierres qui intérieurement et extérieurement ont l'aspect d'animaux. Extérieurement en effet elles en ont les traits, et si on les brise, on y trouve les linéaments des organes internes. La cause de ce phénomène, Avicenne dit que c'est que des animaux se changent parfois entièrement en fausses pierres ». Et beaucoup plus loin, il ajoute : « La preuve, la fable de la Gorgone dont on dit qu'elle pétrifiait ceux qui la regardaient. On appela Gorgone la puissante propriété des minéraux, regard vers elle, la disposition des humeurs des corps à l'égard de la puissance pétrifiante ». Cela ressemble assez à ce que saint Augustin écrit au chapitre V du livre XXI de la *Cité de Dieu*. Lisez-le.

J'ai allégué tous ces faits pour que vous voyiez qu'il se

---

1. *Ibid.*, cap. VIII.

fait des transmutations extraordinaires. Car bien que l'être animé, selon les lois ordinaires, se change en cadavre, si les faits rapportés sont vrais, il y a d'autres transmutations que celles du corps en cadavre puisque ces choses ont été transformées directement en pierres. Et voilà pour les plantes et les autres choses de cette sorte. Mais cela s'est fait par une vertu puissante, soit du lieu qui les contient soit de quelque autre principe de transmutation. Si cela est admis, il me semble que rien n'empêche que des hommes, par la puissance du milieu, ou par quelque autre cause, par exemple par la propriété de certaines herbes, minéraux ou autres, aient été changés en loups, porcs, ou oiseaux, ou n'importe quoi. Non pas certes que d'un homme il se soit fait un loup ou que l'âme humaine se soit changée en âme de loup (cela n'a aucun sens), mais c'est que la matière qui était sous la forme humaine a été transportée tout à coup dans la forme du loup. C'est pourquoi, de même que l'homme en changeant de climat change de caractère, d'homme par exemple, devient semblable au loup (on raconte la même chose de la pêche qui était vénéneuse en Perse et transplantée chez nous est un fruit agréable) [1]; ainsi la matière est substantiellement changée par la puissance de l'agent. Car l'oiseau dont parlent Avicenne et Albert fut changé en pierre par la propriété du milieu. Cela est très croyable, car un oiseau et une pierre semblent au point de vue de leurs transmutations plus éloignés que deux animaux d'espèce différente. Mais puisque le premier est assuré par les faits, le second aussi. Cela est corroboré par saint Augustin dans le livre *De Genesi ad litteram*. Les mages du Pharaon par la puissance de leur parole transformèrent des verges en

---

1. Un proverbe béarnais dit encore : Donne la poire à ton ami, et la pêche à ton ennemi.

serpents de même espèce que ceux que Moïse avait fait de
verges par la puissance divine. Mais les démons, selon saint
Augustin, n'ont pas opéré en appliquant les principes actifs
au passif; il y a donc des agents naturels qui peuvent tirer
de verges des serpents. Mais il paraît plus difficile de tirer
des serpents de verges que d'un animal un autre animal,
leurs matières étant plus distantes.

Donc il n'est pas invraisemblable que d'un homme naisse
naturellement un loup. Que si l'on objecte que le loup est
engendré de la semence du loup, et non de l'homme, on
répond que la souris, engendrée de la semence de la souris,
l'est aussi de la terre en putréfaction. Ainsi il n'y a pas d'invraisemblance à cela, et chez Avicenne en particulier, il est
évident que l'objection n'a pas de force puisqu'il admet
l'universalité du déluge [1].

Ainsi selon cette troisième explication, nous pouvons
soutenir que ce furent de vraies transformations. Et même
l'expérience et les histoires des animaux nous apprennent
qu'un animal se change en un autre immédiatement, par
exemple la chenille se fait papillon, devenant de larve
insecte ailé, etc. Ainsi cela ne paraît pas impossible. Il suit
de là que certaines fables ne sont pas absolument incroyables lorsqu'elles racontent que des hommes ont été changés
en loups, en oiseaux ou en quelque autre chose de cette
sorte. De même il s'en suit que l'on peut croire authentiques
les merveilles rapportées par Aulu-Gelle au chapitre 4 du
livre IX des *Nuits attiques*, merveilles qu'il trouva dans les

---

1. A la question de l'universalité du déluge est liée celle de la
génération spontanée. Avicenne soutient l'une et l'autre dans son
traité *De Diluviis*. Averroès limite la génération spontanée aux animaux inférieurs (taupes, rats, etc.). On trouvera les textes des deux
philosophes dans CŒLIUS RHODIGINUS, *lection. antiquar*, II, 11 (éd.
de Wechel, 1599, col. 69).

livres qu'il acheta à son retour de Grèce à Brindisi, et que, pour abréger, je ne raconte pas. Ce que j'en ai dit, c'est pour exercer l'esprit du lecteur.

Pour la *huitième objection* qui, m'a dit un homme digne de foi, est mise en avant par Plutarque dans un de ses traités, j'ai cherché avec grand soin à avoir la solution de ce même Plutarque; je n'ai jamais pu l'avoir [1]. Mais pour ne pas laisser incomplète cette question, je vais dire ce que, à mon avis, on peut y répondre d'après les principes naturels. S'il m'est donné de lire Plutarque sur cette question, si je vois quelque chose à ajouter à ce que je dis, je l'ajouterai; sinon je m'y tiendrai. C'est pourtant une question curieuse et digne d'être creusée. D'abord je vais faire quelques hypothèses qui serviront à étayer la solution :

1° On suppose d'abord que tout individu doit, pour être parfait, avoir toutes les parties qui constituent son espèce, en quantité et qualité requises pour la perfection de l'espèce.

2° Tout individu a naturellement naissance, accroissement, déclin.

3° Toute génération vient de la corruption et les forces génératrices l'emportent sur les forces contraires de corruption.

4° Tout ce qui naît, grandit et meurt, non seulement les individus, mais les choses, fleuves, villes, cités, etc. Il n'y a d'éternel en durée que ce qui est éternel *ab ante*.

---

1. Il s'agit du traité *De la cessation des oracles* (ch. V et suiv.) édité en grec en 1509, mais que ne contenaient pas les traductions latines d'Erasme (1514), de Josse Bade (1521), Cratander (1530) ni Vascosan (1544). Aussi l'édition du *De Incantationibus* de 1556 porte en manchette : opus *de oraculis* nondum latine aeditum quod sciam. J'en conclus que Pomponazzi ignorait le grec.

Ces hypothèses posées, on répond à l'objection que les oracles, puisqu'ils avaient commencé devaient aussi finir, comme tout individu susceptible de naissance et de mort. Si quelque chose se corrompt, il donne naissance à une autre qui lui est contraire et ces deux êtres ont des dispositions contraires et incompatibles. Aussi, puisque ces dieux prétendus doivent finir, ayant commencé, leurs cérémonies et usages devaient se corrompre à la naissance des dieux suivants, comme par l'introduction des germes d'un homme disparaît le sang menstruel. Ainsi puisque les usages de ces dieux étaient des oracles tels qu'ils leur convenaient, par l'avènement de la nouvelle religion, devaient s'introduire de nouvelles coutumes et de nouvelles dispositions et périr les précédentes. Ainsi c'est à bon droit que ces oracles ont cessé.

Le changement de religion est, lui, un très grand changement et il est difficile de passer des rites coutumiers à ce qui est tout à fait nouveau; c'est pourquoi il est nécessaire qu'il se fasse en faveur de la religion qui doit remplacer la précédente des miracles et des prodiges. C'est pourquoi les corps célestes, à l'avènement d'une nouvelle religion, doivent procurer la naissance d'hommes capables de faire des miracles. Ces hommes peuvent amener ou écarter les pluies, les grêles, les tremblements de terre, et autres semblables prodiges, commander aux vents et aux flots, guérir toutes sortes de maladies, découvrir les secrets, prédire l'avenir, deviner le passé, sortir de l'ordre normal. Autrement il serait impossible d'introduire de nouvelles religions et de nouvelles mœurs si dissemblables des précédentes. Aussi les forces éparses dans les herbes, les plantes, les êtres raisonnables et sans raison paraissent se rassembler en eux par la grâce de Dieu et des Intelligences au point qu'on a raison de les croire fils de Dieu [1]. Mais non seulement il y en a un qui est le premier, mais encore il y en a beaucoup d'autres qui reçoivent la même divinité de ce même premier fils de Dieu, ou qui la reçoivent d'une même influence qui a pour but d'établir définitivement cette religion. Car la religion a son accroissement et son équilibre comme les autres choses qui naissent et meurent. Ce qui veut la fin veut aussi les moyens, avant, après, pendant l'exécution. Aussi nous voyons les fondateurs de ces religions prédits avec certitude par des devins et des prophètes nombreux plusieurs siècles à l'avance; nous voyons à leur naissance de grands prodiges, au cours de leur existence, de plus surprenants encore; et si cette religion doit prendre une grande extension, son fondateur a beaucoup·de disciples qui reçoivent la divinité ou bien de lui comme le fer aimanté aimante d'autres fers, ou bien de la même influence qui s'exerce en sa faveur. Ils ont ainsi le pouvoir de guérir les maladies, d'amener la pluie, etc. Et que l'on ne trouve pas étonnant qu'ils puissent opérer ces merveilles incroyables contre ceux qui leur résistent : ce sont les cieux qui luttent contre ceux qui veulent détruire cette nouvelle religion : ils les effraient tantôt par des songes, tantôt par des insomnies; d'autrefois ils apparaissent sous des figures diverses : tout cela a pour but de porter cette religion à son apogée, et lorsque ce cycle sidéral et cette influence céleste·cesseront et déclineront, alors la religion aussi se mettra à décliner jusqu'à ce qu'elle soit anéantie, selon le sort commun des

____

1. Le mot a fait scandale. Il faut se rappeler pourtant que le très religieux Marsile Ficin l'applique aux grands philosophes en l'empruntant au Timée (*Theol. plat. de anim. immort.*, XIII, 2) Plutarque est aussi une source très possible (*Alexandre*, XXVII, 5). David Georges et Simon Morin prendront encore ce titre, mais il leur vaudra au premier l'exil, au second la mort.

choses éphémères. Seulement la brièveté de leur durée
manifeste chez certaines cette lo., chez d'autres leur longue
durée la dissimule. C'est pourquoi il est à croire qu'il en a
toujours été ainsi et que cette loi durera éternellement.

Et elle n'est pas vraie seulement des signes et des formules dont usent ces religions. De même que, sous un
prince, les lois, certains mots, certains signes, certains
étendards sont bien vus et en grand honneur, mais avec
un nouveau prince opposé au premier, cela change entièrement, est méprisé et aboli, ainsi en est-il lors de ces changements de religion. En effet, au temps des idoles, il n'y avait
rien de plus méprisé que la croix; au temps de la religion
qui a succédé, rien de plus honoré que la croix; au temps
des idoles, rien de plus honoré que le nom de Jupiter, au
temps de la nouvelle religion, rien de plus détestable. C'est
pourquoi il n'est pas étonnant si le nom de Jésus et le signe
de la croix, qui maintenant chassent les maladies, ne le
faisaient point autrefois. « Son heure n'était pas encore
venue ». La signification de ce fait, c'est qu'il en est de
ces religions comme des choses qui naissent et meurent.
Nous les voyons en effet ainsi que leurs miracles à leur
début assez faibles, se développer ensuite, puis arriver à
leur faîte; ensuite décliner jusqu'à l'anéantissement. C'est
pourquoi aujourd'hui dans notre religion, tout se refroidit,
les miracles cessent, ou bien ils sont inventés et simulés :
c'est que la fin semble proche. Même réflexion d'Albert
dans ses *Minéraux* [1] : « Il ne doit pas nous échapper que de
même que les forces naturelles ne durent qu'un temps,
ainsi la vertu des images. Car la puissance divine n'y

---

1. *De Mineral.*, lib. II, tract. III, cap. III. Il s'agit d'images complètes ou simplement ébauchées, naturelles ou artificielles que l'on
trouve ou que l'on grave sur les pierres. Les magiciens en usaient.

descend qu'à certain moment du période, comme nous l'avons dit à la fin du *De generatione;* ensuite l'image froide et morte demeure impuissante et inutile ». C'est la raison pour laquelle les images ne font pas maintenant des prodiges comme autrefois.

C'est pourquoi l'on distingue en astronomie diverses années des positions du ciel et des planètes et que certaines étoiles ont des années que l'on dit grandes, moyennes, petites, pendant lesquelles se manifestent leurs effets extraordinaires, grands ou moyens. Mais ni une statue, ni un écrit, ni un mot ne peuvent opérer cela, c'est seulement la puissance des corps célestes qui favorise tel fondateur de religion et ce qui porte sa marque. Car comme nous voyons que si quelqu'un porte l'enseigne du souverain pontife ou de l'empereur, il est honoré et il se fait beaucoup de choses par ce signe ou par leurs ordres, ainsi probablement les enseignes et les paroles de ces fondateurs de religions sont très efficaces pour bien des choses par la vertu des corps célestes. De même qu'aujourd'hui les prières sont souvent puissantes, ainsi au temps de ces dieux, les hymnes dits à leur louange étaient efficaces. Ils l'étaient alors parce que les astres favorisaient ces dieux; maintenant ils ne leur sont plus favorables parce qu'ils le sont aux dieux d'à présent. Mais quand leur temps sera écoulé, il y aura une révolution, sinon en nombre, au moins en espèce.

Aussi selon cette méthode nous pouvons donner une autre explication que celle que nous avons donnée de cette apparition de saint Célestin à Aquila. Les prières des gens d'Aquila, ont disposé l'air au beau temps parce qu'alors les astres étaient favorables à cette religion et à ce culte qui ne conviennent point du tout à ces anciens dieux, mais leur sont contraires. Ainsi par exemple les Français aiment le parler, les habitudes, le costume des Français; les Italiens les détestent et s'ils le peuvent, les détruisent. Ainsi les hymnes et des louanges sont utiles en certain temps, qui en d'autres temps sont très hors de saison. C'est pourquoi donc que certains mots, signes ou gestes en l'honneur de quelque Dieu, en vogue, rendent les prières tantôt utiles, tantôt inutiles, cela n'a rien de déraisonnable. Car si l'opinion commune d'aujourd'hui attribue ce résultat aux démons ou aux anges, plus vraisemblablement il paraît venir de la disposition des corps célestes, par la puissance principalement pourtant de Dieu et des Intelligences motrices des corps célestes. Ceux qui l'attribuent à de nouveaux dieux et démons ne peuvent donner de ces faits aucune raison si vraisemblable qu'on ne puisse aussi donner avec plus de vraisemblance en faveur des corps célestes. C'est pourquoi celle que l'on prétend décisive, à savoir que les paroles et les caractères ne peuvent disposer la matière à recevoir telles influences des corps célestes, certes cette raison ne semble avoir aucune valeur. Que l'on dise pourquoi par exemple, ici, à Bologne la scie [1] qui était au temps des Bentivogli, honorée, vénérée, crainte, est maintenant vilipendée, foulée aux pieds, alors pourtant que cette peinture n'a ni poids, ni action? Vous direz que c'est à cause des Bentivogli dont c'est le blason, que s'est produit ce renversement; parce que leur famille a subi un si lamentable changement. Il en est de même de notre problème : la croix par elle-même n'a aucun pouvoir si ce n'est parce qu'elle est le signe du fondateur de la religion qui seul a la faveur des astres, et que ces astres poussent tout, et non seulement lui, mais tout ce qui le touche. Ainsi

---

1. Les Bentivogli avaient une scie dans leurs armes. Cette puissante famille venait de succomber dans la lutte contre Jules II et les Français.

agit-on avec les princes du monde, à l'égard de leurs serviteurs, leurs chevaux, leurs animaux, leurs drapeaux, etc. Il faut raisonner de même pour les hymnes, louanges et en général pour toutes choses de ce genre.

Et que cela soit, sinon vrai, au moins conforme à la philosophie, la raison et l'histoire le prouvent. La raison, puisque selon les philosophes et surtout Platon le monde est éternel et qu'il n'y a pas d'infini en espèce et il n'y en a jamais eu et n'y en aura jamais, puisque parmi ces êtres corruptibles rien ne peut se perfectionner en tant qu'individu. Aussi les rites qui existent maintenant ont toujours existé comme rites et se répéteront à l'infini, et il n'est rien qui n'ait eu son pareil et ne doive l'avoir; et rien ne sera qui n'ait déjà été et rien n'a été qui ne doive être à nouveau. Aussi puisque cette alternative est continue et éternelle, elle a une cause éternelle et formelle. On ne peut y trouver aucune autre cause que les corps célestes, Dieu et les Intelligences; par conséquent ces faits ont leur origine naturelle dans l'action des corps célestes. Cela est concordant avec ce que dit Plutarque au début de sa *Vie de Sertorius*. Il y écrit : « Il n'est peut-être pas étonnant que dans l'infini du temps, la fortune variant son action avec les lieux, les choses humaines ramènent assez souvent la même situation. Si en effet la multitude des événements qui lui sont soumis n'est pas déterminée, la nature a sous la main une matière abondante pour reproduire des cas semblables; si au contraire des chiffres fixes règlent une série connexe d'événements, il est fatal qu'au cours de leur développement les mêmes situations se reproduisent souvent », etc.

A celui qui suit les manifestations de cette loi à travers l'histoire ancienne et moderne, il apparaîtra combien les corps célestes s'intéressent aux rois, aux royaumes, aux villes et en général aux grandes révolutions. Pour celles-ci, c'est non seulement quand elles ont lieu ou qu'elles sont proches que les corps célestes donnent dans le ciel, dans les quatre éléments, les plantes, les animaux, les hommes, des prodiges et des signes variés; mais c'est longtemps auparavant. De Capys jusqu'au temps de Jules César se passèrent presque mille années; et pourtant dans le tombeau de Capys on trouva une table de bronze annonçant la mort et le genre de mort de Jules César. Et je pourrais alléguer d'autres faits semblables à l'infini, si je ne craignais de paraître composer une histoire. Et pour les mener à la fin que leur ont assignée les corps célestes, nous les voyons dirigés non par les hommes, mais par les dieux mêmes. Voyez comment Romulus, de simple pasteur, parvint à un si haut degré de gloire; comment Rome devint si vite reine du monde : en le considérant, nous voyons que cela est arrivé grâce à la vigilance des dieux qui tantôt combattaient pour les Romains, tantôt les avertissaient en songe, leur apparaissait sous diverses figures et les aidaient par d'autres moyens de ce genre. Ainsi, comme on peut le voir, en est-il des autres royaumes. Voyez, je vous prie, ce que l'historien Justin raconte de Cyrus en son Ier livre, de Hiéron au 23e, de Habis, au 44e. C'est pourquoi Dieu et les corps célestes ayant plus de soin des cultes et religions que des rois et des royaumes (elles sont en effet plus durables et beaucoup plus nobles, puisque même elles sont professées et établies par les rois) c'est pourquoi, dis-je, les fondateurs de religion qui ont le droit de porter le nom de fils de Dieu sont l'objet de la bienveillante influence des astres eux-mêmes. Si l'on considère en effet l'ordre de l'Univers, la puissance des corps célestes, la providence de Dieu, ces choses ne paraissent pas irrégulières, ni hors de l'ordre de la nature, mais au contraire bien dans le plan de cet ordre. Considérez la diversité de l'univers, vous trouverez dans les minéraux du bon et du mauvais; de même parmi les plantes, les animaux, les hommes, des alternatives de bien et de mal; de même de religion en religion, tantôt une moins bonne, tantôt une meilleure : cette alternative est exigée pour la perfection de l'univers.

De plus que l'on considère la religion de Moïse, celle des gentils, celle des mahométans : on y verra les mêmes miracles que l'on lit et que l'on raconte dans la religion du Christ. Cela paraît naturel, car il est impossible que de si grandes révolutions s'accomplissent sans de grands prodiges et miracles. Ce ne sont pas des miracles parce que cela contrarie la nature ou viole l'ordre des corps célestes. Si on les appelle des miracles, c'est seulement parce qu'ils sont inaccoutumés et très rares et n'arrivent pas dans le cours ordinaire de la nature, mais à très longs intervalles. Voilà donc ce que la philosophie me semble enseigner en cette matière. S'il faut s'y tenir, je le dirai au chapitre suivant.

Cela peut fournir une réponse à l'objection faite plus haut : ces miracles devaient cesser puisqu'ils avaient commencé. Car selon nos hypothèses tout ce qui a un commencement à une fin. Mais cela ne peut finir que s'il advient des dispositions contraires, de même que le sang menstruel ne se corrompt que si on introduit des dispositions qui préparent un homme et qui soient opposées aux précédentes. Ainsi après ces oracles, survient un autre genre contraire au précédent; mais la première catégorie ne périt pas définitivement, mais seulement pour un temps, long il est vrai; comme lorsque le sang menstruel se corrompt et qu'est engendré un homme, ce n'est pas pour toujours que la matière sera privée du sang menstruel et que ce sang a pris une forme humaine. Mais cela se fera en cercle et par des alternatives, puisque le temps est infini et qu'il ne peut y avoir d'infini dans l'espèce. Il en sera ainsi de ces religions : elles se renouvelleront en tant que religions, mais non individuellement. C'est pourquoi Aristote a dit que la philosophie s'est renouvelée une infinité de fois et que les mêmes opinions ont existé une infinité de fois dans leur genre, mais non individuellement.

Voilà ce me semble, l'idée des philosophes, bien que fausse et erronée. Mais cela doit être entendu, en supposant que ces phénomènes ne soient pas des inventions, des contes. Car si nous admettons qu'il n'y a ni divination, ni providence de Dieu, comme Cicéron me paraît l'admettre dans le second livre de son *De divinatione*; et qu'il n'y a pas de Dieu, comme le même auteur me paraît l'assurer dans son *De natura deorum*, alors il faut répondre que tout cela est fiction, déception, coup du hasard; et ainsi on résout facilement toutes les difficultés. Mais cet auteur me semble, dans ce livre du *De divinatione*, nier les démons, et dans celui du *De natura deorum* nier l'existence des dieux. Aussi il mérite, à mon avis, le jugement qu'a porté de lui saint Augustin au chapitre 9 du livre V de la *Cité de Dieu :* Cicéron en croyant rendre les hommes libres, les a faits impies [1]. Je pense pour moi, soit dit sans prétention, que Cicéron, bien qu'il fût très célèbre orateur, ne fut qu'un piètre philosophe.

A la neuvième et dernière objection, que nous avons écrit un livre d'histoire plutôt qu'enseigné la philosophie, nous répondons que la philosophie ayant pour objet de rendre raison des phénomènes naturels, cela ne peut se faire si on en ignore l'existence, comme il est dit au second livre des *Seconds Analytiques* [2]. Mais de tels phénomènes sont

-----

1. [Cicero] ut homines faceret liberos, fecit sacrilegos (*De civit. Dei*, V, 9).

2. *Analyt. posterior.*, II, 1.

très rares; il a donc fallu les mettre en lumière. Rien ne peut faire cela mieux et plus convenablement que l'histoire. Voilà pourquoi nous nous sommes servis de l'histoire, et bien que les historiens modernes nous offrissent des faits nombreux relatifs à notre sujet, pourtant, afin d'avoir plus d'autorité, je n'ai voulu utiliser que des récits d'historiens très anciens et approuvés. Pour ce qu'on m'a reproché de citer des poètes, je l'ai fait plus pour confirmer mes opinions et récréer les esprits que par nécessité. C'est pourquoi, etc.

CHAPITRE XIII. — MES SENTIMENTS ARRÊTÉS : RÉFLEXIONS NOMBREUSES EN MANIÈRE DE CONCLUSION

Dans tout ce qui précède, je parais favorable à l'un et l'autre parti. Aussi, pour que ceux qui liront ces miennes dissertations ne croient pas que je n'ai pas d'opinion sur ce sujet, j'ai voulu dans ce dernier chapitre apporter par manière de conclusion certaines thèses qui feront comprendre clairement ce que j'en pense.

Supposé d'abord que ces phénomènes soient vrais, comme nous l'avons dit (comme de certains récits on démontre souvent la fausseté et qu'ils sont inventés pour soutirer de l'argent, pour se faire honorer, ou pour quelque autre but criminel, certains ont cru que tous ces récits étaient déceptions et mensonges, ce que nous ne croyons pas, comme nous l'avons dit plus haut : tout n'est pas vrai, tout n'est pas faux dans ces récits); supposé donc qu'ils soient vrais, voici notre première conclusion.

1º Ceux qui s'appuient sur Aristote pour affirmer l'existence de substances immatérielles autres que les Intelligences motrices des sphères ne doivent pas du tout s'appeler Aristotéliciens; ils sont même tout à fait étrangers à l'aristotélisme. Cette conclusion est manifeste, d'abord par l'avis du philosophe dans le Xe livre de la *Métaphysique* où il expose très clairement cette idée. Secondement elle est confirmée par la raison. De telles

substances étant immortelles et intelligentes ne sont pas
des êtres corporels, doués de sens, comme Aristote lui-même
veut le démontrer à la fin du III⁰ livre de l'*Ame* (il faut,
selon lui compter parmi les facultés de l'âme seulement
l'intelligence et le désir) : elles sont donc tout à fait séparées
et impassibles. On se demande donc si leur existence est
ainsi affirmée à cause de quelque fait qui est inexplicable
sans elles, ou si l'on y croit sans raison. La seconde hypothèse non seulement est contraire à toute physique sérieuse,
mais à quiconque ne veut pas passer pour vain et frivole.
Force est de recourir à la première.

Mais la conduite des corps célestes, les générations et
les corruptions de ce monde inférieur ne postulent pas leur
existence : Dieu et les Intelligences suffisent à ces soins et
la nature ne fait rien d'inutile. Il faut donc les admettre
pour expliquer les phénomènes que nous avons rappelés :
oracles, démoniaques, et autres cités plus haut, comme on
le fait généralement. Mais même si l'on accepte ces faits,
la philosophie d'Aristote n'admet point ces substances. Ces
phénomènes sont l'œuvre des Intelligences par l'intermédiaire des corps célestes ou, sans intermédiaire, des anges
et des démons. La première hypothèse est fausse, cela est
connu; autrement ils ne connaîtraient pas leur propre voix;
la seconde aussi, d'abord parce que l'instrument immédiat
de choses immatérielles ne peut être quelque chose de
corruptible. S'il le peut être, alors les corps célestes sont
inutiles et il ne faudrait pas réduire tout le mouvement des
êtres éphémères à un mouvement éternel comme est,
chacun le sait, celui du ciel : cela toute l'école aristotéli-
cienne le combat, comme le savent ceux qui la connaissent même très peu.

Secondement, et c'est presque la même chose, si un ange
ou un démon mouvait directement quelque corps sujet à

génération et corruption, ce ne pourrait être sans subir
lui-même de multiples changements : car de ce qu'il provo-
querait maintenant un mouvement inopiné (ledit mouvement ne dépendant pas d'un corps céleste dont le changement de position l'expliquât), il faudrait donc que l'ange
ou le démon fût sujet à mutation : il n'y a pas de changement dans l'effet sans changement dans la cause. De plus,
comme le moteur touche le mobile, si un démon meut un
corps d'Orient en Occident, il sera donc mû en même
temps que ce corps et de la même façon et comme ce corps
change perpétuellement de lieu (car il ne se meut pas
comme le ciel qui ne change pas de lieu), alors le démon
subirait un changement local. Cela est tout à fait contraire
à Aristote : un tel changement ne peut avoir lieu que dans
un objet corporel. Donc on ne peut, suivant le système
d'Aristote, admettre l'existence de telles substances.

II. — Voici la seconde conclusion. — Les effets que
les hommes attribuent ordinairement aux démons et même
aux bons anges sans l'intervention spéciale de Dieu (avec
son concours ordinaire seulement), même si l'on néglige les
objections de l'aristotélisme, ne suffisent pas pour prouver
l'existence de substances immatérielles. Et il y a beaucoup
de preuves de cette conclusion :

D'abord ce que font les anges et les démons, ils le
font ou par altération, ou par mouvement local ou des deux
façons : mais aucune de ces deux façons n'est concluante.
Pas l'altération. On admet ordinairement en effet (et c'est
l'avis de saint Augustin au III⁰ livre de la *Trinité*) que les
substances immatérielles, Dieu excepté, ne peuvent altérer
immédiatement. Seuls les corps le peuvent faire, et les
autres êtres naturels. Ainsi pour l'altération il suffit des
corps d'ici-bas avec les corps célestes. Si on répond qu'elles
sont nécessaires pour l'application, cela n'est pas proban

parce que les cieux, comme le paraissent faire tous les corps naturels, font des mutations et appliquent l'actif au passif, comme il est évident pour celui qui considère les œuvres de la nature : les cieux eux-mêmes changent entre eux les éléments; ils amènent les éléments à engendrer tous les mixtes, au point que dans l'eau qui est froide ils engendrent la pélamide, qui est tellement chaude que tout ce qu'elle touche est brûlé [1], que dans la terre ils engendrent de l'eau; au centre, des minéraux nombreux : au moins dans les entrailles de la terre naissent des minéraux qui exigent tous les éléments, car ce sont des mixtes parfaits; d'une sphère de feu, ils poussent le feu au fond des eaux.

Et l'on ne peut pas dire que les cieux font ces mouvements sans ordre, avec confusion et sans raison puisque nous voyons que la nature, des plus parfaits des animaux, des plantes et des mixtes inanimés, jusqu'aux plus imparfaits, n'a aucune défaillance, sauf par hasard et très rarement. Comment la nature procéderait-elle sans ordre, quand il est reconnu par tous que la nature agit sous la direction de Dieu et des Intelligences qui règlent toutes choses humaines? De plus, nous voyons les bêtes construire tant de chefs-d'œuvre qu'elles paraissent douées d'intelligence, et certaines font des œuvres si ingénieuses qu'aucun esprit humain ne saurait en faire autant, comme on le voit dans les histoires des animaux. Ajoutez à cela l'esprit de l'homme qui lui permet pour ainsi dire d'imiter Dieu. Il est donc inutile pour cela de recourir aux démons.

Secondement, c'est qu'il paraît ridicule que les corps

---

1. Sur la Stella, voir Du Cange, art. *Glaucus*; Aristote, *De animal. histor.*, V, xv, 10; Albert le Grand. *De animal.*, lib. XXIV, tract. 1 : De hoc dicunt quod igneum in se calorem habet: quia quidquid devoraverit, mox in ventre ejus ita coctum invenitur sicut bis coctus panis

célestes avec leurs Intelligences gouvernent et conservent
l'univers, meuvent une telle masse, tant d'hommes, d'animaux divers, tant de plantes, tant de métaux, qu'ils
engendrent et transmutent tant de pierres; et qu'ils ne
puissent produire ces effets inutiles et vains qui sont très
rares et sans importance, qui ne sont rien en comparaison
de l'univers et que pour ces choses presque sans valeur il
faille inventer de nouveaux dieux et de nouvelles fictions.
Que celui donc qui croit aux démons, considère tant de
royaumes qui sont détruits, tant d'empires qui se relèvent
de précipices infinis, les déluges, les incendies, et en voyant
dans l'univers tant de merveilles qui sont l'œuvre des corps
célestes au jugement de tout homme de sens, qu'il cesse lui
aussi de nier que cela soit l'œuvre des cieux; car cette
affirmation est un signe de sottise et de manque de perspi-
cacité.

Troisièmement cette conclusion est confirmée par un
indice évident, c'est que ces phénomènes furent connus
d'Aristote, comme nous l'avons montré plus haut, de
Théophraste, Eudème, Alexandre, hommes dont la sagesse
est reconnue; et ils les ont attribués aux corps célestes,
comme l'affirme saint Thomas dans sa *Question des miracles,
des démons, des anges* et dans plusieurs autres passages.
Et comme personne de nous ne peut, en fait de science
naturelle, se comparer à Aristote et aux hommes ci-dessus
nommés, il y a grande raison de croire que ces phénomènes
ne prouvent point efficacement l'existence des démons et
des anges. Voici encore un indice : les gentils, voyant les
apôtres et les autres chrétiens faire beaucoup de miracles,
ne les attribuaient ni aux démons ni aux anges, mais
croyaient que les chrétiens les faisaient par maléfices et
sortilèges, comme cela se voit chez Suétone dans la *Vie
de Néron*. Ces maléfices et sortilèges, ils les croyaient faits

par la propriété d'herbes, de pierres, de membres d'animaux
et autres moyens de tromperie et de prestidigitation. C'est
pourquoi on peut avancer avec probabilité que la croyance
qui les attribue aux anges ne prouve pas avec certitude
l'existence des anges. Il serait étonnant en effet que tant
d'hommes très célèbres n'eussent pas vu cette nécessité.

De plus, Justin au XXXVI° livre [1] écrit que Joseph
fils d'Israël découvrit la magie et qu'elle parvint à Moïse,
et aux autres; même affirmation de Pline au XXX° livre,
chapitre 1 [2] de son *Histoire naturelle*. C'est pourquoi les
gentils eux-mêmes croyaient que cela était dû à la science
de la magie. Chrysostome aussi dans l'*Exposition du chapitre 17 de saint Mathieu*, dit que les médecins ne croient
pas à l'existence des esprits immondes, mais que ces états
morbides procèdent des humeurs du corps : ce qui est contraire à la doctrine évangélique. Bien plus, je soupçonne,
pour mon compte, que Platon aussi les a rejetés. Si la
plupart du temps, il semble les admettre, c'est dans le but
d'instruire le peuple qui s'imagine les démons et les Intelligences sur le modèle des hommes et qui, parce que l'homme
ne peut être en plusieurs lieux ni agir ailleurs que dans le
lieu qui le contient, croit que les démons, les anges, les
Intelligences, sont contenus par un lieu. Aussi Platon
sachant cela et voulant instruire le peuple, le fit au moyen
de ces symboles corporels. Dans les religions même, Dieu
envoie des anges sous forme corporelle, parce que, dit saint
Denys, l'esprit humain ne peut être instruit que grâce à ces
voiles.

---

1. Justin, *Hist.*, XXXVI, 2 : Joseph... cum magicas ibi (in Ægypto
artes sollerti ingenio percepisset, brevi ipsi regi percarus fuit...Filius)
ejus Moses fuit quem praeter paternae scientiae hereditatem etiam
formae pulchritudo commandabat.

2. Pline, *H. N.*, XXX, 2. Texte cité chap. VI.

Mais bien que les péripatéticiens et les religions s'accordent en ceci qu'ils attribuent ces phénomènes à des substances immatérielles, ils diffèrent cependant, les péripatéticiens enseignant qu'ils sont faits par les Intelligences motrices des corps célestes, par l'intermédiaire des corps célestes mêmes, les religions enseignant au contraire qu'ils sont faits par les anges et les démons sans l'intermédiaire des corps célestes. Et il est étonnant, je ne dis pas de la part du peuple, mais de ceux qui professent la philosophie, que ces anges n'étant pas la forme motrice des astres, ils leur attribuent ce pouvoir plutôt qu'aux Intelligences. Que peut faire en effet un démon ou un ange en altérant ou déplaçant ces corps mortels que ne puissent faire les Intelligences par l'intermédiaire des corps célestes, alors que nous les voyons gouverner l'univers? Je ne vois, si on admet l'existence de ces démons, je ne vois en eux aucune puissance qui les dispose à tant de merveilles qui ne soit — et plus grande encore — dans les corps célestes. A moins que l'on s'imagine que pour expliquer de tels phénomènes, il faut admettre que le moteur touche le mobile immédiatement et que le moteur lui-même soit changé par nos prières en tant que prières ou signes. Il ne paraît pas vraisemblable en effet que saint Célestin soit apparu aux gens d'Aquila s'il n'y avait pas là l'âme de saint Célestin ou un bon ange pour provoquer cette vision. Et il n'y aurait pas eu là d'ange si ce n'est qu'il entendit alors leurs prières et vit leurs cœurs. Mais cette explication est, d'après les péripatéticiens, insoutenable, cela est évident. Par conséquent, la nécessité de croire à ces esprits, aucune de ces raisons ne l'établit, ni même n'est raisonnable. Car dans les apparitions en songe qui sans nul doute sont réelles et produites par l'intermédiaire des corps célestes (puisque les astrologues les interprètent et en prédisent l'avenir grâce à leur science des astres et que les songes ne sont reconnus vrais que par des signes certains et par les aspects des astres), je dis, donc, que ce qui meut les esprits qui prophétisent ainsi pendant le sommeil, ne les touche pas immédiatement, mais qu'il suffit qu'il les touche par une force épandue dans l'air par les corps célestes. Et pourtant les corps célestes ou leurs formes ne sont en aucune façon mus par ceux qui ont ces songes, mais ce mouvement est dû à ce que l'actif et le passif se trouvent en harmonie.

Et il n'est pas besoin d'une vraie conjonction à ce moment mais seulement d'une conjonction universelle, déterminée pourtant pour ce moment précis. Nous l'avons assez abondamment démontré ci-dessus. Car qu'un bœuf ou une statue ait parlé, ce n'est pas à dire que le diable en fût réellement la forme, mais c'est qu'il a mis cette puissance dans le bœuf ou la statue.

Mais alors pourquoi les substances immatérielles unies aux corps célestes ne pourraient-elles en faire autant? Cette explication est d'autant préférable que si on admet les démons il faut trouver entre les démons et la statue, des intermédiaires inconnus.

Il faut savoir cependant que si on admettait la définition des démons donnée par le platonicien Apulée, de laquelle parle saint Augustin, au chapitre 16 du VIIIe livre de la *Cité de Dieu* [1], que les démons sont des êtres animés, sensibles, raisonnables, au corps aérien, immortels, il serait beaucoup plus facile d'expliquer tout cela qu'en les donnant comme purement immatériels : ils se déplaceraient localement en effet, ils seraient perceptibles aux sens, pourraient

---

1. APULÉE, *De deo Socrat.*, XII, 148, cité par AUGUSTIN, *De civit. Dei*, VIII, 16.

avoir commerce avec nous; toutes les objections que l'on leur fait seraient parfaitement résolues; et il serait peut-être impossible, très difficile en tout cas, d'enfoncer cette position. Mais cette thèse, Aristote la combat, comme on le voit au troisième livre de l'*Ame*, et les religions, surtout le christianisme, s'y opposent, parce que Lucifer avant sa chute était ou la plus parfaite ou l'une des plus parfaites d'entre les créatures; et il est certain que les Intelligences ne sont pas telles qu'Apulée les définit. Mais la thèse d'Apulée en soi n'est pas entamée par nos arguments. Seulement en faisant du démon non seulement le moteur, mais l'âme d'un corps, puisqu'il est un animal corporel, il a donné lieu peut-être à de plus grandes objections : à savoir qu'étant un animal aérien, il soit éternel, qu'un élément soit la matière de l'âme, et qu'il ait du sentiment, toutes hypothèses détruites par Aristote.

III. — Voici la troisième conclusion. S'il y a dans ce monde inférieur quelque phénomène qui nécessairement soit fait par Dieu sans l'intermédiaire des causes secondes, les péripatéticiens ne peuvent expliquer ce phénomène. Et cela montre que le péripatétisme n'est pas vrai, mais insuffisant. La conclusion est évidente, car Aristote a estimé que si Dieu agissait de nouveau directement, étant donné que le changement ou la nouveauté dans l'effet suppose un changement dans la cause et qu'on ne suppose aucune autre cause de ce changement que Dieu, alors c'est Dieu qui serait sujet à changement; il serait donc en puissance et non acte très pur et donc non plus il ne serait pas Dieu. Toute cette déduction est évidente pour les péripatéticiens, bien que diversifiée selon les écoles. Et de cette conclusion on infère que d'après les principes d'Aristote, on ne peut soutenir l'immortalité et la multiplicité des âmes; sinon, elles seraient de nouveau créées par Dieu.

Mais, le pouvoir de créer n'est communicable à aucune créature; c'est pourquoi cela serait fait par Dieu sans le concours d'aucune cause seconde, et ainsi, comme je l'ai dit, d'après Aristote, Dieu éprouverait un changement, ce qui est impossible. Il ne sert de rien de dire avec quelques-uns que les causes secondes concourent à faire descendre l'âme dans le corps, car s'il peut faire une âme sans les causes secondes, combien plus pourrait-il faire le corps sans elles? De plus, puisque l'âme ne dépend pas du corps au point qu'elle ne puisse pas exister sans le corps, comme on le voit après sa séparation d'avec lui, mais qu'elle en dépend essentiellement par habitude, en faisant seulement l'âme sans le corps, il n'enlève rien de son essence. De plus, puisque l'âme existe pour soi et est ce par quoi l'homme est homme, elle est une nature avant d'informer le corps.

Sa création ne dépend pas de son union avec le corps, ni donc de causes secondes. En supposant donc que Dieu ne mette l'âme dans le corps qu'avec le secours des causes secondes, la création de l'âme ne dépend pas des causes secondes, son existence en tant que nature étant antérieure à son union avec le corps. Si elle n'existait pas antérieurement au corps, on ne concevrait pas qu'elle pût avoir une vie séparée du corps. L'habitude pourtant nous la fait étudier toujours unie au corps. Voir notre traité de l'*Immortalité.*

IV. — Il y a eu dans ce monde inférieur des faits qui sont inexplicables pour Aristote et qui même sont très ouvertement opposés à ses principes. Voici les preuves. Denys l'Aréopagite dans sa lettre à l'évêque Polycarpe écrit : « *Le soleil et la lune, par un arrêt tout à fait merveilleux provoqué par une force extraordinaire, demeurent avec*

le ciel immobiles, obéissant à sa voix (de Josué) et pendant
la durée d'un jour entier tout demeura au même point ».
Le miracle sera plus grand encore si l'on suppose que les
plus grandes sphères, qui contiennent les autres ont conti-
nué de tourner tandis que le reste du ciel qui y est contenu
restait immobile. Et ce miracle est raconté au 10° chapitre
de *Josué*, et à cet endroit le même Denys ajoute[1] : « Un
autre jour dura presque trois fois autant qu'un jour ordinaire. Pendant ces vingt heures, ou bien le ciel entier
rebroussa chemin et par un miracle extraordinaire alla
au rebours de ses lois pendant un si long temps, ou bien le
soleil, par une marche merveilleuse et inaccoutumée,
réduisit à dix heures son mouvement annuel, et le refit
une seconde fois en entier en dix heures se frayant un
chemin nouveau ». Et quelques lignes plus loin, il dit :
« Et cette éclipse de soleil, au temps de la crucifixion du
Seigneur, qu'en dira-t-il? Nous étions alors tous deux près
d'Héliopolis et tous deux nous regardions avec admiration
le globe de la lune arriver sur le soleil (ce n'était pas le
temps de leur conjonction), et à la neuvième heure au soir
nous la vîmes se placer, contre toutes les forces de la nature,
à l'opposé du soleil. Rappelle-lui aussi un autre détail :
il sait bien que nous vîmes la lune commencer par l'Orient
à cacher le soleil et continuer jusqu'à l'extrémité du disque
solaire; alors seulement elle retourna à sa place. Ce n'est
donc pas du côté habituel que se firent ni la conjonction ni
le retour de la luminosité, mais en sens opposé. Voilà ce
qui à ce moment arriva de surnaturel, possible seulement
au Christ, auteur de toutes choses et qui a fait de grands
et innombrables prodiges ».

------

1. Ce second miracle est celui que fit Isaïe en faveur du roi Ezéchias
(IV *Reg.*, XX, 9-11).

Ce miracle est aux chapitres 15 de Marc et 23 de Luc. Mais Denys lui-même et Apollophane le sophiste disent qu'ils l'ont vu et Jacques Lefèvre dans le scholion de cette lettre dit que le païen Phlégon et Africanus l'ont mentionné dans leurs histoires [1]. Les deux premiers, Denys les raconte dans sa lettre : « Et cela est encore conservé dans les archives des prêtres perses : et les mages célèbrent jusqu'à nos jours la mémoire de Mithra triplé » (Mithra est le soleil) [2]; et dans la même lettre, Denys raconte beaucoup d'autres miracles qui ne peuvent être accomplis que par la puissance divine. Je les omets, pour ne pas être trop long et parce que chacun peut les lire dans le même Denys. J'ai rappelé ceux-là seulement parce qu'ils furent connus de l'univers entier, car ils épuisent toute puissance, et ne souffrent pas de réponse d'après l'aristotélisme, puisque le ciel selon lui ne peut s'arrêter, ni une Intelligence accélérer ou ralentir son mouvement, comme cela est exposé clairement au VIIIe livre de la *Physique* et au second du *Ciel*.

V. — Ces miracles qui violent l'ordre de la nature créée et ne peuvent être faits que par Dieu et le sont parfois montrent avec certitude l'insuffisance de la doctrine d'Aristote et des autres philosophes, et proclament ouvertement la vérité et la solidité de la religion chrétienne; et seuls ils peuvent le faire vraiment et efficacement. La première partie de la conclusion est évidente. Aristote dit que

---

1. *Phlegontis Tralliani fragmenta*, XV, où l'on trouve le texte de Phlégon d'après Eusèbe et celui de Julien Africanus. Pomponazzi utilise encore ici Le Fèvre d'Etaples. Le miracle qui accompagna la mort de Jésus est souvent invoqué d'ailleurs par les apologistes du xvie siècle. Cf. *De ecclipsi solis miraculosa in passione Domini observata... per L. Gauricum*. Paris, Wechel, 1553, in-4°.

2. Toutes les citations de Denys l'Aréopagite sont prises à sa 7e lettre. Le texte de Pomponazzi est défectueux. Sur Mithra, cf. P. Crinito, *Hon. discipl.*, V, 14 : De Mythra deo qui pro sole apud persas colitur.

les corps célestes ne peuvent changer leur course habituelle
ni par conséquent s'arrêter, ni accélérer ou ralentir leur
marche. Le fait a montré le contraire; donc le principe
d'Aristote est faux et il en est de même pour les autres cas
où les faits démontrent la fausseté de ses principes. La
seconde partie est également évidente. Car de tels phénomènes sont exécutés en témoignage du Christ, qu'ils soient
de l'Ancien ou du Nouveau Testament. En effet, ils ne
peuvent être l'œuvre que de Dieu, comme nous le supposons, et Dieu ne peut témoigner en *faveur* du mensonge
puisqu'il est la vérité, comme dit saint Jean (XIV) et Platon
dans sa *République* (II, 382) : Si Dieu est, il ne ment pas;
s'il ment, ce n'est pas un Dieu. De plus le mensonge est un
défaut; là où il y a défaut, il y a puissance; où il y a puissance n'est pas l'acte très pur; car Dieu est acte très pur;
en Dieu il ne peut donc y avoir faux témoignage. Ainsi la
doctrine chrétienne est très vraie; ce qui est la deuxième
partie de notre conclusion.

Et voici la preuve de la troisième aussi; que seules ces
preuves sont valables; ce qui est admis par deux antago-
nistes, n'est pas favorable à l'un plutôt qu'à l'autre; puisque
donc la religion chrétienne et la doctrine d'Aristote sont
d'accord sur les faits naturels, les faits naturels n'auraient
pas prouvé la divinité du Christ. Ainsi, si le Christ avait
voulu prouver sa divinité par sa patience devant les
injures, ce n'aurait pas été un argument suffisant : beaucoup
d'autres lui ressemblent en cela. Mais que de cinq pains et
deux poissons il ait rassasié 5.000 hommes et qu'il en soit
resté douze corbeilles, cela démontre évidemment qu'il
était le maître. C'est pourquoi il a dit : ce que je fais, personne ne le peut faire; voulant montrer qu'il était fils de
Dieu. Il est bien probable aussi que les prodiges accomplis
par la puissance des démons n'étaient pas suffisants pour

démontrer leur existence, étant donné que beaucoup sont possibles à la nature : saint Denys, dont la doctrine tient, selon les saints docteurs, le premier rang après l'Ancien et le Nouveau Testament, et qui fut un très grand péripatéticien, selon saint Thomas (*Sentent.* II, 14 dist., 1ª quest.) avait toujours suivi Aristote avant le miracle de l'éclipse de la mort du Christ comme il le rappelle lui-même; et ces faits lui étaient fort connus mais ne l'émouvaient pas. Un homme habitué à la philosophie se rend compte facilement qu'ils ne violent pas le cours ni ne dépassent la puissance de la nature, malgré leur rareté. Mais après avoir vu une pareille éclipse, il changea aussitôt d'avis. C'est la preuve de notre cinquième conclusion.

VI. — Voici la sixième. Tout ce qui est affirmé par l'Ecriture canonique, et décrété universellement par la sainte Eglise catholique, il faut le tenir en entier pour ferme, reconnu, nécessaire, inébranlable, et sans la moindre hésitation; tout ce qu'au contraire elle a condamné, nous devons le rejeter. La conclusion est évidente : de principes certains, on ne peut tirer le faux, le vrai n'ayant que des conséquences vraies. Et comme le fondement de l'Eglise catholique de Dieu est le Christ qui est la pure vérité et qu'il a dit à ses apôtres et à leurs fidèles successeurs : je serai avec vous jusqu'à la consommation des siècles, et qu'il ne permet pas que la sainte Eglise se trompe dans les choses essentielles, notre conclusion est vraie.

VII. — J'en tire ma septième conclusion : l'Eglise ayant affirmé l'existence des démons et la réalité de ces faits, il faut le croire sans doute ni réticence. Et bien que ces choses soient possibles à la nature et de fait arrivent sans le secours des démons, cependant si l'Eglise les a attribuées aux démons ou aux anges, ou à la nature, la décision exacte de l'Eglise, il faut la suivre : elle a pour guide la parole vraie de Dieu et l'Esprit saint en qui, de qui, par qui ne peut venir aucune erreur. Et si la raison humaine ou quelque autorité, celle d'Aristote, de Platon, ou de quelqu'autre, lui est opposée, il ne faut pas la suivre parce qu'elle procède de l'homme qui se trompe souvent et ne peut dans ce monde de ténèbres et d'ombres, discerner la vérité. C'est pourquoi saint Augustin dit au 31ᵉ chapitre du livre X de la *Cité de Dieu :* « que l'autorité de Dieu ait le pas sur la fragilité de l'homme ». Nous savons en effet vraiment que le Christ était véritablement Dieu; et nous savons vraiment et avec certitude que de lui ne peut sortir de mensonge : et en cela nous n'avons pas à enchaîner nos esprits, ou du moins pas les apôtres ni ceux qui l'ont vu.

Mais dans les autres récits et dogmes admis par le Christ et son Eglise, s'ils nous paraissaient impossibles, il faut bien enchaîner nos esprits. C'est pourquoi le Sauveur a dit (*Joan.*, XV) : « Si je n'étais pas venu et si je n'avais pas parlé, ils n'auraient pas de péché; mais ils n'ont pas d'excuse à leur péché ». Sachant donc qu'il fut vraiment Dieu, nous devons obéir à ses ordres. Selon saint Augustin (*De Civitate Dei*, XVI, 32) : « lorsque retentit l'oracle de Dieu, il ne faut pas discuter, mais obéir sans retard ». Nous devons adhérer à sa parole et à ses ordres sans demander d'explication. Car, dit Platon dans le *Timée,* il est impossible de ne pas ajouter foi aux fils des dieux, même si ce qu'ils disent paraît incroyable. Combien plus au Verbe, qui est la vérité? Aristote et Platon, au contraire, furent, nous le savons, des hommes mortels, ignorants et pécheurs, comme ils l'avouent eux-mêmes. Il serait donc fou de les croire en tout et surtout en ce qui est opposé à la religion chrétienne. Et même si nous trouvons probables les arguments qu'ils opposent et que nous en ignorions peut-être la vraie solution, il n'y a qu'une réponse : puisqu'ils sont en opposition avec la foi, ils sont donc faux. Car il est impossible que Dieu mente ni nous mystifie.

On répond pourtant à ces premières raisons; et d'abord à la première, que Dieu et les Intelligences, bonnes et mauvaises, connaissent l'individuel. Et puisqu'on demandait comment, il y a plusieurs réponses, mais celle-ci me paraît la meilleure : c'est qu'ils connaissent les individus par les sensibles, comme nous. Quant aux objections que l'on faisait à ce mode de connaissance, elles viennent de principes d'Aristote qui avance deux erreurs : l'une que Dieu ne peut agir en dehors du cours normal de la nature et sans les corps célestes. Nous avons montré la fausseté de cette proposition dans notre quatrième conclusion. Il faisait encore une seconde hypothèse fausse : que les Intelligences sont immuables et ne peuvent acquérir aucune nouvelle connaissance, ce qui est le propre de Dieu en qui il n'y a rien en puissance. Mais puisque tout, sauf Dieu, est en puissance par quelque endroit, tout est changeable et susceptible de recevoir quelque chose de nouveau, bien que ce qui est immatériel ne soit pas corruptible. Ainsi les corps célestes eux-mêmes qui sont éternels sont sujets pourtant au mouvement et au changement; ils reçoivent donc de la nouveauté et ne comprennent pas tous les individus à ce qu'il me semble, pas plus que nous, ni universellement l'individu, que l'un comprend, l'autre non. Ainsi puisque cette objection était fondée sur l'immutabilité des Intelligences, et que cela est faux, toute l'objection tombe.

A la seconde on répond que peut-être les choses naturelles bien que sensibles, étant très petites peuvent échapper à notre observation, ou que les démons mystifient nos sens. Et bien qu'il ne soit pas impossible qu'un homme fasse ce que les anges et les démons font dans un cas donné, il est

plus vraisemblable que cela est dû aux anges et aux démons.
D'abord parce que l'Eglise en a décidé; secondement parce
qu'ils sont plus savants et plus astucieux; troisièmement,
parce qu'ils sont plus forts. C'est pourquoi en un temps
imperceptible ils se déplacent d'Orient en Occident. Car si
les souffles et les vents sont si rapides, eux qui sont corporels, combien plus les esprits qui n'éprouvent pas ou
presque pas de résistance? Il paraît donc vraisemblable
que cela n'est pas l'œuvre des hommes. Et il ne sert de rien
d'objecter que n'étant pas des corps, ils ne peuvent se
mouvoir : ce mouvement est d'un genre différent de celui
que connaissent les philosophes : les théologiens ont émis
sur ce sujet de nombreuses décisions.

La troisième et dernière objection était que nous pouvons
sans recourir aux démons sauver les apparences : on a vu
dans la quatrième conclusion que les explications des
philosophes ne peuvent sauver toutes les apparences. On
répond en second lieu que bien qu'elles puissent être sauvées
vaille que vaille, elles ne peuvent l'être comme il faut,
comme on vient de le voir dans la réponse à la seconde
objection. En troisième lieu, l'Eglise et les saintes Ecritures
admettant ces esprits, nous ne pouvons sans inconvénient
manifeste nier leur existence. Et nous disons de plus qu'on
faisait une grosse erreur en prétendant que ces esprits
n'ont de raison d'être que ces expériences et phénomènes.
Ils ont même certaines raisons d'être et certaines charges
plus élevées, inconnues et même cachées aux philosophes,
mais bien accessibles à ceux qui croient au Christ, aux
âmes très religieuses, tels que furent les prophètes, les
apôtres et les saints. Cette objection est donc vaine. S'il y a
encore quelque objection à laquelle il n'ait pas été répondu,
comme je le crois, ce qui précède fournira une réponse
facile. Voilà le treizième et dernier chapitre.

Voila, mon très cher ami, ce qu'à mon avis, les péripatéticiens pourraient probablement répondre à ta question; voilà aussi ce qui est conforme à la vérité et à la religion chrétienne. Pour ce qui concerne la religion, s'il se trouve en quelqu'une de mes thèses, quelque chose de contraire à la sainte Eglise catholique, ou qui lui soit suspect, je le révoque entièrement et me soumets humblement à sa correction. Quant à ce qui concerne la science de l'Aristotélisme, je désire qu'on s'en tienne à ce qu'Aristote, au dernier chapitre des *Topiques* [1], raconte des assemblées du peuple : « En attendant qu'on trouve une meilleure loi ». Ainsi que mes réponses soient retenues jusqu'à ce qu'on en trouve de meilleures.

Pour moi, en effet, sur cette matière, ce qu'il y a de plus vrai, c'est que je dois peu à autrui. Mais il est difficile d'inventer et de perfectionner à la fois. Ainsi, qu'il me suffise d'avoir inventé, si je n'ai pas perfectionné. Car les sciences se font par progrès; « et s'il n'y avait pas eu Phrynis, Timothée non plus n'aurait pas existé », comme il est dit au second livre de la *Métaphysique* [2]. Mais pour tout ce que j'ai fait, grâces infinies soient rendues à celui qui

------

1. ARISTOTE, *Topic*, VI, XIV, 5.
2. ARISTOTE, *Métaphys.*, II, 1, 3.

existe de soi et sans qui rien ne peut exister ni être imaginé, de qui tout dépend sans qu'il dépende de personne, vers qui tout s'ordonne et qui ne s'ordonne vers rien : car il est l'alpha et l'oméga, c'est-à-dire le principe et la fin (avant le principe il n'y a rien, et après la fin il n'y a plus de fin) : c'est le Dieu béni dans les siècles des siècles.

Voici donc, tel quel, cet essai, que l'on peut intituler *Des enchantements*, fait par moi Pierre, fils de Jean Nicolas Pomponazzi de Mantoue, dans la très célèbre académie de Bologne, dans la paroisse de Saint-Barbatien, le 16 août 1520, l'an 8 du pontificat de Léon X.

FIN

BIBLIOGRAPHIE

Les titres des volumes utilisés sont indiqués dans les notes. Nous devons toutefois indiquer ici les deux éditions qui ont servi de base à notre traduction :

1. *Petri Pomponatii Mantuani summi et clarissimi suo tempore philosophi de naturalium effectuum causis sive de Incantationibus, opus abstrusioris philosophiae plenum, et brevissimis historiis illustratum atque ante annos XXXV compositum, nunc primum vero in lucem fideliter editum. Adjectis brevibus scholiis a Gulielmo Gratarolo Physico Bergomate.* Felix qui potuit rerum cognoscere causas. Cum Caes. Majestatis gratia et privilegio. Basileae.

A la fin : Basileae, per Henrichum Petri, mense Augusto. An. M.D.LVI.

In-8° de 8 fos. et 350 pages, y compris une page d'errata.

2. Pomponatii opera. Basileae, ex officina Henricpetrina, MDLXVII, in-8°. Contient le *De fato*, et le *De naturalium effectuum admirandorum causis, seu de incantationibus liber.*

INDEX ALPHABÉTIQUE

TABLE

INTRODUCTION

LES CAUSES DES MERVEILLES DE LA NATURE
ou
LES ENCHANTEMENTS

*DÉDICACE DE GUILLAUME GRATOLARI
A OTHON HENRI, PRINCE DE BAVIÈRE*

CE VOLUME
LE HUITIÈME DE LA COLLECTION
LES TEXTES DU CHRISTIANISME
A ÉTÉ ACHEVÉ D'IMPRIMER
POUR LES ÉDITIONS RIEDER
PAR FLOCH A MAYENNE
EN JANVIER M.CM.XXX